Ella Legan

Federleicht

AF548281

Ella Legan

Federleicht

Dem Heiligen Geist begegnen
und Wiederherstellung erleben

GloryWorld-Medien

1. Auflage 2024

© 2024 Ella Legan

© 2024 GloryWorld-Medien, Xanten, Germany, www.gloryworld.de

Alle Rechte vorbehalten

Bibelzitate sind, falls nicht anders gekennzeichnet, der Lutherbibel, Revidierte Fassung von 2017, entnommen. Weitere Bibelübersetzungen:

ELB: Elberfelder Bibel, Revidierte Fassung von 2006
GNB: Gute Nachricht Bibel, 2002
HFA: Hoffnung für alle, Basel und Gießen, 1983/2005
TPT: Frei übersetzt aus der englischen „The Passion Translation" © 2013.

Das Buch folgt den Regeln der Deutschen Rechtschreibreform. Die Bibelzitate wurden diesen Rechtschreibregeln angepasst.

Lektorat: Klaudia Wagner
Satz: Manfred Mayer
Umschlaggestaltung: Jens Neuhaus, www.7dinge.de
Umschlagmotiv: Pixabay
Feder-Grafiken: Freepik.com

Printed in Germany

ISBN: 978-3-95578-630-4
Bestellnummer: 356630

Erhältlich beim Verlag:

GloryWorld-Medien
Beit-Sahour-Str. 4
D-46509 Xanten
Tel.: 02801-9854003
Fax: 02801-9854004
info@gloryworld.de
www.gloryworld.de

oder in jeder Buchhandlung

Stimmen zum Buch

Mach dich bereit für ein weiteres Abenteuer mit Ella! Dieses Mal nimmt sie uns mit auf das Abenteuer, die Person des Heiligen Geistes tiefer kennenzulernen. Ella Legan ist die Königin der Allegorie. Sie schreibt auf poetische Weise über „Erinnerungskisten“, schwere Türen aus Eisen und bemalte Türen der Hoffnung, Weihrauchtropfen, Grenzen unter dem Ginsterstrauch, Herzenssamen, die Ruinen von Schilo und vieles mehr. Wir werden eingeladen, die Natur Adams Schritt für Schritt gegen ein erfülltes Leben unter der Führung des Heiligen Geistes einzutauschen. Sie stellt den Heiligen Geist selbstbewusst als Frau dar, die das mütterliche Herz Gottes für uns alle bereithält. Dieses Buch ist ein zutiefst persönlicher Bericht über ihren eigenen Weg und voller Hoffnung, dass auch der Leser dieses herrliche Leben erfährt.

Karen Evans
Autorin, Pilgrimage to Beauty

Dieses Buch lädt anhand der Geschichte des Propheten Elia ein, Ruach, den Heiligen Geist, mitten im Alten Testament neu zu entdecken: wie ER tröstet (wie eine Mutter), stärkt, Verstecktes aus der Vergangenheit behutsam aufdeckt, bewegt – indem ER schnellen Schrittes vorangeht, aber auch zur Ruhe führt. Der Heilige Geist wurde uns durch dieses Buch als eine Person der Dreieinigkeit liebevoll erklärt, neu wertvoll und erlebbar gemacht. Für uns ist ER nun nicht mehr der „unnahbare Geist“, sondern ein von Gott geschenkter täglicher Begleiter, so wie es auch Elia erlebt hat.

Es ist lohnenswert, sich dieser Reise anzuschließen …

Martin und Friedhilde Huber

Eine simple Reise in die biblische Geschichte von Elia, die einen mit hineinnimmt und ermutigt, mit dem Heiligen Geist eine eigene Geschichte zu schreiben, praktische Tipps gibt, und Zugang schafft im eigenen Leben der Beziehung mit Ihm und seiner Führung mehr Raum zu geben.

Thomas Rothfuß

Ella Legan ist es gelungen, ein Werk zu schaffen, das die biblische Geschichte um Elijahu (Elia) ganz neu offenbart. Sie begibt sich selbst auf eine Reise mit dem Heiligen Geist im Alltag und nimmt dabei den Leser mit. Ein ehrliches Buch voller Inspiration für den persönlichen Glauben.

Magdalene Pfefferle

Ein spannendes Buch, wenn man sich hineinnehmen lässt in die Höhen und Tiefen des Propheten Elia. Ella Legan versteht es, einen so zu inspirieren, als wäre man hautnah dabei gewesen und hätte es selber erlebt. Es entstehen tiefe Gedankengänge, die einen überraschen und dem Heiligen Geist Raum geben.

Anneliese Burkhardt
Kleine Oase

Inhalt

Für Ruach Ha Kodesch

Hoffnung aber lässt nicht zuschanden werden;
denn die Liebe Gottes ist ausgegossen in unsre Herzen
durch den Heiligen Geist, der uns gegeben ist.

Römer 5,5

Einleitung

Sehnst du dich nach mehr Leichtigkeit in deinem Leben? Die Sehnsucht nach mehr Leichtigkeit führte mich in eine Begegnung mit dem Heiligen Geist. Ich durfte und darf ihn als Freund, Veredler, Wiederhersteller, Tröster und Ermutiger kennenlernen. Das erste Buch, *Mache dich auf! ... und begegne dem Vaterherzen Gottes,* spiegelte meine Sehnsucht, mehr über Gott zu erfahren, in dem Wunsch von Mose wider, als er am Berg Horeb sagte: „Lass mich deine Herrlichkeit sehen!"

Schritt für Schritt ist Jesus mit mir durch die Wüste gegangen und hat mir die Vaterliebe Gottes gezeigt. Beim Bibellesen wurde die Geschichte von Mose so lebendig für mich, dass ich mich wie ein Teil dieser Geschichte fühlte. Ich war traurig, als die Zeiten der Begegnung am Berg Gottes endeten. Doch dann hat mich die Sehnsucht meines Herzens noch einmal auf denselben Berg geführt, um wie Elia die sanfte Stimme Gottes zu hören.

In jedem Leben gibt es Brüche. Elias Wüstenreise wird zu unserer Wüstenreise. Der Heilige Geist streckt uns seine Hand entgegen und richtet uns wieder auf. Mit ihm wird das Schwere leichter, wird Zerbrochenes zum ursprünglichen, von Gott geplanten Design wiederhergestellt.

Die Hauptperson dieses Buches:

Vor einiger Zeit träumte ich vom Heiligen Geist, der ein Mikrofon in seiner Hand hielt. Während ich über diesen Traum nachdachte, fragte ich mich, warum der Heilige Geist ein Mikrofon braucht. Wenn jemand durch ein Mikrofon spricht, findet ein Austausch von Schallwellen statt, sodass niederfrequente Schallwellen hörbar werden. Ich glaube nicht, dass der Heilige Geist tatsächlich ein Mikrofon braucht, aber vielleicht brauchen wir die Hilfe eines Mikrofons, um ihn deutlicher zu hören.

In diesem Buch geht es darum, die Fähigkeit wiederherzustellen, auf die sanfte Stimme des Heiligen Geistes zu hören und sie zu verstehen.

Aber wie könnte ich mit meinen begrenzten Einsichten ein Buch über den Heiligen Geist schreiben? Ich kann dir nur von meiner eigenen Reise erzählen. Als ich über meine Lieblingsstellen in Bezug auf den Heiligen Geist nachdachte und mich überfordert fühlte, sie zusammenzufassen, hörte ich plötzlich diese leise Stimme: „Gib mir das Mikrofon!" Also will ich dem Heiligen Geist das Mikrofon überlassen und ihn sich selbst vorstellen lassen.

Wer bist du, und woher kommst du?

„Ich bin der Geist Gottes. Am Anfang bewegte ich mich in einem lebensspendenden Prozess über dem Wasser. Wie bei einer Geburt wurde Neues geschaffen. Ich habe darüber gewacht wie eine Henne beim Brüten. Aus dem Dunkel und Chaos habe ich zusammen mit dem Vater eine neue Ordnung erschaffen. Wir sind drei und doch einer – ein Gott. Wir haben dich nach unserem Bild geschaffen. Wir haben die Menschen als Mann und Frau erschaffen. Der Vater hauchte euch seinen Lebensodem ein, und ihr wurdet zu einem lebendigen Wesen."

An diesem Punkt versuchte ich, das Mikrofon wieder zu ergreifen. Ich wollte dem Heiligen Geist so viele Fragen stellen: „Bist du wie eine Mutter? Bist du die mütterliche Seite Gottes? Darf ich dich Mutter nennen? Bist du der Atem des Lebens?" Meine Gedanken wirbelten im Kreis. „Wer bist du?"

„Mein Name ist Ruach", sagte der Heilige Geist. „Mein hebräischer Name bedeutet Atem, Wind, Geist.[1] *Du kannst mir im Wort Gottes begegnen. Ich habe die Worte der Propheten und Könige erfüllt. Ich bin auf die Künstler herabgekommen. Ich bin Josef, Mose, Bezalel, Saul und König David begegnet – und ich möchte dir begegnen."*

---

[1] https://www.csv-bibel.de/strongs/h7307/3

„Wie willst du mir begegnen?“ Wieder unterbrach ich Ruach. Als ich ihren[2] Blick sah, der wie die Augen einer Taube auf mir ruhte, holte ich tief Luft und versuchte, geduldig zuzuhören. Könnte bitte jemand das Mikrofon ein wenig nachjustieren?

Ruach erzählte ihre Geschichte mit sanfter Stimme. Ich hörte auf die Verheißungen der Propheten: Der Geist der Weisheit und des Verstandes, der Geist des Rates und der Stärke, der Geist der Erkenntnis und der Furcht des Herrn wird kommen und sich auf den Zweig aus der Wurzel Davids legen.[3] Ich hörte, wie Jesaja prophezeite, dass eine Jungfrau schwanger werden und dem Immanuel das Leben schenken würde: Gott mit uns.

Der Heilige Geist kam auf die Jungfrau Maria. Die Macht des Höchsten überschattete sie, und das Kind, das geboren wurde, wurde Sohn Gottes genannt. Als der Messias geboren wurde, kam große Freude und Freimut über Maria, Elisabeth, Zacharias, Simeon und Hanna. In ihm erfüllten sich die Worte der Propheten.

Johannes der Täufer beobachtete, wie der Heilige Geist einer Taube gleich auf Jesus herabkam, als dieser getauft wurde.

„Du bist also eine Taube?“, fragte ich. Ruach lächelte und erzählte mir weiter von ihren verschiedenen Erscheinungsformen. Wie sollte ich den Heiligen Geist verstehen? Der Heilige Geist ist wie der Wind, wie Feuerflammen, wie Öl, wie Ströme von lebendigem Wasser. Der Heilige Geist ist größer, als ich es mir vorstellen oder beschreiben kann.

„Ich bin dein Versprechen“, sagte Ruach. „Ich bin das Geschenk des Vaters. Er hat mich zu dir gesandt, um dir das Leben zu schenken. Durch mich wirst du neu geboren, eingetaucht in mein Wesen. Ich möchte in dir wohnen, dir helfen, dich trösten und stärken. Du musst dein Leben nicht allein auf die Reihe bekommen. Ich möchte mit meiner Kraft in dir wohnen, dich in meine Stärke kleiden und dich in Wahrheit leiten. Ich bin der Zeuge des Sohnes und möchte dich daran erinnern, was er für dich und die Welt getan hat. Er nahm alles Trennende

---

[2] Das hebräische Wort für den Heiligen Geist ist Ruach. In den meisten Fällen ist es im Hebräischen ein weibliches Wort.

[3] Siehe Jesaja 11,1-2.

am Kreuz auf sich, um dich zu befreien. Er hat den Weg zurück zum Vaterherzen Gottes frei gemacht und mich als Geschenk für dich gesandt, als er zum Vater zurückkehrt ist."

Ruach hielt einen Moment inne und reichte mir mit einem Lächeln das Mikrofon zurück. Es gäbe noch so viel mehr zu sagen. Sie war für mich eine großartige Lehrerin und erinnerte mich daran, was Jesus uns über den Heiligen Geist gesagt hat:

Aber ich sage euch die Wahrheit: Es ist gut für euch, dass ich weggehe. Denn wenn ich nicht weggehe, kommt der Tröster nicht zu euch.
Wenn ich aber gehe, werde ich ihn zu euch senden. Und wenn er kommt, wird er der Welt die Augen auftun über die Sünde und über die Gerechtigkeit und über das Gericht; über die Sünde: dass sie nicht an mich glauben; über die Gerechtigkeit: dass ich zum Vater gehe und ihr mich hinfort nicht seht; über das Gericht: dass der Fürst dieser Welt gerichtet ist.
Ich habe euch noch viel zu sagen; aber ihr könnt es jetzt nicht ertragen. Wenn aber jener kommt, der Geist der Wahrheit, wird er euch in aller Wahrheit leiten. Denn er wird nicht aus sich selber reden; sondern was er hören wird, das wird er reden, und was zukünftig ist, wird er euch verkündigen (Johannes 16,7-13).

Meine Geschichte

Ich legte das Mikrofon weg und hielt einen Moment inne. Es gibt noch so viel mehr über den Heiligen Geist zu lesen. Im Anhang findest du einige Bibelstellen über ihn.

Lange Zeit wusste ich nicht, dass der Heilige Geist ein Freund für mich sein könnte. Ich hatte eher ein theologisches Kopfwissen von der Dreieinigkeit, erlebte den Heiligen Geist aber nicht als Geschenk, sondern eher als einen weit entfernten Verwandten, dem ich ab und zu einen Brief schrieb. Ein Jahr nach der Begegnung mit dem Vaterherzen Gottes fand ich jeden Tag auf meinen Spaziergängen im Wald eine Feder.

In den ersten Tagen hielt ich es nicht für etwas Besonderes, aber die Federn auf meinen Wegen wurden immer schöner. Einige waren sehr groß und stammten von Raubvögeln, andere bunt und winzig von Singvögeln. Ich begann, sie zu sammeln. Und als ich eines Tages eine winzige blaue Feder fand, blieb ich auf meinem Weg stehen und fragte Gott: „Willst du mir etwas zeigen?" Schritt für Schritt zeigte mir der Heilige Geist wie ich mehr Leichtigkeit im Leben finden konnte.

Wenig später hörte ich in unserer Kirche eine Predigt über den Heiligen Geist und dazu eine Literaturempfehlung, ein Buch mit dem Titel „Ruach – die weibliche Seite Gottes". Im Untertitel waren die Worte aus Jesaja 66,13 abgedruckt: *„Ich will euch trösten, wie eine Mutter tröstet"*.

Der Bucheinband war voller Federn. Das war der Tag, an dem mir klar wurde, dass Jesus mir den Heiligen Geist auf eine neue Weise vorstellen wollte.

Über dieses Buch

Ich schüttete mein Herz und meine Sehnsucht vor Gott aus; und dann lud mich der Heilige Geist ein, zurück zum Berg Horeb zu gehen – dieses Mal mit Elia. Es war die Zeit zwischen Ostern und Pfingsten. So wie wir im ersten Buch den Vater getroffen haben, werden wir jetzt dem Heiligen Geist begegnen. Dazu schlüpfen wir ab und zu in die Rolle von Elias Diener.

Pfingsten war einst das Fest der Erstlingsfrüchte. Jesus Christus, wurde die erste Frucht, als Gott seinen Sohn gab, um uns zu retten. Durch ihn ist der Weg zurück in die innige Gemeinschaft mit dem Vater möglich. Die Vaterliebe Gottes ist durch den Heiligen Geist in unsere Herzen ausgegossen.[4] Als Jesus die Erde verließ und zum Vater zurückkehrte, hinterließ er uns ein Geschenk – die Gabe des Heiligen Geistes.[5]

In meinem Jahr der Federn habe ich angefangen, dieses Buch zu schreiben. Im Zeitraum von 50 Tagen (von Ostern bis Pfingsten)

[4] Siehe Römer 5,5.

[5] Siehe Johannes 14,16-17.

begleitete ich Elia auf seiner Reise zum Berg Horeb. Die 30 Geschichten (genannt Begegnungen) sind wie Gleichnisse – eine Einladung, sich vorzustellen, Teil der biblischen Geschichten zu werden. Auf dem Weg mit Elia kommen wir an manchen Orten vorbei, an denen wir für einen kurzen Moment tiefer in zeitlich längst vergangene biblische Geschichten eintauchen. Allerdings führte mich der Heilige Geist auch auf neue Wege und Räume der Vorstellung.

Wenn ich über Jesus schreibe, benutze ich oft seinen hebräischen Namen: Jeschua. In den Geschichten verwende ich die weibliche Aussprache für den Heiligen Geist und nenne sie Ruach. Vielleicht mag es für den ein oder anderen Leser befremdlich klingen, über Ruach als weibliche Person zu lesen. Aber vielleicht begegnet dir der Heilige Geist auf eine neue Weise, so wie er mir begegnet ist. Ich möchte dich ermutigen, dein Herz für die mütterliche Seite Gottes zu öffnen.

Am Ende jeder Begegnung findest du Gedanken (Momente) zum Innehalten für mehr Federleichtigkeit in deinem Leben.

Gott segne dich auf dieser Reise mit Ruach und Elijahu (d. i. der hebräische Name Elias).

Kapitel 1

Der Heilige Geist als Freund – Reiß die Mauern der Isolation ein

Und er errichtete dem Baal einen Altar im Haus des Baal, das er in Samaria gebaut hatte. Auch machte Ahab die Aschera. Und Ahab fuhr fort, den HERRN, den Gott Israels, zum Zorn zu reizen, mehr als alle Könige von Israel, die vor ihm gewesen waren.

1. Könige 16,32-33 (ELB)

Wir starten unsere Reise in Samaria und machen uns auf den Weg nach Jericho. Unterwegs begegnen wir dem Zerbruch der Welt und unserer eigenen Gebrochenheit. Von dort führt uns unsere Reise durch das Jordantal an den Bach Krit. Das erste Kapitel führt uns heraus aus der Einsamkeit an einen Ort, wo wir Gottes Versorgung erleben. Kommst du mit?

Tag 1

Samaria – Auf der Suche nach Liebe

Hast du dich schon einmal allein gefühlt? Da ist niemand, der dich wirklich versteht, niemand, dem du deine tiefsten Gedanken oder Bedürfnisse mitteilen kannst. Vielleicht hast du einen Seelenverwandten, einen Freund oder ein enges Familienmitglied verloren und vermisst die Person sehr. Vielleicht hast du nie gelernt, jemandem zu vertrauen. Oder aber du bist ein guter Unterhalter oder Helfertyp, der immer für andere da ist, aber tief in deinem Herzen fühlst du dich doch allein.

Die erste Begegnung

Ich war weit gereist, durch die Zeit, viele Kilometer, viele Jahre. Es schien lange her zu sein, seit ich Jeschua in der Wüste und den Vater in der Berghütte getroffen hatte.[1] Er hatte sich von mir mit dem Versprechen verabschiedet, immer bei mir zu sein. Ich vermisste ihn. Ja, ich vermisste ihn sehr. Ich vermisste es, ihn, meinen Freund, meinen Gefährten, direkt zu sehen. Dennoch wusste ich auch, dass er tatsächlich immer bei mir war.

So schlenderte ich, gedankenversunken in frühere Zeiten, durch die große Stadt Samaria. Der Staub hing in der schwülen Luft der schmalen Gassen. Rings um mich herum hörte ich lautes Stimmengewirr. Die Händler boten ihre Waren an. Es roch nach Gewürzen und Früchten, aber auch nach Schweiß, Schmutz und toten Tieren. Fliegen plagten die Käufer und Verkäufer. Ich versuchte die lästigen Plagegeister mit meiner Hand zu verscheuchen. Der Gestank dieser Stadt war fast nicht zu ertragen.

Heute war ein schwieriger Tag gewesen. Ich war hierhergekommen, um nach Gleichgesinnten zu suchen. Ich sehnte mich so sehr danach, mich mit anderen auszutauschen, die den König kannten und verehrten.

---

[1] Diese und andere Begebenheiten, auf die ich mich beziehe: Siehe meine Begegnungen im ersten Buch: „Mache dich auf! ... und begegne dem Vaterherzen Gottes", GloryWorld-Medien 2022.

Aber das Volk hatte sich verändert. Es war nicht mehr dasselbe Volk, das am Berg Horeb seinen Schmuck niedergelegt hatte, um Gott, dem König und Vater, zu dienen.

Generationen waren vergangen. Ja, sie hatten das verheißene Land eingenommen und große Dinge durch Gottes Hand erlebt. Er hatte alle seine Versprechen gehalten. Er hatte alles für sein Volk, für seine Kinder getan. Am Anfang hatte es die eine Generation der nächsten noch erzählt, welche Wunder er für sie getan hatte. Auf wundersame Weise hatte er sie aus der Gefangenschaft befreit und in ein Land gebracht, in dem Milch und Honig flossen – das Gelobte Land. Aber dann wollten sie wie alle anderen sein, wie die Menschen um sie herum. Die anderen hatten Könige; Und deshalb wollten auch die Israeliten einen König. Gott, der allein wahre König, erfüllte ihren Wunsch und erwählte zuerst Saul, dann David und schließlich Salomo.

Die Zeit von König David und seinem Sohn Salomo war eine gute Zeit gewesen; aufregend, gefährlich, aber gut und verheißungsvoll. Doch das ist eine andere Geschichte. Die wichtigste Veränderung war der Tempel, das Haus, das David geplant und das sein Sohn Salomo gebaut hatte. Gott war aus dem provisorischen Zelt ausgezogen und wohnte im Tempel. Seine Herrlichkeit erfüllte das Haus und die Priester dienten dem Vater, dem König der Könige, Tag und Nacht.

Aber all das war im Laufe der Jahre, über Generationen hinweg vergessen worden. Nach Salomo regierten andere Könige und wandten sich von dem einen wahren König ab. Sie wollten keine andere Autorität anerkennen. Dadurch ging es immer weiter bergab. Das Königreich Israel war gespalten, und ein König trieb es schlimmer als der andere.

Die Menschen um mich herum waren stehengeblieben. Fanfaren erklangen, der Schall der königlichen Trompeter hallte durch die Gassen. Der König kam, alle warfen sich nieder. Ich wich zurück und versteckte mich im Schatten eines Hauseingangs. Dann kam er; umgeben von seinem Gefolge und hoch zu Ross ritt er durch die Straßen: Ahab, der König von Israel.

Als ich ihn sah, spürte ich Übelkeit in mir aufsteigen. Ich hasste diesen Mann. Wütend ballte ich meine Fäuste. Er hatte keinen Respekt vor dem Vater, er kannte ihn nicht, und er hatte den Bund gebrochen. Alles hatte er weggeworfen, was in der Bundeslade für die Ewigkeit festgelegt war. Er hatte sich von Gott ab- und sich den Götzen anderer Völker zugewandt.

Ahab hatte sich eine Frau aus einem anderen Königreich genommen und beschlossen, mit ihr ihrem Gott Baal zu dienen. Er hatte ihm einen Altar und ein Haus gebaut. Aber dieser eine „Gott" war ihnen nicht genug. Sie beteten Aschera an und bauten auch ihr Standbilder. Zu allem Übel hatte Ahabs Frau, Isebel, die Propheten des Vaters, des wahren Gottes, getötet, ja, fast ausgerottet.

Stille, nur das Echo der sich entfernenden Fanfaren hallte noch durch die Gassen. Niemand wagte zu sprechen, sich zu bewegen, bis er fort war. Meine Wut auf den gottlosen König und mein Bedauern über den Zustand in den der König das Volk gebracht hatte, waren groß. Ich musste aufpassen, dass mich niemand beobachtete, weil ich mich weigerte, mich vor diesem König zu verbeugen.

Als Ahab und sein Gefolge außer Sichtweite waren, ging ein Seufzer der Erleichterung durch das Volk. Man konnte sehen, dass es den Menschen nicht gut ging. Sie waren so getrieben, so voller Hetze; sie kamen nie zur Ruhe. Ihre Anspannung führte schnell zu Konflikten, die meist nur mit Gewalt gelöst werden konnten. Sie schrien sich gegenseitig an oder spielten sich gegeneinander aus. Intrigen, Verleumdungen, das war ihr Alltag. Bei manchen war es offensichtlich zu hören und zu sehen, bei anderen war der wirkliche Zustand kaum zu erkennen.

Das Volk machte mit und diente Baal und Aschera, weil der König es so wollte. Sie kannten nichts anderes. Das waren die Götter, die auch alle anderen Völker verehrten. Es schien normal zu sein, Alltag.

„Hier werde ich niemanden finden, der den Vater noch kennt", dachte ich traurig und zog weiter nach Gilead. Ich war so enttäuscht, dass es in der Hauptstadt Israels kein Zeichen des wahren Königs mehr gab. Nach einer Weile setzte ich mich resigniert unter einen Busch am Straßenrand. Wie nur sollte ich ihn finden, den König, den Vater? Gab es überhaupt noch Menschen, die ihn kannten, die ihn liebten? Innerlich schrie ich zu meinem Freund Jeschua und fühlte mich dennoch so allein.

~~~

Denn so hat Gott die Welt geliebt, dass er seinen einzigen Sohn gab, damit jeder, der an ihn glaubt, nicht verloren geht, sondern ewiges Leben hat (Johannes 3,16 ELB).
~~~

Es gab Zeiten in meinem Leben, in denen ich im Außen nach dem suchte, was ich im Inneren vermisste. Ich rannte mit einem Mangel in meinem Herzen herum, es war so viel Gebrochenheit darin. Wie ein Gefäß musste ich zuerst heil und mit Gottes Liebe gefüllt werden.

Lange Zeit dachte ich, ich könne mein Leben als Christ allein leben. Mir war nicht klar, wie weit ich mich dabei von Christus entfernt hatte. Schritt für Schritt betete ich andere Götter an: Menschen, die Arbeit, mich selbst – genau wie Isebel und Ahab es taten.

Federleicht: Momente zum Innehalten

Ahab provozierte Gott mehr als jeder andere König zuvor. Er baute einen Tempel für Baal, heiratete Isebel und gemeinsam beteten sie diese falschen Götzen an. In der Geschichte habe ich über meine Enttäuschung geschrieben, dass ich den echten König nicht in Samaria getroffen habe. Aber ich suchte an der falschen Stelle. Samaria war nicht Gottes Wahl. Gott hatte Jerusalem als seinen Wohnsitz bestimmt (siehe 1. Könige 11,13).

Der Tempel mit der Stiftshütte befand sich in Jerusalem. Ich musste Samaria verlassen und an dem Ort suchen, wo seine Gegenwart wohnte. In meinem Leben habe ich oft an den falschen Orten nach Liebe und Frieden gesucht. Wo suchst du nach Liebe?

Ich hatte den Gott meiner Kindheit verlassen. Erst nachdem ich Verlust und Zerbruch erlebt hatte, fand ich zu Jesus zurück, bereute meine falschen Wege und bat ihn, mein König zu sein. Jesus begegnete mir in meiner Gebrochenheit als Freund, der mich liebt und versteht. Seine bedingungslose Liebe floss in mein Herz und es wurde ganz.

Nach einigen Umwegen fing ich an, mich zu fragen, was mich näher zu Gott hin- und was mich von ihm wegzog. Was zieht dich näher zu Gott hin? Wo spürst du seine Gegenwart?

Ich weiß nicht, wo du dich gerade befindest oder wo du in deinem Leben gewesen bist, aber ich möchte dich ermutigen, umzukehren und dich auf die Suche nach Gott zu machen. Lass ihn (wieder neu) dein König sein. Manchmal fängt es schon bei den kleinen und alltäglichen Entscheidungen an. Ich möchte oft selbst in meinem Leben regieren, anstatt ihm meine Wege zu überlassen.

Möchtest du mit mir beten?

Herr Jesus,
ich kehre zurück zu dir, regiere du in mir –
über meine Gedanken, meine Gefühle,
meine Worte und mein Tun.
Ich möchte lernen, in dir zu ruhen.
Ich bringe dir meine Einsamkeit und bitte dich,
dass du mir begegnest und mir deine Liebe zeigst.
Bitte zeig mir die Bereiche in meinem Leben,
die mich von deiner Gegenwart wegziehen,
und zieh mich neu hin zu dir.
Amen.

Tag 2

Was brauchst du?

Die erste Begegnung endete, als ich unter einem Baum saß. Kennst du solche Tage an denen der Himmel grau und bewölkt ist? An solch einem Tag sah ich bei einem Spaziergang, wie sich der Himmel öffnete. Da hörte ich in mir die Worte: „Du wirst den Himmel offen sehen." Während ich ging, hallten diese Worte in mir wider und der Himmel öffnete sich weiter. Es war wie ein Loch, aus dem Licht wie reines Gold strömte, um diese dunkle Welt heller zu machen. Ich fragte Jesus, was er mir zeigen wolle, und wurde an Johannes 1,50-51 erinnert:

> *Jesus antwortete und sprach zu ihm: Du glaubst, weil ich dir gesagt habe, dass ich dich gesehen habe unter dem Feigenbaum. Du wirst noch Größeres sehen als das. Und er spricht zu ihm: Wahrlich, wahrlich, ich sage euch: Ihr werdet den Himmel offen sehen und die Engel Gottes hinauf- und herabfahren über dem Menschensohn.*

Nathanael hatte unter einem Feigenbaum gesessen, als Philippus zu ihm kam und ihm erzählte, sie hätten den Messias gefunden, den Retter, auf den das Volk Israel wartete. Nathanael war voller Zweifel und schlechter Laune. Ich weiß nicht, warum er sich so fühlte oder wie du dich in diesem Moment fühlst. Aber ich kann mich noch gut daran erinnern, wie es war, unter dem Baum zu sitzen. Ich fühlte mich allein, enttäuscht und hoffnungslos. Vielleicht kennst du ähnliche Gefühle.

Die zweite Begegnung

Ich saß immer noch zusammengekauert unter dem Busch. Traurig. Allein. Da hörte ich eine leise Melodie. Sie kam mir überaus bekannt vor. Sofort sprang ich auf und sah mich nach Jeschua um. Es war unser Lied. Er musste hier sein!

Doch da war nur eine Frau in einem bunten Kleid, die leise unser Lied sang. Ich spürte, wie Ärger in mir aufstieg. Enttäuscht setzte ich mich wieder unter meinen Busch und starrte auf den staubigen Boden.

Die Frau kam näher. Ihr Kleid wehte im Wind. Sie trug einen Krug mit Wasser auf der Schulter und sang immer noch unser Lied. Obwohl es mich ärgerte, dass diese fremde Frau genau das Lied sang, das mich so sehr mit Jeschua verband, wurde ich innerlich ruhiger. Es war das Siegeslied, das mir damals die Kraft gegeben hatte, in der Höhle auszuharren, als ich mich in meiner Verzweiflung so allein gefühlt hatte. Genau dort hatte ich die Stimme Jeschuas leise diese Melodie singen hören. Je lauter sie wurde, desto näher kam meine Befreiung.[1] Der Gedanke daran war tröstlich, und ich blickte auf.

Die Frau stand jetzt direkt vor mir und schaute mir in die Augen. In ihrem Blick lagen die Liebe und Wärme einer Mutter. Ihre Stimme war tröstlich, als sie mich begrüßte. „Du siehst durstig aus", sagte sie und hielt mir ihren Wasserkrug hin. Ich nickte und streckte meine Hände aus. Sie goss das Wasser aus ihrem Krug direkt in meine Hände. Ich trank Schluck für Schluck. Erst da merkte ich, wie durstig ich eigentlich war, wie innerlich ausgetrocknet. Das Wasser schmeckte frisch und rein. Ich fühlte mich erfrischt. Mein Durst war gestillt.

„Danke!", sagte ich zu ihr, während ihre sanften Augen auf mir ruhten. Nicht nur, dass sie unsere Melodie gesungen hatte. Nein, ihre Augen erinnerten mich auch an Jeschua, und ich konnte nicht anders, als sie zu fragen: „Kennst du ihn?" Meine Frage überraschte sie nicht, sie nickte nur wissend. Dann hob sie ihren Krug auf und ging weiter. Ich stand schnell auf und folgte ihr. „Warte!", rief ich und beeilte mich, ihr hinterherzukommen. Ihre Füße bewegten sich so schnell, dass ich Mühe hatte, Schritt zu halten.

Eine Herde Kamele kam uns auf der Straße entgegen, und eine Horde Kinder spielte am Straßenrand. Sie blieb einen Moment stehen und strich einem kleinen Jungen liebevoll über den Kopf. Jedes einzelne der Kinder begrüßte sie mit Namen, und sie freuten sich. Sie hielten inne in ihrem Spiel und sahen mit leuchtenden Augen zu ihr auf. Ein kleines Mädchen fragte sogar, ob sie wieder mit ihnen spielen würde.

---

[1] Diese und andere Begebenheiten, auf die ich mich beziehe: Siehe meine Begegnungen im ersten Buch: *Mache dich auf! … und begegne dem Vaterherzen Gottes*, GloryWorld-Medien 2022.

Doch die Frau lachte nur und schüttelte den Kopf. „Diesmal nicht." Sie müsse noch etwas erledigen. Beim nächsten Mal, versprach sie den Kindern, würde sie gerne wieder mit ihnen spielen und verabschiedete sich mit einem fröhlichen Lachen.

Ich war verwundert stehengeblieben und hatte die Szene mit etwas Abstand beobachtet. Welche erwachsene Frau hatte denn am helllichten Tag Zeit, mit Kindern zu spielen? Heute war ein ganz normaler Arbeitstag, und ich konnte mir ihr Verhalten nicht erklären. Hatte sie denn nichts Besseres zu tun?

Dann ging sie weiter. Wieder hatte ich Mühe, ihr zu folgen. Ihr Kleid wehte im Wind vor mir her. Am liebsten hätte ich sie festgehalten, aufgehalten. So viele Fragen gingen mir durch den Kopf: Woher kam sie? Wohin ging sie? Und vor allem: Woher kannte sie meinen Freund Jeschua?

Ich verstand nicht, warum ich nicht von der Stelle kam. Sicherlich war ich noch erschöpft und müde von meiner Reise, den trüben Gedanken und meiner Traurigkeit. Irgendwie fühlte ich mich in meiner Bewegung gelähmt, als würde ich dem Leben, das diese Frau ausstrahlte, nur hinterherhinken. Sie war so kraftvoll, so dynamisch; ich dagegen fühlte mich schwach und müde. Dann blieb ich einfach stehen. Warum sollte ich mich so abmühen? Es machte alles keinen Sinn. Ich schaffte es nicht, ihr zu folgen.

Genau in dem Moment, als ich stehenblieb, sah sie sich nach mir um und blickte mich an. Ich schnappte nach Luft und hatte keine Kraft mehr weiterzugehen. Sie hielt ihren Blick auf mich gerichtet und kam langsam auf mich zu, ganz ohne Eile. Warum war sie vorhin so schnell gelaufen, dass ich ihr nicht folgen konnte, wenn sie jetzt die Ruhe weghatte? „Seltsam", dachte ich, und irgendwie wurde ich etwas sauer.

Dann stand sie vor mir und fragte mich, was ich brauche. Eine seltsame Frage: „Was brauchst du?" Sie hallte in mir nach. Plötzlich fühlte ich mich so klein, wie die Kinder, die ich vorhin am Straßenrand gesehen hatte. Mit einer Stimme, die meiner eigenen so fremd war, sagte ich leise: „Freunde ..."

Überrascht über meine eigene Stimme und das, was ich gesagt hatte, hielt ich inne. Was war nur los mit mir, dass ich einer Fremden mein Herz ausschüttete? Es war mir peinlich, und doch entsprach es der

Wahrheit. Seit Tagen war ich allein unterwegs und sehnte mich nach anderen Menschen, die den Vater, den König, kennen und lieben.

„Komm mit!", sagte sie nur, und diesmal ging ich ohne jede Mühe neben ihr her. Es war, als habe sie ihr Tempo dem meinen angepasst. Vielleicht hatte sie gar nicht davonlaufen wollen. Stattdessen hatte ich selbst das Tempo bestimmt und war vor meiner eigenen inneren Wahrheit geflohen. „Seltsamer Gedanke", schoss es mir durch den Kopf. Noch bevor ich meine Fragen formuliert hatte, begann sie wieder Jeschuas sanfte Melodie zu singen. Gemeinsam und im gleichen Tempo gingen wir in die von ihr eingeschlagene Richtung weiter. Während ich ihrem Gesang zuhörte, spürte ich, wie ich innerlich ruhig wurde. Ich kannte den Weg in dieser Situation nicht, und doch erfüllte mich ein tiefer Friede.

~~~~~~~

Aber wenn der Helfer kommt, der Geist der Wahrheit, wird er euch anleiten, in der vollen Wahrheit zu leben. Was er euch sagen wird, hat er nicht von sich selbst, sondern er wird euch nur sagen, was er hört. Er wird euch jeweils vorbereiten auf das, was auf euch zukommt. Er wird meine Herrlichkeit sichtbar machen; denn was er an euch weitergibt, hat er von mir (Johannes 16,13-14 GNB).

Vielleicht hast auch du wie ich allein unter einem Baum gesessen und dich gefragt, wer diese Frau in dem bunten Kleid ist. Es gibt jemanden, der dich sieht, so wie Jesus Nathanael sah. Jemand, der dich mit deinen Bedürfnissen liebevoll ansieht.
~~~~~~~

Federleicht: Momente zum Innehalten

Als ich unter dem Baum saß, war ich traurig und fühlte mich allein. In solchen Zeiten brauchen wir die Berührung des Heiligen Geistes. Wir brauchen jemanden, der uns hilft, unseren Blick von uns selbst wegzulenken, jemand, der uns die Augen öffnet und uns zum Vater führt. Wir brauchen jemanden, der uns an unsere Bestimmung erinnert. Welch ein Geschenk, unsere Herzen zu öffnen und den Heiligen Geist in unserer Mitte willkommen zu heißen. Der Heilige Geist wird uns direkt zum Vater führen und den Sohn verherrlichen.

Kannst du dir vorstellen, wie dich die Frau aus unserer Begegnung dort unter dem Baum sitzen sieht? Kannst du sehen, wie ihr Blick auf dir ruht? Wie fühlt sich das für dich an?

Unter welchem Baum sitzt du? Ich möchte dich einladen, für einen Moment die Augen zu schließen und dir vorzustellen, wie dein Baum aussieht:

In welcher Jahreszeit sitzt du unter dem Baum? Hat dein Baum Blätter? Gibt es Früchte? Wie ist das Wetter, während du dort sitzt? Spürst du den Wind? Kannst du den Wind in den Zweigen sehen oder hören? Wie ist die Temperatur? Ist es warm oder kalt? Bist du durstig?

Stell dir vor, wie der Heilige Geist dich unter deinem Baum besucht. Vielleicht will er dir etwas über die Früchte des Baumes zeigen. Magst du die Erfrischung annehmen, die der Heilige Geist für dich vorbereitet hat? Möchtest du deine Hände öffnen, das Wasser aus dem Krug in deine Hände fließen lassen und von dem Wasser trinken? Vielleicht bist du dem Heiligen Geist schon vorher begegnet; oder es ist der Moment, in dem du den Heiligen Geist empfängst, der wie das Wasser aus dem Krug von Neuem durch dein Herz fließt.

Denkst du, dass der Heilige Geist gerne spielt? Ich möchte dich einladen, dir für einen Moment vorzustellen, dass du eines der Kinder bist, die auf der Straße spielen. Versuch dir vorzustellen, dass heute der Tag ist, an dem der Heilige Geist zu dir kommt und dich fragt, ob du mit ihm spielen möchtest. Wie würde dieses Spiel aussehen? Wenn dir das unangenehm ist, möchte ich dich einladen, die Kinder auf der Straße zu beobachten, die ihre Zeit mit dem Heiligen Geist genießen. Wie sieht ihr Spiel aus? Kannst du dir vorstellen, dass der Heilige Geist lacht?

Wie wäre deine Antwort, wenn der Heilige Geist dich jetzt fragen würde: Was brauchst du?

> ***Gebet:*** *Hab Dank Herr Jesus, dass du mir deinen Geist geschenkt hast. Heiliger Geist, danke für deine Gegenwart, öffne mir die Augen für deine Realität. Ich halte dir mein Herz hin. Bitte füll mich neu mit dir. Du weißt, was ich brauche. Bitte schenk mir gute Freunde. Amen.*

Und vielleicht möchtest du ihn fragen: *Willst du mein Freund sein, Heiliger Geist?*

Tag 3

Jericho – Bei Gott zur Ruhe kommen

Wie sieht dein Lebenstempo im Moment aus? Manchmal scheint das Leben an mir vorbeizuziehen und ich bin nicht in der Lage zu folgen. Wie bei der gestrigen Begegnung. Da hörte ich innerlich die Worte: „Du musst dein Tempo finden."

Aber wie finde ich mein eigenes Tempo? Oft gibt es so viele Erwartungen und Bedürfnisse zu erfüllen. Da sind der Haushalt, der Beruf und die Familie, um die wir uns kümmern müssen. Es gibt Freunde und Aufgaben in der Gemeinde, im Sport oder wir brauchen einfach nur Zeit für Hobbies oder wollen raus in die Natur. Das alles mag gut sein, aber jeder hat seine eigene Kapazität an Kraft und Zeit. Immer wieder frage ich mich, ob ich als Kind oder Knecht lebe, ob ich gehetzt meine Aufgaben abarbeite oder als Kind in der Liebe des Vaters ruhe.

Wir brauchen Zeit, um in unserem eigenen Tempo und ohne Vergleiche zu gehen.

Aber wir brauchen auch jemanden an unserer Seite, jemanden, der mit uns geht, im gleichen Tempo.

Die 3. Begegnung

Die Gegend, in die wir kamen, war fruchtbar und grün. Entlang des Weges wuchsen Kräuter. Die Frau bückte sich immer wieder, um eine dieser Heilpflanzen zu pflücken. Als seien es kostbare Geschenke, legte sie die Pflanzen in ein Tuch, das sie wie einen Beutel an ihrem Gewand befestigt hatte. Dann blieb sie stehen und zeigte auf einen kleinen Pfad, der auf eine Anhöhe führte. Die Mittagssonne schien warm auf uns herab, und ich war froh, als ich oben angelangt einige Steine unter einer Terebinthe fand. Dort ließen wir uns nieder. Der ausladende Baum über uns spendete Schatten, und auch die Steine gaben eine angenehme Kühle ab. Über uns hörte ich ein Vogeljunges, das nach seiner Mutter rief. Ich schaute hoch und sah, wie die Vogelmutter zum Nest mit ihren Jungen flog. Die Kleinen öffneten begierig ihren Schnabel, um die

Nahrung aufzunehmen, die sie ihnen gebracht hatte. Auch ich war hungrig geworden, was mein Magen lautstark verkündete.

Die Fremde sah mich lachend an und stellte sich mir vor. Ihr Name war Ruach. Und als ich ihr direkt in die Augen sah, wurde ich an den Vater erinnert. Auch er hatte mich mit so viel Liebe angesehen. Ihr Blick war warm und wissend, voll Tiefe und Weisheit. „Hab keine Angst!", sagte sie. „Ich werde dir helfen zu verstehen." Aber ich verstand gar nichts.

Ihre Stimme war sanft und leise. Freundlich bat sie mich, ein paar Steine und Feuerholz zu sammeln. Steine waren auf diesem Hügel leicht zu finden. Als ich das Feuerholz sammelte, musste ich mit einem Lächeln an meine Zeit mit Jeschua denken. Ich hatte meinem Freund das Frühstück zubereiten wollen und war völlig enttäuscht gewesen, als er es bereits für mich getan hatte. Hier war es anders. Sie bat mich, etwas zu tun, und das freute mich.

Als ich das Feuerholz neben die Steine legte, stand sie auf und entfachte mit einer einfachen Handbewegung die ersten Flammen. Erstaunt versuchte ich zu erraten, wie sie das Feuer angezündet hatte. Aber ich traute mich nicht, sie zu fragen. Als sie vor dem Feuer stand, musste ich an den brennenden Dornbusch denken: der Existierende, Gott selbst, hatte sich darin gezeigt. Neben ihrer Freundlichkeit hatte Ruach auch etwas Heiliges an sich.

Dann fragte sie mich nach einem Gefäß. Wusste sie, was ich in meinem Rucksack trug? Es war immer noch Jeschuas Rucksack. Vielleicht erkannte sie ihn. Ich holte den Tontopf heraus, der so oft über unserem Lagerfeuer gehangen hatte, um uns etwas Warmes zuzubereiten. Die Erinnerungen an die Lagerfeuer am Horeb zogen an meinem inneren Auge vorbei und eine leichte Traurigkeit erfasste mich. Ruach nahm mir den Topf aus der Hand und schüttete etwas Wasser aus ihrem Krug hinein. Ich hatte mit ein paar Stöcken eine Halterung gebaut, an der wir den Topf befestigen konnten. „Wie damals", dachte ich wehmütig. Dann streute Ruach einige der gesammelten Kräuter in das Wasser und wir warteten, bis es kochte. Nach einer Weile ging sie zum Lagerfeuer und schenkte uns Tee ein. Er schmeckte süß, samtig und gleichzeitig würzig, kräftig. Ich spürte, wie ich mich entspannte und lehnte mich gegen einen der Steine.

Mein Blick ging auf die andere Seite des Hügels. Das mussten die Mauern von Jericho sein. Es war eine große Stadt, die im grünen Jordantal lagerte. Wie viele Jahre hatte diese einst große Stadt in Trümmern gelegen? Als das Volk in das Gelobte Land zog, war Jericho die erste Stadt, die sie eroberten. Ruach erzählte mit ihrer ruhigen Stimme, während ich an meinem Tee nippte und auf die Stadt hinunterblickte: Das Volk sei mit der Bundeslade um die Stadtmauern gezogen, so wie Gott es ihm befohlen hatte. Sieben Tage lang; sechs Tage einmal und am siebten Tag siebenmal. Die Priester hatten in die Schofarhörner geblasen, und als das ganze Volk ein Kriegsgeschrei anhob, war die gesamte Stadtmauer eingestürzt. Ich sah das Bild vor meinem geistigen Auge und hörte gleichzeitig ein lautes Klagelied, das aus der Stadt aufstieg.

Ruach schüttelte traurig den Kopf. Sie erzählte mir von Hiel aus Bethel. Er hatte Jericho wiederaufgebaut. Aber das hatte ihn seine beiden Söhne gekostet, den ersten, als er den Grundstein legte, und den jüngsten an dem Tag, als er die Stadttore errichtete. So hatte Josua es einst verkündet (vgl. Jos 6,26), und genau so war es auch gekommen.

„Warum sollte Jericho nicht wieder aufgebaut werden?", fragte ich Ruach. Mit ihrer leisen Stimme sprach sie vom Mond, den die Bewohner von Jericho als Gott verehrt hatten. Das Land sollte den Kindern Israels gehören. El Chai, der lebendige Gott, hatte es ihnen vor langer Zeit versprochen und nun in ihre Hand gegeben. Das war der Beginn der Landeinnahme, und sie begann durch Gottes Hand. Als die Schofarhörner geblasen wurden, stürzten die Stadtmauern ein. El Chai hatte das Halljahr ausgerufen, das große Jahr der Landeinnahme; der Erstattung des Landes, das der Feind für sich eingenommen glaubte.

Ich erinnerte mich an die Gebote vom Horeb. Dort hatte Gott erklärt, dass jedes siebte Jahr ein Jahr der Ruhe für das Land sein sollte – das Shabbatjahr. Und nach 7 x 7 Jahren sollte jeder die Möglichkeit haben, sein verlorenes Land zurückzubekommen. Das war das Hall- oder Jubeljahr.

~~~~~~

Denn ihr habt nicht einen Geist der Knechtschaft empfangen, dass ihr euch abermals fürchten müsstet; sondern ihr habt einen Geist der Kindschaft empfangen, durch den wir rufen: Abba, lieber Vater! (Römer 8,15).
~~~~~~

Was hast du erwartet, als wir auf den Hügel gegangen sind? Hattest du erwartet, die Stadt Jericho zu sehen? Manchmal finden wir nicht das, was wir erwarten. Gibt es Erwartungen, mit denen du konfrontiert wirst? Wie sehen sie aus?

Erwartungen gibt es in jeder Beziehung. Auf der einen Seite gibt es gesunde Erwartungen, die uns aufrichten und uns helfen zu wachsen. Auf der anderen Seite können ungesunde Erwartungen unser Leben, unsere Zeit und unsere Freude stehlen und uns am Wachstum hindern.

Federleicht: Momente zum Innehalten

Vor langer Zeit gab es eine Frau namens Rahab; sie überwand die die Mauern von Jericho und wurde eine Vorfahrin in der Linie Jesu. Einst war sie eine Hure gewesen, aber dann versteckte sie die Spione Israels und rettete ihnen das Leben. Dafür wurde sie durch eine Schnur gerettet: Eine scharlachrote Kordel war das Zeichen für die Israeliten, sie zu verschonen. Rahab wurde mit ihrer ganzen Familie gerettet. Welch ein Segen ging von dieser scharlachroten Schnur aus. Das hebräische Wort für Schnur oder Kordel ist das gleiche Wort wie für Erwartung, Hoffnung, Leben – etwas, wonach ich mich sehne. Die rote Farbe ist ein Hinweis auf das Blut von Jesus. Wenn wir ihm Vertrauen schenken, wird er uns retten und zum Vater führen.

Lasst uns wie Rahab diese scharlachrote Schnur ergreifen und alles von Jesus erwarten! Menschen mögen uns enttäuschen, sie mögen uns verlassen, aber Jesus wird uns nie verlassen. Er wird immer da sein. Er hat uns seinen Geist als Siegel hinterlassen.

Die Frau in dem Abenteuer stellte sich selbst als Ruach vor. Wenn wir in der Bibel über den Heiligen Geist lesen, steht dort das Wort Ruach. Ruach ist das hebräische Wort für Atem, Wind und Geist. Jesus selbst ist der Weg zum Vater. Er hat uns seinen Geist hinterlassen. Der Heilige Geist ist der Geist des Vaters und des Sohnes. Durch den Geist können wir „Abba" sagen, eine so vertrauensvolle Anrede wie Papa, und Vater. Diese drei sind eine Einheit, ein Gott. Wie Wasser ist das Wasser immer noch Wasser, ob es gefroren, flüssig oder Dampf ist.

Wie denkst du über den Heiligen Geist? Was sind deine Erfahrungen? Was sind deine Erwartungen?

Heute möchte ich dich durch die Begegnung einladen, mit mir den Heiligen Geist neu zu entdecken. Was glaubst du, wie die Augen von Ruach aussehen könnten? Was siehst du? Was könnte sich in ihrem Blick widerspiegeln? Ich konnte die Liebe des Vaters in ihrem Blick sehen. Die Liebe des Vaters, die auf mir ruht. Ich muss mich nicht mehr anstrengen oder weglaufen. In diesem Blick finde ich meinen Ruheort. Einen Ort, an dem ich diejenige sein kann, die ich wirklich bin. In diesem Blick weiß ich, dass ich genug bin.

In der Geschichte haben wir einen Ruheplatz unter dem Baum gefunden. Ruach bat mich um ein Gefäß, und als ich es ihr gab, füllte sie das Gefäß. Wir sind das Gefäß, das der Heilige Geist füllen will. Der Vater wird seinen Geist über uns ausgießen. Er ist das lebendige Wasser, das mich durchströmt. Er ist das Feuer, das mein Herz erhellt und erwärmt.

Heute möchte ich dich einladen, deine Hände und dein Herz zu öffnen und mit mir zu beten:

Gebet:

Heiliger Geist, hier bin ich als dein Gefäß.
Ich öffne mein Herz für dich und bitte dich, mich neu zu erfüllen.
Ich empfange den Atem deines Geistes, den Wind und das Feuer.
Ich empfange dich, Heiliger Geist,
und bitte dich, mein Herz zu erneuern.
Bitte hauche die toten und müden Teile meines Herzens an
und mache sie wieder lebendig.
Schenke mir eine neue Offenbarung dessen, wer du bist.
Ich mache in meinem Herzen Raum,
um dich willkommen zu heißen, Heiliger Geist.
Ich danke dir für deine Gegenwart.
Danke für deine Erfrischung. Amen.

Tag 4

Leben in gesunden Beziehungen

Gestern haben wir beobachtet, wie die Mauern von Jericho einstürzten. Es war der Beginn einer neuen Ära für das Volk Israel. Der Weg in das verheißene Land war frei. Vielleicht gibt es in deinem Leben einige Mauern, die dich daran hindern, in dem Land zu leben, das Gott dir gegeben hat.

Ich glaube, dass wir nicht geschaffen sind, um allein in der Isolation zu leben. Das Prinzip Gottes ist Gemeinschaft. Er selbst lebt in Gemeinschaft. Er ist drei in einem, in perfekter Harmonie: Gott Vater, Sohn und Heiliger Geist. Da er uns zu seinem Ebenbild geschaffen hat, möchte er, dass wir unser Leben in Gemeinschaft führen. Aber er lässt uns die Freiheit, den Schritt aus der Isolation in die Freundschaft miteinander und mit ihm selbst zu gehen.

Die 4. Begegnung

Während Ruach auf dem Hügel Brot mit Kräutern backte, starrte ich auf die Stadt hinunter. Ich dachte über Jericho nach – wie die Mauern des Feindes eingestürzt waren – und über mein eigenes Leben. Wo gab es bei mir Mauern, die der lebendige Gott einreißen wollte? Welchen Name trug diese meine innere Festung? War es Stolz oder Angst? Zorn oder Neid? Oder gab es andere Festungen, die meine tiefsten Wunden verbargen, die mir jemand anderes zugefügt hatte und die immer noch schmerzten?

Während ich nach einer Antwort oder vielmehr nach der passenden Frage suchte, nahm ich den Geruch von frischem Brot wahr und schaute hoch. Ruach kam auf mich zu und reichte mir ein Stück Brot. Sie wolle mir jemanden vorstellen, sagte sie – jemanden, der kein Land besaß, wie ich.

Ich war frei und konnte mich bewegen, wie ich wollte, und doch hatte ich eine Sehnsucht in mir nach einem Ort, an dem ich ganz zu Hause war und zur Ruhe kommen konnte. Ich war immer noch in meinen Gedanken versunken. Vielleicht würde mein König auch über meinem Leben ein „Jubeljahr" ausrufen? Vielleicht war es an der Zeit, zuzusehen, wie die Mauern des Feindes einstürzen und der Weg in mein neues Land frei wird? „Wo ist dieser Ort?", fragte ich mich.

Während ich mir die Mauern von Jericho ansah, hatte ich nicht bemerkt, dass jemand von der anderen Seite den Hügel hinaufgestiegen war. Als ich eine fremde Stimme hörte, drehte ich mich um. Wie anders war diese Perspektive, weg von den Mauern einer gottlosen Stadt und den Klageschreien. Da war ein hagerer Mann in einem langen Mantel, der sich offensichtlich freute, Ruach zu treffen. Die beiden wirkten vertraut miteinander und schienen bereits in ein Gespräch vertieft zu sein. Das war der Moment, in dem mir einfiel, dass sie mir ja jemanden vorstellen wollte. Langsam stand ich auf und mein Blick fiel auf das weite Land, das sich auf der anderen Seite des Hügels vor mir ausbreitete.

Ruach winkte mir zu, und etwas unsicher ging ich in ihre Richtung. Mit einem Lächeln stellte sie mir den Hageren vor: „Das ist Elijahu", sagte sie. Er wandte sich mir freundlich zu und sagte mit Stolz in der Stimme: „Mein Gott ist der Herr", und fügte hinzu, dass dies die Bedeutung seines Namens sei. In diesem Moment sah er gar nicht mehr hager aus, sondern irgendwie groß und stark. Er strahlte tiefe Ehrfurcht vor dem König, dem Vater, aus, den ich so sehr vermisste. Ich war so froh, endlich jemanden zu treffen, mit dem ich mich austauschen konnte. Jemanden, der schon mit seinem Namen bezeugte, wo er hingehörte.

Elijahu schlug vor, dass ich ihn gern begleiten könne. Unterwegs hätten wir die Möglichkeit, uns zu unterhalten. Ruach empfahl uns, am Jordan entlang nach Osten zum Bach Krit zu gehen. Elijahu war in großer Eile. Neugierig stimmte ich zu und packte meinen Rucksack. Ruach blieb an dem Schattenplatz und winkte uns mit einem „Bis bald!" hinterher.

So ging ich mit Elijahu den Hügel hinab in die grüne Jordanebene. Er erzählte munter drauf los. Er hatte in Gilead gelebt und war Tisbiter, ein Fremder, ohne Land. Aber da war keine Traurigkeit; er schien mit seiner „Landlosigkeit" völlig versöhnt zu sein. Ich erzählte ihm auch etwas über mein Leben, woher ich kam und was ich suchte. Während ich ihm von meiner Sehnsucht nach Jeschua und meiner Suche nach Freunden erzählte, musste ich immer wieder nach Luft ringen. Irgendwie hatte er seine Schrittgeschwindigkeit stark beschleunigt und ich fragte ihn ganz außer Atem, ob er auf der Flucht sei. Das war eigentlich als

Scherz gedacht, aber er sagte nur: „Ja, vor Ahab." Ich war schockiert und versuchte, mich seiner Geschwindigkeit anzupassen.

Eine Weile gingen wir schweigend am Jordan entlang, bis wir an den Bach Krit kamen. Wir liefen immer weiter, bis Elijahu an einer Baumgruppe abrupt stehen blieb. Es war der Ort, den Ruach ihm beschrieben hatte. Erschöpft ließ ich mich unter den schattigen Bäumen nieder. Dann zog ich meine Sandalen aus und rutschte auf einem ins Wasser ragenden Stein, so weit vor, dass ich meine Füße in das kühle Nass tauchen konnte. „Das tut so gut!", dachte ich.

Doch Elijahu sah mich kritisch an. Ich solle das Wasser wertschätzen, denn es würde für lange Zeit keinen Nachschub von oben geben, sagte er mit einer in Richtung Himmel weisenden Handbewegung. Das war auch der Grund für seine Flucht. Er hatte Ahab diese Nachricht vom wahren König überbracht. Ahab gefiel es gar nicht, dass jemand seine königliche Autorität und die seines „Regengottes Baal" in Frage stellte. Wie konnte Elijahu es wagen, ihm, dem „mächtigen" Ahab, und dem Baal eine Grenze zu setzen?

Etwas beschämt zog ich meine Füße zurück. Er hatte recht. Dieses Wasser war kostbar. Wir würden jeden Tropfen davon brauchen, wenn Gott den Himmel verschloss. Wie gut, dass Ruach ihm diesen Bach als sicheren Ort gezeigt hatte.

Noch lange Zeit saßen wir beisammen und sprachen über Ahab und über den wahren König, den lebendigen Gott, den Vater. Als ich dem Plätschern des Wassers lauschte, wurde mir klar, dass ich endlich jemanden gefunden hatte, der mich verstand.

Die Sonne wollte gerade untergehen, als ein Rabe angeflogen kam und etwas aus seinem Schnabel fallen ließ. Es sah aus wie Brot. Dann kam ein zweiter Rabe und legte ein Stück gebratenes Fleisch vor uns hin. Verwundert schaute ich Elijahu an: „Das ist ja krass!" Aber Elijahu sah überhaupt nicht überrascht aus. Er dankte dem Vater für den Raben und das Essen und teilte es unter uns auf. So saßen wir schweigend da und aßen unser Abendbrot an dem immer noch munter plätschernden Bach.

~~~~~~

Hütet euch aber, dass sich euer Herz nicht betören lasse, dass ihr abfallt und dient andern Göttern und betet sie an, sodass
~~~~~~

der Zorn des HERRN entbrenne über euch und schließe den Himmel zu, sodass kein Regen kommt und die Erde ihr Gewächs nicht gibt und ihr bald ausgetilgt werdet aus dem guten Lande, das euch der HERR gegeben hat (5. Mose 11,16-17).

Manchmal wissen wir vielleicht nicht, wie wir eine Freundschaft beginnen sollen. Gott kann uns helfen, Hindernisse aus dem Weg zu räumen, wie die Steine der Mauern von Jericho.

Gestern haben wir über das Seil nachgedacht, das Rahab gerettet hat. Eine Schnur ist stark, wenn sie dreifach ist. Da der Vater, der Sohn und der Heilige Geist drei sind wie eine dreifache Schnur, können wir den Heiligen Geist bitten, eine dreifache Schnur zu knüpfen. Unsere Beziehungen werden stark, wenn sie mit Gott zu einer dreifachen Schnur verknotet sind.

Der Heilige Geist will uns leiten und uns helfen herauszufinden, was uns daran hindern könnte, in dem Land zu leben, das Gott für uns vorbereitet hat. Zu Beginn der Begegnung habe ich über Hindernisse wie Neid, Ärger, Angst oder Stolz nachgedacht. Was hindert dich daran, dein Leben in gesunden Beziehungen zu leben? Was hält dich davon ab, in Freundschaft zu investieren und aus der Isolation herauszutreten?

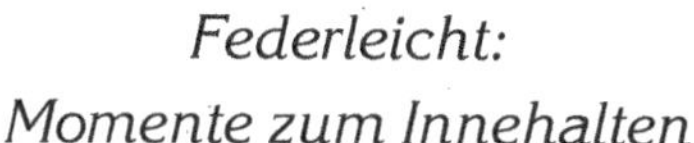

Federleicht: Momente zum Innehalten

Während der Begegnung machte mich Ruach mit Elijahu bekannt. Als ich mir vorstellte, ihm zu begegnen, spürte ich seine Autorität, das Land für Gott einzunehmen. Er konfrontierte Ahab in dem Bewusstsein seiner von Gott gegebenen Autorität. Furchtlos verkündete er ihm die Botschaft Gottes. Seine Worte wurden zur Erfüllung dessen, was Gott den Israeliten durch Mose gesagt hatte, bevor sie vor langer Zeit in das Verheißene Land eingezogen waren (siehe 1. Könige 17,1).

Ahab betete andere Götter an. Das war der Grund, warum Gott den Himmel verschloss, sodass es keinen Regen mehr geben würde. Ich denke, Elijahu hat das Wort Gottes gekannt und war vom Heiligen Geist erfüllt. Was für ein Geschenk, sich mit dem Heiligen Geist anzufreunden, seine Stimme kennenzulernen und seinen Wegen zu folgen. Welch ein Segen, wenn wir Freunde finden, mit denen wir gemeinsam auf diese geistliche Reise gehen können. Was ist mit dir? Hast du jemanden, mit dem du gemeinsam unterwegs sein kannst?

Das Abenteuer begann und endete mit Brot. Am Anfang hat Ruach Brot gebacken. Und am Ende schickte Gott, der Vater, seine Raben, um uns mit Brot zu versorgen.

Wir dürfen unsere Herzen mit diesem himmlischen Brot füllen, damit der Heilige Geist uns an Gottes Wort erinnern kann. Ich bin so dankbar für Freunde, mit denen ich nicht nur meine eigenen Worte, sondern auch Gottes Wort teilen kann. Mit dem himmlischen Brot können wir uns gegenseitig ermutigen.

Gebet:

Heiliger Geist, ich bitte dich heute,
uns an den Ort zu führen, an dem wir gemeinsam wachsen,
um dir nahe zu kommen, in dir zu ruhen
und von deiner Gegenwart erfüllt zu werden.
Heiliger Geist, wir danken dir für deine Freundschaft
und für Freunde, mit denen wir gemeinsam
in das Land reisen können, das du für uns vorbereitet hast.
Danke, dass wir keine Fremden mehr sind,
sondern Kinder und Erben in Christus.
Danke, dass wir unseren Platz bei dir haben.
Heiliger Geist, bitte führe uns in Beziehungen,
die uns helfen zu wachsen und dich immer besser kennenzulernen.
Lehre uns, wie wir zu Freunden werden können,
die das Brot miteinander teilen.
Danke für dein Brot und die Zeiten
der Gemeinschaft und Freundschaft.
Amen.

Tag 5

Am Bach Krit – Gottes Versorgung empfangen

Vor einiger Zeit habe ich einer Freundin, die krank war, etwas zu essen vor die Tür gestellt. Sie hinterließ mir eine kurze Nachricht: „Ich fühle mich wie Elia." Ohne zu wissen, dass ich dieses Buch oder speziell dieses Kapitel schreibe, schrieb sie mir später: „Danke, lieber Rabe!"

Als ich die Begegnung am Bach schrieb, dachte ich nur daran, wie ich mich fühlte. Ich vergaß, daran zu denken, wie sich Elia gefühlt haben mochte. In 1. Könige 17,3-6 lesen wir, wie Gott ihm sagte, er solle sich am Bach verstecken. Gott versprach, er würde Elia mit allem versorgen, was er brauche. Er könne das Wasser aus dem Bach trinken, und Gott befahl den Raben, ihm Nahrung zu bringen. Aber wir lesen nicht, wie Elia sich fühlte. Wir lesen nichts von einem Freund, der neben ihm saß und mit dem Elia reden konnte. Ich kann mir vorstellen, dass Elia sich in der Zeit, in der er am Bach war, einsam fühlte. Wir lesen nichts über seine Einsamkeit, seine Tränen oder darüber, ob er verzweifelt nach jemandem schrie, der ihn trösten konnte. Wir lesen nur von den Raben.

Die 5. Begegnung

Wir unterhielten uns bis spät in die Nacht. Das muntere Plätschern des Baches hatte etwas Beruhigendes, Friedliches, und irgendwann schlief ich darüber ein. Am nächsten Morgen wachte ich durch ein Krächzen auf. Als ich die Augen öffnete, sah ich einen Raben, der sich auf einem Stein neben Elijahu niedergelassen hatte. Wieder brachte der Rabe Brot und ein anderer Fleisch. Irgendwie erinnerte mich diese himmlische Versorgung an das himmlische Brot in der Wüste zur Zeit von Mose. Ohne dass wir etwas dafür tun mussten, gab uns der Vater, was wir brauchten. So auch heute Morgen.

Elijahu erzählte, wie der himmlische Vater ihm diese Versorgung versprochen hatte. Der Vater hatte die Raben gebeten, auf uns aufzupassen. Normalerweise sind die Raben diejenigen, die auf die himmlische

Versorgung des Vaters angewiesen sind. Oft schrien die jungen Raben nach Futter. Als er mir davon erzählte, nahm er eine Schriftrolle aus seiner Manteltasche und gab sie mir. „Lies hier, das sind die Lieder von David. Fast am Ende steht das mit den Raben."[1] Ich betrachtete die Schriftrolle und staunte über die Worte, die König David geschrieben hatte. Welch ein Gegensatz zu Ahab. David hatte den wahren König gekannt, verehrt und geliebt.

Nach dem Frühstück blieb ich einfach am Bach sitzen. Unter den schattenspendenden Bäumen war es erträglich. Ich war ganz vertieft in die Schriftrolle. Ein Lied nach dem anderen las ich. Gleich am Anfang hielt ich inne und rief Elijahu zu: „Hör mal, da steht auch etwas darüber, am Bach zu sitzen und über Gottes Wort nachzudenken: *Der ist wie ein Baum, gepflanzt an den Wasserbächen, der seine Frucht bringt zu seiner Zeit, und seine Blätter verwelken nicht. Und was er macht, das gerät wohl.*"[2]

Ich lehnte mich mit dem Rücken gegen den massiven Stamm des Baumes, der hier am Wasser stand. So wollte ich sein. Fest verankert im Wort meines Königs, ehrlich vor ihm und den Menschen, mit denen ich zu tun hatte. Ein Baum, der Früchte trägt. Ich wollte gute, schmackhafte Früchte und frische, grüne Blätter hervorbringen. Ich schaute hinauf in die Baumkrone über mir. Noch war alles grün. Aber was würde sein, wenn es tatsächlich nicht mehr regnete, wenn die sengende Sonne die grünen Blätter vertrocknen und verwelken ließe? Traurig wandte ich mich an meinen neuen Freund. „Ja, was wäre, wenn ...", Elijahu lachte nur. „Der Vater wird sich um alles kümmern. Mach dir keine Sorgen!", sagte er. „Lies einfach weiter!"

Und so las ich ein Lied nach dem anderen, bis ich wieder innehielt und mich ein neuer Frieden durchströmte: *„Der HERR ist mein Hirte, mir wird nichts mangeln. Er weidet mich auf einer grünen Aue und führet mich zum frischen Wasser."*[3]

David verstand es, seine Schafe zu frischem Wasser zu führen, zu Bächen wie diesem, wo sie sich stärken, ausruhen und neue Kraft tanken konnten. Wieder musste ich an Mose am Berg Horeb denken, der auch

---

[1] Siehe Psalm 147,9.

[2] Psalm 1,3.

[3] Psalm 23,1-2.

Hirte war. Wie David war auch Mose ein Freund des Höchsten geworden. Vor meinem geistigen Auge sah ich Mose mit seinem Hirtenstab.

Als ich die Augen öffnete und die grüne Wiese betrachtete, die diesen Bach umgab, konnte ich mir vorstellen, wie David seine Herde hierherführte, damit sie trinken konnte. Vielleicht hatte er so wie ich hier gesessen und diese Zeilen geschrieben, die ich gerade las. Ich schaute auf das Wasser, das munter vor sich hinfloss. Es kam aus einer Quelle und floss in den Jordan. Ich las noch einmal die Worte von König David. Er, der König, schrieb, dass der Herr sein Hirte sei. Also machte David sich selbst zu einem Schaf, das Führung brauchte. Ich lauschte dem sanften Plätschern und fragte mich, wer wohl gerne ein Schaf wäre? Die meisten Menschen wollten lieber Könige sein. Was wäre, wenn ich zwischen Schafweide und Königsschloss wählen könnte?

Dann dachte ich an Ahab, der in seinem königlichen Schloss oder wahrscheinlich eher in seinem Baals-Tempel in Samaria saß. Da wollte ich doch lieber ein Schaf sein und hier am Bach sitzen, zu dem der Vater uns geführt hatte. Ich wollte von Elijahu wissen, wie er sich vom Hirten führen ließ.

Ruach hatte ihm die Richtung gezeigt, was ich ja mitbekommen hatte. Und vorher hatte der Vater mit ihm darüber gesprochen, welchen Weg er gehen sollte. Er hatte ihm diesen Ort genau beschrieben und seine Versorgung durch die Raben zugesagt.

Ich dachte wehmütig an die Zeit am Horeb und erzählte Elijahu davon. Wie kostbar die Zeit mit dem Vater und dem Sohn, meinem Freund Jeschua, gewesen war. Ich seufzte tief und schaute in den sprudelnden Bach. Da war es mir, als hörte ich die Stimme Jeschuas: „Ich bin da, ganz nah. Hab keine Angst, vertrau mir. Egal, was du fühlst, was du siehst: Ich bin da. Ich habe dir versprochen, immer bei dir zu sein. Niemals lasse ich dich allein."

„Niemals", hörte ich Elijahu dieses eine Wort sagen und schaute vom fließenden Wasser auf. Aber ich wusste nicht, was er sonst noch gesagt hatte. Ich hatte einer anderen Stimme zugehört. „Entschuldige, was hast du gerade gesagt?", fragte ich ihn. Er lächelte mich an: „Nun, ich habe von dem Hirten gesprochen. Niemals würde er seine Herde verlassen. Schau dich nur um!", sagte er mit einer ausladenden Geste. „Er führt seine Schafe zu einer fetten Weide."

Mein Blick fiel auf die grünen Wiesen. Hier wuchs nicht nur Gras, sondern auch die Heilkräuter waren zu finden, die Ruach für den Tee und die Brotfladen gesammelt hatte. Alles, was die Schafe brauchten, wuchs auf dieser Weide. Elijahu stand auf und zeigte mir hier und da ein paar Kräuter und erklärte mir zum Beispiel, dass Spitzwegerich gegen meinen Juckreiz helfen würde oder wie viele Nährstoffe Brunnenkresse enthält. Ich zerrieb etwas Spitzwegerich und rieb den Saft auf meine Mückenstiche. Tatsächlich ließ der Juckreiz sofort nach. Das war ja spannend!

So lief ich mit Elijahu am Bach entlang, bis es Abend wurde und die Raben uns unser Essen brachten. Als die Nacht hereinbrach und ich nur noch das leise Plätschern des Baches hörte, dachte ich an die Stimme Jeschuas, die ich am Nachmittag gehört hatte, und dankte ihm im Stillen für seine Worte und dafür, dass ich Elijahu begegnet war.

~~~~~~~

„Aus dem Bach kannst du trinken, und ich habe den Raben befohlen, dass sie dir zu essen bringen." Elija gehorchte dem Befehl des HERRN, ging auf die andere Jordanseite an den Bach Kerit und blieb dort (1. Könige 17,4-5 GNB).

Ich weiß nicht, wie du dich im Moment fühlst. Vielleicht fühlst du dich allein und machst dir Sorgen. Vielleicht hast du keinen Freund an deiner Seite. Jesus ermutigte seine Nachfolger, auf seine Versorgung zu vertrauen und sich keine Sorgen um das Leben zu machen (siehe Lukas 12,24).

Federleicht: Momente zum Innehalten

Es gab Zeiten, in denen ich lernen musste, Gott, meine Freunde oder andere Menschen um Hilfe zu bitten. Ich musste lernen, Worte für meine Bedürfnisse zu finden und über sie zu sprechen.
~~~~~~~

Ich bin so dankbar für jeden Raben in meinem Leben, der mir etwas Brot brachte: Manchmal eine kurze Nachricht der Ermutigung, oder ein Freund, der zuhörte, ohne Ratschläge zu geben – einfach jemand, der mich wissen ließ: Du bist nicht allein.

Aber ich musste auch lernen, meine Augen für die Bedürfnisse anderer zu öffnen. Und ich erlebte die Freude, ein Rabe zu sein. Vor Jahren erblindete eine Freundin von mir im Alter und konnte nicht mehr lesen. In ihrer Gemeinde gab es ein Bibelprojekt, bei dem sie gemeinsam in einem Jahr das Neue Testament durchlesen sollten. Sie war so traurig darüber, dies zu verpassen. Als sie mir davon erzählte, versprach ich ihr, dass ich ihr vorlesen würde. Also rief ich sie täglich an und las ihr aus der Bibel vor. Jetzt, viele Jahre später, wird mir klar, wie Gott mich in jenem Jahr zu einem Raben werden ließ, einem kleinen Raben, der meiner Freundin in ihrer Isolation der Blindheit ihr tägliches Brot brachte. Diese Zeit wurde auch für mich zum Segen, denn auch ich wurde mit Gottes Wort erfüllt und wir sprachen oft über die Bibelverse, was sie für uns im Alltag bedeuteten. Jetzt ist sie nach Hause zum guten Hirten gegangen, aber ich kann mit Dankbarkeit auf diese schöne Erinnerung zurückblicken.

Heute möchte ich dich einladen, über zwei Fragen nachzudenken: Wo brauchst du heute einen Raben und was könntest du ihn bitten, dir zu bringen? Wo oder für wen könntest du heute ein Rabe sein, und was könntest du bringen?

Ich möchte dich ermutigen, für jemanden ein kleiner Rabe zu werden. Du könntest mit einem Wort, einer Blume oder einem Lächeln beginnen, das du jemandem schenkst (das geht auch über soziale Medien oder eine kurze Nachricht). Beginne heute, egal wie du dich fühlst; öffne deine Flügel und flieg. Ein Rabe zu sein, kann nicht nur für Elia ein Segen sein, sondern auch für den Raben selbst.

Am Ende der Sintflut öffnete Noah ein Fenster der Arche. Zuerst ließ er einen Raben fliegen, dann eine Taube. Die Taube kam mit einem Ölzweig wieder (siehe 1. Mose 8,6-11). Die Taube ist ein Bild für den Heiligen Geist, wie auch das Öl, das aus den Oliven gewonnen wird.

Raben gelten nach dem Gesetz des Mose als unreine Tiere. Petrus hatte eine Vision, in der Gott ihm unreine Tiere zeigte und ihn aufforderte, sie für eine Mahlzeit zuzubereiten. Petrus folgte der Stimme des Heiligen Geistes und ging gegen das Gesetz in das Haus eines Nichtjuden. Der Heilige Geist bereitete die Menschen in diesem Haus darauf vor, das Evangelium zu empfangen, und während Petrus predigte, fiel der Heilige Geist zum ersten Mal auf Nichtjuden; dies wird als Pfingstfest der Heiden bezeichnet.

Gebet: *Heiliger Geist, bitte zeige du mir, wo und wie ich für andere zu einem Raben werden kann. Erfülle mich neu mit dir. Danke, dass du meine Bedürfnisse kennst und mir übernatürliche Versorgung schenkst. Amen.*

Tag 6
Trockene Zeiten

Kennst du das Gefühl der Erschöpfung, weil dich die Alltagssorgen niederdrücken? Das Leben ist hektisch, es gibt so viel zu tun, und plötzlich passiert etwas und du weißt nicht mehr, wie du das alles schaffen sollst. Vielleicht ist es eine Krankheit oder ein finanzielles Problem, das den natürlichen Fluss der Versorgung gestoppt hat.

Wo erwartest du, Erfrischung und Versorgung zu finden? Vertraust du auf Gottes Verheißung?

Ich möchte dich ein letztes Mal an den Bach Krit einladen, um zu entdecken, was der Heilige Geist vorbereitet hat.

Die 6. Begegnung

Langsam fanden wir zu einer Routine an unserem Bach. Am Morgen kamen die Raben vorbei und brachten uns unser Frühstück. Ich mochte diese treuen Tiere. Gemeinsam dankten wir dem Vater, der uns das Essen ja geschickt hatte. Dann las ich Elijahu ein Lied von David vor, und wir sprachen darüber. Aber die meiste Zeit verbrachte ich einfach damit, dem leisen Fließen des Baches zu lauschen. Innerlich kam ich immer mehr zur Ruhe, und ich begann, die sanfte Stimme Jeschuas wieder deutlicher zu hören. Hier am Bach der Glückseligkeit wollte ich bleiben.

Doch bei aller Stärkung, die ich an diesem Ort erfuhr, spürte ich den Lauf der Zeit. Das Plätschern des Baches wurde mit jedem Tag, der verstrich, etwas leiser. Das Gras auf den Weiden vertrocknete langsam, und auch die Baumkronen über mir bekamen immer mehr Löcher, sodass die Sonne heiß auf uns niederbrannte. Die Veränderungen kamen schleichend und doch offensichtlich. Eines Morgens war unser Bach nur noch ein winziges Rinnsal, und wir hatten Mühe, genug Trinkwasser für unseren Tagesbedarf anzustauen. Die Raben kamen immer noch treu jeden Tag. Aber ich wurde unruhig. Ich wanderte eine Weile am Bach entlang und wurde mit jedem Schritt trauriger. Die Zeit an diesem Ort war so erfrischend gewesen. Doch jetzt sah ich wieder den Staub um mich her. Keine grünen Wiesen, nur dürre Steppe umgab mich. Irgendwie trostlos war es geworden.

Mit diesem Gefühl schlenderte ich zurück zu Elijahu und setzte mich auf einen Stein. „Warum?", fragte ich ihn. „Warum müssen alle leiden, nur weil Ahab so ungehorsam ist und sich von Gott abgewandt hat? Das ist doch nicht fair."

Elijahu sah mich mitfühlend an und erinnerte mich an den Namen Gottes, Jahwe Quanna, der Eifersüchtige. So hatte er sich am Horeb offenbart und den Menschen befohlen, sich nicht mit anderen „Göttern" einzulassen, sondern ihm allein zu folgen, ihm zu dienen. Ich wusste, worauf Elijahu hinauswollte. Auch das Volk hatte sich von Gott abgewandt, nicht nur Ahab. Obwohl Ahab als König verantwortlich war, konnte sich niemand herausreden.

„Weißt du, wohin die Leute rennen?", fragte Elijahu. „In ihrer Not wegen der Trockenheit laufen sie zu Baal, dem Regengott, und flehen ihn an, es endlich wieder regnen zu lassen." „Ja, wissen sie denn nicht, wer es regnen lässt? Wissen sie nicht, wer ihr Schöpfer ist?" Elijahu schüttelte traurig den Kopf. „Sie wollen es nicht wissen. Sie sind so sehr mit ihrem Leben beschäftigt. Das war schon immer so, aber jetzt – ... Alles dreht sich nur noch darum, wo man etwas zu essen und zu trinken bekommt. Die Sorgen des Alltags scheinen sie zu verschlingen; müde schleppen sie sich von einem Tag zum nächsten."

Plötzlich empfand ich tiefes Mitleid. Denn ich wusste, wie es sich anfühlt, wenn das Wasser knapp wird und die Hitze des Tages das Denken so sehr beeinträchtigt, dass sich alles nur noch um die eine Frage zu drehen scheint: Wie soll es weitergehen?

Am nächsten Tag war es soweit, der Bach war ausgetrocknet. Dort, wo er einst so munter gesprudelt und geplätschert hatte, war nun eine trostlose Leere. Trockenheit überzog das Bachbett mit tiefen Furchen. Eine trostlose Stille umhüllte uns. Die Hitze der Sonne brannte unbarmherzig durch die vertrockneten Zweige des knöchrigen Baumes. Das Gras war längst nicht mehr grün; es knisterte wie Stroh unter meinen Füßen. Insekten quälten mich, aber ich konnte kein beruhigendes Kraut mehr finden. „Warum lässt du das zu?", rief ich innerlich zu Jeschua, nach dessen tröstender Stimme ich mich so sehr sehnte.

„Warum?" Tränen liefen mir über die Wangen und ich vergrub mein Gesicht in meinen Händen. „Müssen wir hier verdursten?"

Dann hörte ich ein leises Singen, das von irgendwo aus der Ferne kam. Ich hob den Kopf und rieb mir die verweinten Augen. In der flirrenden Mittagshitze konnte ich kaum etwas erkennen. Doch dann sah ich ein wallendes buntes Gewand. Elijahu war bereits aufgesprungen und lief auf sie zu. Ich beobachtete, wie die beiden sich herzlich begrüßten. Dann nahm Elijahu den Wasserkrug von Ruachs Schulter, und gemeinsam schlenderten sie auf mich zu. Ruach ließ sich auf den Stein neben mir nieder und schöpfte aus ihrem Krug. Dann reichte sie mir ein mit Wasser gefülltes Tongefäß und sagte nur: „Trink!" Genau wie bei unserer ersten Begegnung. Dieses Wasser war so tröstlich, so köstlich und irgendwie beruhigend.

Elijahu setzte sich ebenfalls hin. Er bot ein Stück Brot vom Vortag an. Heute hatten uns die Raben wohl vergessen. Doch Ruach lehnte dankend ab. Aus ihrem Stoffbeutel holte sie einen frischen Laib Brot und gab uns beiden davon. Wir saßen schweigend da und aßen, was sie uns gebracht hatte. Nach dem Essen fühlte ich mich gestärkt.

Ruach sah Elijahu an und hielt ihm einen Brief hin. Der Brief war versiegelt. Irgendwie kam mir das Siegel bekannt vor. Elijahu sah, wie ich gespannt darauf schielte. „Vom Vater", sagte er nur und überflog die Zeilen. Er solle nach Zarpat in der Nähe von Sidon zu einer Witwe gehen. Der Vater habe der Witwe geboten, Elijahu zu versorgen.

Ungläubig schaute ich von Ruach zu Elijahu. Das war kaum zu glauben. Es war ein ziemlich weiter Weg nach Zarpat. Es lag irgendwo am Mittelmeer, ganz im Norden, oberhalb der Handelsstadt Tyrus. Das bedeutete, dass wir quer durch das Land reisen mussten. Und dann noch zu einer Witwe? In dieser Dürrezeit hatte jeder wenig, aber eine Witwe würde wahrscheinlich nichts übrighaben, um andere zu versorgen. Ich verstand nichts, aber Elijahu machte sich auf den Weg.

~~~~~~

Der Heilige Geist Gottes hat euch in Jesus Christus versiegelt, bis ihr eure volle Erlösung erfahrt. Betrübt also niemals den Geist Gottes und haltet seinen heiligen Einfluss in eurem Leben nicht für selbstverständlich. Lasst bittere Worte, Wutausbrüche, Rache, Schimpfwörter und Beleidigungen beiseite. Seid
~~~~~~

stattdessen freundlich und liebevoll zueinander. Hat Gott euch gnädig vergeben? Dann vergebt einander gnädig in der Tiefe der Liebe Christi (Epheser 4,30-32 TPT[1]).

Wem vertraust du in Zeiten des Mangels? Zu wem gehst du, wenn dein Bach der Versorgung kein Wasser mehr führt? Wenn ich über die Menschen zur Zeit Elias nachdenke, schien es für sie naheliegend, zu Baal, dem Regengott, zu laufen, wenn der Regen aufhörte. Viele Reaktionen in unserem Leben sind verständlich, aber nicht hilfreich. Baal war ein falscher Gott ohne jede Macht. Vielleicht schien er für einige Menschen Macht zu haben, weil König Ahab ihm opferte und einen Tempel für ihn baute. Manche verständliche Reaktionen in Zeiten des Mangels können uns in eine ungesunde Abhängigkeit führen. Wir müssen sensibel sein und dem Heiligen Geist folgen, der uns in die Freiheit führt.

Federleicht: Momente zum Innehalten

In der Begegnung kam Ruach im richtigen Moment. Sie brachte erfrischendes Wasser und stärkendes Brot. Das ist genau das, was Gott uns durch seinen Geist geben möchte: Erfrischung und Stärkung. Er weiß, was wir brauchen und kommt nie zu spät.

Ruach brachte Elia einen versiegelten Brief des Vaters. Der Heilige Geist hat uns versiegelt. Mit meinen inneren Augen kann ich den Ring an der Hand des Vaters sehen. Ich kann sehen, wie er sein Bild in das Siegel drückt. Das Wachs ist fließend rot, wie das Blut seines Sohnes. Sein Geist ist dieser Abdruck auf uns. Wir gehören zu ihm, nicht mehr uns selbst. Ich möchte dich einladen, Platz zu schaffen, damit der Heilige Geist in dir wohnen

[1] In der Fußnote der TPT steht an dieser Stelle: „In den griechischen Handschriften heißt es ‚betrübt nicht', während es im aramäischen Text ‚schränkt seinen Spielraum nicht ein' heißt."

kann. Wir können ihn betrüben, wenn wir ihn zurückweisen, oder seinen Einfluss größer werden lassen und den Heiligen Geist zu unserem „Influencer“ machen.

Gebet:

Danke Herr Jesus für deinen Geist,
mit dem du mich versiegelt hast.
Heiliger Geist, ich möchte dir heute mehr Raum geben
in meinem Leben.
Sei du mein Lebensspender, mein Erfrischer,
mein Frisches-Brot-Auftischer.
Sei du mein Bestes in mir.
All das Bittere gebe ich dir, halte es dir hin:
meine Wut, mein Fluchen.
Dich will ich suchen, deine Liebe,
deine Freundlichkeit, damit sie durch mich scheint.
Ich schaff es nicht allein.
So frag ich dich:
Willst du mein Influencer sein?
Amen.

Kapitel 2

Der Heilige Geist als Veredler – Öffne dich für das läuternde Feuer

Mache dich auf, geh nach Zarpat, das zu Sidon gehört, und bleib dort! Siehe, ich habe dort einer Witwe befohlen, dich zu versorgen.

1. Könige 17,9 (ELB)

Im ersten Kapitel haben wir gelernt, wie wir die Mauern der Isolation niederreißen können. Dann haben wir unsere Herzen geöffnet, um dem Heiligen Geist zu begegnen.

Wir haben unsere Sehnsucht nach Freundschaft erkannt und nachgespürt, wie fruchtbar ein Leben in gesunden Beziehungen sein kann. Vielleicht hast du den Heiligen Geist als Freund ganz neu willkommen geheißen. Am Bach Krit wurden wir erfrischt und trafen auf die liebevolle und fürsorgliche Versorgung Gottes.

In diesem zweiten Kapitel werden wir den Bach Krit verlassen und uns in die Stadt Zarpat aufmachen. Auf den ersten Blick scheint es keinen Sinn zu machen, sich während einer Hungersnot auf eine Reise quer durch das ganze Land zu einer Witwe zu begeben. Aber ich weiß, es lohnt sich, der Führung des Heiligen Geistes zu folgen. Ich möchte dich ermutigen, mit mir aus deiner Isolation herauszutreten und dein Herz für das läuternde Feuer zu öffnen. Am Ende dieses Kapitels werden wir uns lebendiger fühlen und neue Hoffnung spüren. Lass uns vorwärtsgehen in das Neue, zu dem er uns ruft.

Tag 7

Gott vertrauen, dass er neue Türen aufschließt

Wie heißen deine Sorgen um morgen, die dich niederdrücken? Was hindert dich an einem Leben in Fülle? Was hindert dich daran, den heutigen Tag als einen segensreichen Tag zu leben und so intensiv, als wäre es der letzte Tag deines Lebens?

Die 7. Begegnung

Mit Ruach unterwegs zu sein, war irgendwie leicht. Der Weg war lang, aber nicht beschwerlich. Zeit spielte keine Rolle. In jedem Moment war ich auf dem Weg, den ich ging, ganz da. Wir gingen ohne Hast, und ich nahm alles wahr: die Sonne, die Steine, den Wind.

So führte sie uns bis zum Stadttor von Zarpat. Ich ließ mich auf den nächsten Stein fallen. Ruach blieb neben mir stehen und reichte mir ihren Wasserkrug. Durstig trank ich den letzten Tropfen. Wie gut, dass es hier einen Brunnen gab. Dort konnten wir das Wasser wieder auffüllen. Aber hatte der Brunnen bei dieser Trockenheit überhaupt noch genug Wasser?

Während ich noch darüber nachdachte, wie wir unsere Wasserreserven auffüllen konnten, hörte ich Elijahus Stimme. Er war einfach weitergegangen und sprach mit einer Frau, bat sie um Wasser. Ich dachte: „Das wird wohl die Witwe sein, die ihn versorgen soll." Ich fand das irgendwie peinlich. Dass ein Mann wie Elijahu diese arme Frau um Hilfe bat, störte mich. Naja, Elijahu sah man andererseits auch an, dass er ein Prophet war. Sein Kamelhaar-Gewand war doch ziemlich auffällig. Aber hätte nicht *er* dieser armen Frau helfen müssen, anstatt sie um Wasser zu bitten? Doch sie ging und holte ihm das Gewünschte; und als sie zurückkam, bat er sie noch um Brot. Ich schüttelte nur den Kopf. Also, langsam reichte es. Jeder sah doch, dass diese arme Frau völlig entkräftet war.

Dann hörte ich es aus ihrem eigenen Mund. Tränen erstickten ihre Stimme, als sie sagte, dass sie nur noch eine Handvoll Mehl und ein wenig Öl für die letzte Mahlzeit hatte, die sie für sich und ihren Sohn zubereiten wollte, bevor sie sterben mussten.

Ich war sehr berührt von dem Leid dieser Frau und wurde wütend auf Elijahu. Ich wollte schon aufspringen und ihm sagen, er solle die Witwe in Ruhe lassen. Hatte sie nicht schon genug verloren? Ihren Mann, der sie versorgte, und mit ihm alles, was sie am Leben hielt. Wollte Elijahu ihr den letzten Bissen wegnehmen? Wütend stand ich da, aber Ruach hielt mich zurück und flüsterte mir zu: „Setz dich wieder hin!" Ihr leises Flüstern durchbrach meine Wut, und ich setzte mich.

Dann hörte ich Elijahus Stimme: „Hab keine Angst!", sagte er zu der Frau und bat sie, zuerst etwas zu essen für ihn zuzubereiten. Dieses „Fürchte dich nicht – hab keine Angst!" ließ mich innehalten. Doch dann folgten die Worte, die mich trafen: „So spricht der Herr", sagte er. Diese Worte waren so gewaltig, so kraftvoll, und ich wusste, dass sie so, wie sie gesprochen wurden, auch Realität werden würden.

Jede Wut, aller Zweifel und jedes Mitleid waren verflogen. Ich hörte gebannt zu, wie Elijahu sagte: „Der Mehltopf soll nicht leer werden, und das Öl im Krug soll nicht weniger werden, bis zu dem Tag, an dem der Herr wieder Regen schickt." Ich sah Ruach an, und sie nickte mir mit einem wissenden Lächeln zu. Dann sagte sie: „Komm!" und führte mich in die Stadt hinein. Während ich mich noch nach Elijahu umsah, zog sie mich weiter. Die Witwe kreuzte unseren Weg. Sie hatte Tränen in den Augen und hielt ihren Sohn an einer Hand und einen Brotfladen in der anderen. Wahrscheinlich rechnete sie immer noch damit, sterben zu müssen, und doch brachte sie Elijahu diese letzte Mahlzeit. Sie hoffte wohl, dass das Wunder, von dem Elijahu gesprochen hatte, tatsächlich geschehen würde. Auch ihr blickte ich nach, aber diesmal mit Frieden, weil ich wusste, dass der Vater sich um sie kümmern würde.

Wir bogen in eine schmale Gasse ein und blieben vor einer schmiedeeisernen Tür stehen. Ich nahm an, Ruach würde an die Tür klopfen und jemand, den sie kannte, würde ihr öffnen. Doch dann zog sie eine Kette aus ihrem Umhang hervor, an der ein Schlüssel befestigt war. Sie zog die Kette über ihren Kopf und hielt mir den Schlüssel hin. Verwundert sah ich sie an.

Warum sollte ich diese Tür aufschließen? Ich fühlte mich ein wenig unwohl dabei, so, als ob ich etwas Verbotenes tun sollte. Sie bestand darauf, dass ich den Schlüssel nahm. Dann sagte sie, ich könne mir Zeit lassen, mit dem Aufschließen. Sie habe es eilig und müsse sowieso noch etwas auf dem Markt einkaufen. Dann drehte sie sich um und verschwand.

Mit dem Schlüssel in der Hand stand ich etwas hilflos vor dieser eisernen Tür. „Die Tür muss sehr teuer gewesen sein", dachte ich. Ich wollte mich weigern, die Tür zu öffnen. Doch was, wenn mich jemand dabei beobachtete, wie ich hier herumstand? Man könnte mich leicht mit einem Einbrecher verwechseln ...

Aber ich hatte den Schlüssel zur Tür. Mmh, was sollte ich tun? Ich drehte den Schlüssel in meiner Hand hin und her. Die Minuten vergingen und ich trat nervös von einem Bein auf das andere. Was verbarg sich hinter dieser Tür? Jemand hatte bewusst eine so sichere Tür in dieses Haus eingebaut, damit nicht jeder hier hineinkommen konnte. Warum stand ich nun hier? Sicher war schon mehr als eine halbe Stunde vergangen, und Ruach war immer noch nicht zurückgekehrt. Wer weiß, wie lange sie brauchen würde, um ihre Einkäufe zu erledigen. Frustriert seufzte ich auf. Dann gab ich mir einen Ruck und steckte den Schlüssel ins Türschloss.

Als ich den Schlüssel umdrehte und gegen die Tür drückte, öffnete sie sich mit einem Quietschen. Drinnen war es stockdunkel. In den durch die Tür einfallenden Sonnenstrahlen sah man den vom Luftzug aufgewirbelten Staub. Ich holte tief Luft und trat in das Dunkel des Raumes hinein. Mir war etwas unheimlich zumute und ich versuchte, meine Augen an die Dunkelheit zu gewöhnen. Ich konnte nicht viel erkennen, nur dass es finster und dreckig war. Überall hingen Spinnweben herab und es roch muffig. Nein danke, dachte ich und drehte mich wieder um. Hier wollte ich nicht bleiben.

Ich setzte mich auf die Türschwelle und starrte stumpfsinnig vor mich hin. Seltsamer Ort. Was sollte ich hier? Es wäre doch viel interessanter, bei Elijahu zu sein und zu erleben, wie sehr sich die Witwe und ihr Sohn freuten, wenn der Mehltopf und der Ölkrug nicht leer wurden. Ich konnte mir fast das dankbare Lächeln auf dem Gesicht der zuvor weinenden Frau und das Staunen des kleinen Kindes vorstellen. Da bog Ruach um die Ecke und summte die mir vertraute Melodie. Sie trug einen schweren Korb, gefüllt mit lauter Köstlichkeiten. Keine Ahnung, woher sie in einer Zeit wie dieser all diese Sachen bekommen hatte,. Ich stand schnell auf, um ihr beim Tragen zu helfen.

~~~~~~
~~~~~~

Denn so spricht der HERR, der Gott Israels: Das Mehl im Topf soll nicht ausgehen und das Öl im Krug nicht abnehmen bis auf den Tag, an dem der HERR Regen geben wird auf den Erdboden (1. Könige 17,14 ELB).

Zu Beginn dieser Begegnung fühlte ich mich völlig lebendig. Mit Ruach konnte ich die Schönheit um mich herum wahrnehmen. Ich war ganz im Moment, im Hier und Jetzt. Aber als wir uns der Stadt näherten, verließ ich diesen friedlichen Ort des Seins und das Tempo des Vertrauens. Die Sorgen kamen zurück. Kennst du solche Momente?

Was kann hilfreich sein, um in der Gegenwart Gottes und im Bewusstsein des Heiligen Geistes in uns zu bleiben? Wie kann ich an diesem Ort des Friedens und des Vertrauens bleiben?

Federleicht: Momente zum Innehalten

Das Mehl im Krug der Witwe ging schon zur Neige, als Elia ihr die Botschaft überbrachte, dass dies nicht ihre letzte Mahlzeit sein würde. Das Mehl würde nicht ausgehen. Das Wort Mehl kommt von mahlen. Getreide zu mahlen ist harte Arbeit. Früher gab es große Steine, Mahlwerke, die von Menschen oder mit Hilfe von Eseln gedreht wurden. Runde für Runde zermalmten die schweren Steine das Getreide, um daraus Mehl zu gewinnen.

Ich kann mir vorstellen, dass dieses Wunder, das die Witwe von Zarpat nun erlebte, ein doppelter Segen für sie war. Sie bekam Mehl, ohne unter dem Druck harter Arbeit zu sein. Ich glaube, dass sie als Witwe in der damaligen Zeit genug Druck ausgesetzt war. Ich weiß nicht, wie viel Druck du erlebt hast, aber ich bete für dich diese Worte aus 1. Könige 17,16, dass dein Krug mit Gottes Versorgung nicht leer wird und du deine Portion ohne Druck erhältst. Normalerweise ist auch Druck nötig, um Öl aus Oliven zu pressen. Aber bei diesem Wunder für die Witwe gab es auch ohne Druck Öl. Öl ist ein Zeichen für den Heiligen Geist. Wenn das heilende Öl des Heiligen Geistes in unsere Gebrochenheit fließt, müssen wir nichts produzieren. Wir können es nicht selbst hervorbringen. Dieses Öl ist heilig. Dieses Öl ist dein.

Es mag Zeiten geben, in denen du in deinem Leben unter Druck stehst. Es mag Tränen geben. Aber heute möchte ich für dich beten, dass diese harten Zeiten vorbei sind.

Ich möchte dich heute einladen, mit mir über den Schlüssel am Anfang der Begegnung nachzudenken. Komm mit mir zurück zu dem Moment, in dem Ruach mir den Schlüssel gab. Versuche dir vorzustellen, wie sie den Schlüssel in deine Hand legt. Wie sieht er aus? Versuche dir vorzustellen, wie er sich in deiner Hand anfühlt? Ist er schwer oder leicht? Was fühlst oder denkst du? Willst du mit mir nach vorne treten und entdecken, wie der Schlüssel die Kraft des Heiligen Geistes in deinem Leben freisetzt? Vielleicht ist es an der Zeit, die verborgenen Dinge in deinem Leben aufzuschließen.

Gebet:

Ich bete für dich, dass dein Krug mit Öl nicht leer wird und dass der Fluss des Heiligen Geistes in deinem Leben nicht versiegt.
Wenn dein Leben wie dieser Krug ist, bete ich, dass der Vater seinen Geist über dich ausgießt.
Ich bete, dass der Heilige Geist dich heute mit neuer Hoffnung erfüllt, dass jeder Geist der Depression, jede Dunkelheit in Jesu Namen verschwindet.
Ich bete um eine frische Salbung durch den Heiligen Geist. Möge das frische Öl deine Tränen ersetzen und dein Herz zum Überfließen bringen.
Ich bete, dass du ölige Fußstapfen hinterlässt, wohin du auch gehst.
Ich bete dafür, dass dieses wunderbare Überfließen des himmlischen Öls dein Leben verändern wird.
Es ist Zeit, zu empfangen, ohne dich anzustrengen. Es ist Zeit für Öl ohne Druck. Amen.

Tag 8

Den Ort der verborgenen Dinge betreten

„Es ist Zeit, in die Tiefe zu gehen“, hörte ich die Einladung des Heiligen Geistes. Du darfst frei entscheiden und den Heiligen Geist nach seinem Timing fragen. Wir dürfen selbst entscheiden, wann (und in welchem Rahmen) wir dieser Einladung zur Wiederherstellung des Herzens folgen. Es gibt so viele Ablenkungen oder Entmutigungen im täglichen Leben. Da höre ich dieses kleine Flüstern, das mich und dich erinnert: „Gib nicht auf!“ Möchtest du nun mit mir zurück zu der Eisentür gehen, zu der du bereits den Schlüssel besitzt?

Die 8. Begegnung

„Warum bist du noch hier draußen?“, fragte mich Ruach mit einem Lächeln. „Also ehrlich, geh rein und sieh es dir selbst an!“, antwortete ich ein wenig mürrisch. Doch sie blieb stehen und sagte nur: „Das ist deine Wohnung, dein Haus, deshalb habe ich dir den Schlüssel gegeben. Aber wenn du möchtest, kann ich mit dir zusammen hineingehen.“ „Was? So ein dunkler Ort soll mein Zuhause sein? Nettes Geschenk. Aber wenn ich hier wohnen würde, sähe es viel freundlicher aus“, sagte ich zu ihr. Doch Ruach blickte mich traurig an. Sie zeigte auf die schmiedeeiserne Tür und sagte: „Hinter dieser Tür befindet sich alles, was du vor dir selbst und anderen verborgen hältst, all deine Ängste und Zweifel, deine innere Not, Wut, Zorn und was es da sonst noch alles gibt.“ Ich könne mir in Ruhe überlegen, ob wir gemeinsam hineingehen wollten oder ob ich sie lieber von außen wieder fest verschließen wolle.

Ich fand das seltsam, aber ich wusste, dass sie die Wahrheit sagte. Ich spürte die Angst in mir, als ich in das Dunkel des Raumes spähte. Am liebsten hätte ich die Tür zugeschlagen, zugeschlossen und wäre hinausgelaufen aus dieser Stadt, vor das Tor – zurück, zurück ... Aber wohin? Ich wusste nicht, wohin ich fliehen sollte. Fliehen vor der Wahrheit, die sich hinter dieser schweren Tür befand.

Ruach kramte in ihrem Korb, holte eine Öllampe heraus, zündete sie an und reichte sie mir. Dankbar nahm ich die Lampe entgegen. Mir war ein bisschen mulmig zumute, aber das Licht erhellte die Dunkelheit vor mir, und mit Ruach an meiner Seite fühlte ich mich irgendwie mutiger, sicherer als zuvor.

Sie schien sich hier gut auszukennen, was mich irgendwie verwirrte. Ich hielt die Lampe hoch, um alles zu beleuchten. Auf dem Boden standen ein paar Kisten und in einer Ecke lagen ein paar Kissen. In einer anderen Ecke erkannte ich einen Kamin. Alles war eher spartanisch eingerichtet. Ruach zeigte mir, wohin ich die Lampe am besten stellen konnte, damit sie den ganzen Raum erhellte. Ich stellte sie auf ein kleines Podest, und augenblicklich wurde es heller. Dann fragte Ruach, ob wir nicht die Fenster öffnen wollten, um frische Luft und Licht hereinzulassen. Ich nickte: „Ja, sicher, eine gute Idee!" und öffnete knarrend das verriegelte Fenster. Sofort strömte frische Luft herein und ich atmete tief durch.

Ruach nahm eines der Sitzkissen, schüttelte es kräftig aus und reichte es mir. Ich könne es mir am Fenster bequem machen, während sie das Haus aufräume. „Aber ich dachte, es sei meine Wohnung, mein Haus und es seien meine dunklen Geheimnisse. Das muss ich doch selbst aufräumen!?" Ich konnte mich doch nicht einfach hinsetzen und sie die ganze Arbeit machen lassen.

Doch genau das war ihre Idee. Freundlich bat sie mich erneut, Platz zu nehmen. Konnte ich das wirklich von ihr annehmen, dass sie mein Chaos, all den Schmutz und Staub, aufräumte? Aber welche Wahl hatte ich denn? Ich konnte nicht sagen, dass ich diesen Ort mochte. Ich konnte immer noch gehen, oder aber ihre Einladung annehmen. Erschöpft setzte ich mich hin und sah ihr einfach zu, wie sie durch den Raum wirbelte. Ich war erstaunt, wie schnell sie es schaffte, den ganzen Staub und Schmutz zu entfernen. Es war fast so, als hätte mit ihrem Singen, das sie mit ihrer ersten Bewegung angestimmt hatte, jedes Staubkorn Reißaus genommen. Schon fühlte es sich hier nicht mehr so bedrückend an.

Der Tisch blinkte, und sie hatte von irgendwoher eine saubere Tischdecke geholt. Schnell waren alle Köstlichkeiten darauf verteilt, und das Licht wirkte nun einladend. Noch immer standen im hinteren Teil die Kisten. Aber der vordere Teil sah schon recht wohnlich aus. Wir könnten uns die Kisten später zusammen anschauen, schlug sie vor. Vorher würden wir uns noch ein wenig stärken.

„Das Essen schmeckt köstlich", sagte ich dankbar und schob mir noch schnell eine Weintraube in den Mund. Ob ich nun die Kisten anpacken wolle, fragte sie nach einer Weile. Dabei hätte ich mich fast verschluckt. Musste das sein? Nach diesem herrlichen Essen wollte ich lieber etwas ausruhen.

Aber mir war klar, dass sie recht hatte, und irgendwie war ich auch neugierig, welche Kisten dort lagerten. Ich stand auf und ging mit ihr in den hinteren Teil des Hauses. Dort sah ich die Kisten aufeinandergestapelt, so als stünden sie auf einer Art Treppe. Wohin diese Treppe führte, würde ich erst herausfinden können, wenn ich mich der vor mir liegenden Aufgabe gestellt hätte.

Ruach holte die Lampe und goss etwas Öl nach. Dann leuchtete sie mir den Weg. Als ich vor der ersten Kiste stand, beugte sie sich mit mir nieder, damit ich die Aufschrift erkennen konnte. Dort standen nur ein paar Jahreszahlen und mein Name. Ich kniete mich hin und hob den Deckel an. Diese Kiste war voller Erinnerungen an die ersten Jahre meines Lebens. Tränen traten mir in die Augen, und plötzlich spürte ich einen tiefen Schmerz. Da war so viel, was ich weggepackt hatte. Ruach umarmte mich mütterlich, und dann wurde mir klar, wie sehr ich diesen Trost vermisst hatte. Sie ließ mich einfach weinen, und das war gut so. Nach einer Weile sagte sie sanft, dass es für heute genug sei. Wir würden uns immer nur eine Kiste zusammen anschauen – eine nach der anderen.

~~~~~~~

Desgleichen hilft auch der Geist unsrer Schwachheit auf. Denn wir wissen nicht, was wir beten sollen, wie sich's gebührt, sondern der Geist selbst tritt für uns ein mit unaussprechlichen Seufzern (Römer 8,26).

Kannst du dir vorstellen, dass dein Herz wie dieses Haus aussehen könnte? Um ehrlich zu sein, war ich überrascht, dass es in meinem Herzen noch verborgene Kammern gab. Ja, ich erinnere mich an die Zeit in meinem Leben, als ich wusste, dass es da Dunkelheit gab und ich Angst hatte, diese Räume zu betreten. Aber ich
~~~~~~~

erinnere mich auch an diesen freudigen, befreienden Moment und wie schön es war, als das Licht die Dunkelheit erhellte.

Als junge Christin dachte ich, innere Heilung sei eine einmalige und schnell abgeschlossene Sache. Ich rechnete nicht damit, dass innere Heilung auch ein Prozess sein kann, der Zeit braucht, tiefer geht, in Schichten geschieht und bei dem wir manchmal Unterstützung benötigen. Nach und nach wurde mir klar: Es ist am Kreuz vollbracht! Und gleichzeitig darf ich Schritt für Schritt lernen, in dieser Heilung weiter vorwärtszugehen.

Federleicht: Momente zum Innehalten

Während ich dies schrieb, klopfte es an meiner Tür und jemand bat mich um eine Zwiebel. Nach dieser Unterbrechung hörte ich plötzlich den Heiligen Geist mir diese Frage stellen: „Hast du Zwiebeln?" Da sah ich in einem inneren Bild, wie Ruach in meiner Küche stand. Sie war dabei, Gemüse zu schneiden. Ich mag es nicht, Zwiebeln zu schneiden, weil es weh tut und in den Augen brennt. Tränen fließen, um meine Sicht zu reinigen.

In der Begegnung konnte ich lernen, alles Verborgene dem Heiligen Geist anzuvertrauen. Vielleicht ist es heute an der Zeit, dem Heiligen Geist deine „Zwiebel" anzuvertrauen, all das, was du vor dir selbst und anderen verborgen hast, deine schmerzhaften Erinnerungen, deine Ängste und Misserfolge. Kannst du dir vorstellen, wie der Heilige Geist Schicht für Schicht von der Zwiebel schält? Kannst du dir die Tränen von Ruach beim Schneiden dieser Zwiebel vorstellen? Wusstest du übrigens, dass Zwiebeln heilende und entzündungshemmende Eigenschaften haben?

Nach der Entscheidung, diesen geheimnisvollen Ort der verborgenen Dinge in deinem Leben zu betreten, kannst du der Führung des Heiligen Geistes folgen. Versuch dir vorzustellen, wie der Heilige Geist die Öllampe anzündet und mit dir in deine Dunkelheit geht. Kannst du sehen, wie es immer heller wird, kannst du spüren, wie dein Herz heller wird? Sieh dich um. Wie sieht dein Zimmer aus? Ich möchte dich ermutigen, dir etwas Zeit mit dem Heiligen Geist zu nehmen und deine dunklen Orte erhellen zu lassen. Der Heilige Geist kennt dein Herz bereits.

Der Führung des Heiligen Geistes, ihm in die Dunkelheit meiner Seele zu folgen, war der erste Schritt, aber diese tröstliche Umarmung von Ruach zu empfangen, war der Schritt in die Freiheit.

Versuche einmal, auf die Stimme des Heiligen Geistes zu hören. Vielleicht lädt er dich ein, seine mütterliche und tröstende Umarmung zu empfangen. Ruhe dich in seiner Umarmung aus. Es ist okay, Trauer zu empfinden, es ist okay zu weinen. Erinnere dich an die Tränen beim Zwiebelschneiden. Jede Schicht bringt Heilung und jede Träne ist wie ein Gebet, das der Heilige Geist zum Herzen des Vaters emporhebt.

„Es ist noch nicht zu Ende!“ Wieder hörte ich die Stimme des Heiligen Geistes. „Aber wie soll ich dieses Kapitel beenden?“, fragte ich ein wenig verwirrt. Ruach lächelte und legte ihre Küchenschürze ab. Sie legte ihre Hand auf mein Herz und erklärte mir, dass das der wichtigste Ort ist: „Ich werde dir nicht in deinem Kopf begegnen, sondern in deinem Herzen.“

Die heutige Lektion mit dem Heiligen Geist endet mit einer Umarmung und dem Geruch von Zwiebeln. Hab keine Angst, deine Tränen loszulassen und den Fluss der Heilung durch dein Herz fließen zu lassen.

Gebet: *Ich bete für dich, dass das heilende Öl des Heiligen Geistes gerade jetzt in dein Herz fließt. Ich bete für die Erleuchtung deines Herzens durch die Kraft des Heiligen Geistes.*

Tag 9

Die Seele sortieren

Wie viele Kisten hast du schon geöffnet? Vielleicht ist das neu für dich. Nimm dir so viel Zeit, wie du brauchst, um dein Herz für die Heilung und Führung des Heiligen Geistes zu öffnen.

> *Und er antwortete und sprach zu mir: Das ist das Wort des HERRN an Serubbabel: Es soll nicht durch Heer oder Kraft, sondern durch meinen Geist geschehen, spricht der HERR Zebaoth (Sacharja 4,6).*

Mit dem Wissen, dass es nicht auf unsere Kraft, sondern auf seinen Geist ankommt, können wir einen Schritt nach vorne machen und einen Blick auf die anderen Kisten werfen.

Die 9. Begegnung

In den ersten Tagen waren Ruach und ich mit der ersten Kiste beschäftigt. Mit jedem Gegenstand, der darin war, kamen Erinnerungen hoch, manche traurige und manche fröhliche. Ich erzählte ihr alles. Sie hörte geduldig zu und zeigte mir, wo ich einen guten Platz in meinem Haus dafür finden konnte.

In der zweiten Kiste, die auf der zweiten Stufe stand, befand sich eine weitere Kiste. Darauf stand in großen Buchstaben nur ein Wort: WUT. Diese kleine Kiste war fest verschlossen. Ich hatte gelernt, nicht wütend zu sein. Auch jetzt wollte ich diese kleine Kiste am liebsten wieder irgendwo verstecken. Aber Ruach ermutigte mich, sie zu öffnen. Ich befürchtete fast, dass mir dabei irgendetwas Explosives um die Ohren fliegen würde. Aber das passierte nicht. Mit ihrer Hilfe konnte ich auch einen Platz für die Wut in meinem Leben finden. Ich brauchte sie nicht mehr zu verstecken. Aber danach brauchte ich erstmal Bewegung, musste raus an die frische Luft, einen Spaziergang machen.

Irgendwie war es harte Arbeit, diese Kisten zu öffnen. Mir war gar nicht bewusst gewesen, wie viel Schmerzhaftes es in meinem Leben gegeben hatte, das ich einfach weggepackt hatte. Als ich dann eine weitere Erinnerungskiste öffnete, erschrak ich plötzlich so sehr, dass ich Hals über Kopf das Haus verließ und durch die Stadt irrte. Irgendwie kopflos lief ich durch die Straßen, bis ich einen Schrei hörte, einen Schrei, der mir unter die Haut ging. Meine innere Verlorenheit hatte mich zufällig genau zu dem Haus der Witwe geführt, in dem Elijahu momentan wohnte.

Von draußen hörte ich die Stimme der Witwe, wie sie den Namen ihres Kindes schrie. Durch ein Fenster sah ich ins Innere des Hauses. Dort saß sie mit ihrem leblosen Sohn im Arm. Ihre Tränen und Schreie erinnerten mich an meinen eigenen Schmerz, und auch mir kamen die Tränen. Nach einer Weile hörte ich aus dem oberen Raum Elijahus Stimme, wie er mit Gott dem Vater sprach. Er rief so laut, dass ich es auf der Straße hörte. Er klagte und flehte Gott an, dass er die Seele des Kindes zurückbringen möge; es solle leben.

Während ich noch weinend auf der anderen Seite des Fensters stand, drang Elijahus Gebet tief in mein Herz und ich spürte einen unerklärlichen Frieden. Es war, als hätte der Vater auch meine innere Kinderseele zurückgebracht und mir das Leben neu eingehaucht.

Ich rannte zurück zu meinem Haus. Ruach stand am Eingang und wartete auf mich. Sie freute sich und fragte, ob sie mich umarmen dürfe. Ich ließ es zu und spürte eine mütterliche Heilung.

An diesem Tag saßen wir noch lange zusammen am Fenster meines Hauses, redeten und aßen im Kerzenschein. Ein tiefer Friede erfüllte den Raum, und obwohl es draußen inzwischen dunkel geworden war, war mir meine Wohnung noch nie so hell erschienen wie heute. Das Licht strahlte hell. Ich staunte, dass auch hier in meinem Haus Ruachs Ölkrug nicht leer wurde, genau wie der Krug der Witwe. So wie die Witwe viel Schmerzliches erleiden musste, wurde sie doch von Gott versorgt, getröstet und durch Elijahu zum Glauben geführt.

Ja, und Ruach hatte mit ihrem Öl so viel Licht und Heilung in mein Leben gebracht. Gemeinsam hatten wir uns so viel angeschaut. So viele Kisten waren bereits geöffnet und ausgepackt. Der Inhalt war in die Regale und Schränke eingeräumt. Ein neuer Platz war freigeworden – ein neuer Weg. Die Treppe war nicht mehr voll mit Kartons, sondern fast frei. Nur noch ein Karton stand ganz oben. Gemeinsam mit Ruach stieg ich die Stufen empor und wir trugen ihn die Treppe hinunter.

Unten angekommen, gab Ruach kein Anzeichen von sich, die Kiste zu öffnen. Ich schaute ein wenig verwirrt. Musste ich nicht erst diese Kiste öffnen, bevor ich nach oben durch die Tür gehen konnte? Ruach schüttelte den Kopf und lächelte: „Es reicht, wenn du mir die Kiste zur Aufbewahrung anvertraust." Wieder war ich etwas verwirrt. Doch dann fiel mir das Schild auf der Kiste auf: „Zukunftsängste und Sorgen von morgen." Ja, das kam mir bekannt vor. Wie viel Zeit meines Lebens verbrachte ich damit, mir Sorgen zu machen? Sorgen um morgen, was alles passieren könnte oder auch nicht. Dabei hatte ich nicht bemerkt, wie mir diese Sorgen zu einer Last geworden waren, mich einschränkten und mir den Weg nach oben versperrt hatten. Aber konnte ich diese Kiste einfach so an Ruach übergeben? Sorgfältig hatte ich alles durchdacht und dort eingepackt. Ich hatte eine Menge guter Erklärungen für meine Sorgen und Ängste.

„Aber du kannst dein Leben mit deinem Sorgen nicht um einen Tag verlängern", erklärte mir Ruach. Ich würde nur noch mehr Zeit verlieren. Ich musste mir einen ordentlichen Ruck geben, damit ich diese Kiste loslassen konnte und übergab sie an Ruach. Aber sie versprach, die Kiste als Eilsendung dem Vater zu schicken. Ich wüsste ja, dass er sich gerne um alles kümmert und wie gerne er für alles sorgt. Ich müsse nur an die Raben denken, die er zu unserer Versorgung geschickt hatte. Wie viel mehr würde er auch mich in der Zukunft versorgen. Ich wusste, dass sie recht hatte. Trotzdem war dieses Loslassen ein seltsames Gefühl.

Jetzt war der Weg frei, und so stieg ich Stufe für Stufe die Treppe hinauf. Mit jedem Schritt dachte ich an die Kisten, die hier gestanden hatten. Ich schaute zurück in den Raum, in dem alles seinen Platz gefunden hatte, und dann ging ich weiter. Am Ende der Treppe befand sich ebenfalls eine Tür, eine kleine Holztür, die nicht verschlossen war. Sie ließ sich leicht öffnen, und die Sonne strahlte mir entgegen. Als ich durch die Tür trat, befand ich mich auf einer wunderschönen Dachterrasse, dem oberen „Raum" meines eigenen Hauses. Was für ein Ausblick mich empfing, atemberaubend! Ich konnte die ganze Stadt überblicken, aber nicht nur die Stadt, ich konnte sogar das Meer sehen.

~~~~~~
~~~~~~

Aber ich sage euch die Wahrheit: Es ist gut für euch, dass ich weggehe. Denn wenn ich nicht weggehe, kommt der Tröster nicht zu euch. Wenn ich aber gehe, werde ich ihn zu euch senden. Und wenn er kommt, wird er der Welt die Augen auftun über die Sünde und über die Gerechtigkeit und über das Gericht; über die Sünde: dass sie nicht an mich glauben; über die Gerechtigkeit: dass ich zum Vater gehe und ihr mich hinfort nicht seht; über das Gericht: dass der Fürst dieser Welt gerichtet ist (Johannes 16,7-11).

Die Witwe erfuhr Gottes Versorgung, sodass sie und ihr Sohn nicht sterben mussten. Das Öl ging nicht zur Neige. In dem Krug war immer genug Mehl, um das tägliche Essen zuzubereiten. Doch plötzlich wurde ihr Kind krank, so schwer, dass es keinen Atem mehr hatte. Sie fragte Elia, ob das die Strafe Gottes wegen einer Sünde sei. Viele Menschen denken so, wenn etwas Unerklärliches im Leben passiert. Es muss schrecklich für die Witwe gewesen sein, ihr lebloses Kind in den Armen zu halten. Aber es war nicht ihre Schuld.

Kannst du die Frage der Witwe nachvollziehen? Hast du ebenfalls einen verborgenen Glaubenssatz, dass du etwas falsch gemacht hast und Gott dich dafür bestrafen wird?

Federleicht:
Momente zum Innehalten

Ich möchte dich heute ermutigen, mit dem Heiligen Geist deine Glaubenssätze und das Schwere deiner Vergangenheit anzuschauen, und dem Vater dann alles, zusammen mit deinen Zukunftsängsten, anzuvertrauen. Ich möchte dich ermutigen, die letzten Kisten mit mir zu öffnen.

Manchmal können schmerzhafte oder traumatische Erinnerungen wie in einer Kiste tief in der Seele verborgen sein. Unverarbeitet können sie sich wie tot anfühlen, als ob ein Teil der Seele noch in der Vergangenheit feststecken würde.

Ich kann die Sehnsucht des Heiligen Geistes spüren, diese verlorenen Teile der Seele wieder zum Leben zu erwecken. Vielleicht kannst du die Tränen der Witwe nachempfinden und über deinen Verlust weinen. Lass uns gemeinsam mit Elia eine Etage höher gehen, lass uns zu Gott schreien und unsere Hände über diese schmerzhaften Erinnerungen ausstrecken. Ich bete für dich mit den Worten Elias: „O Herr, mein Gott, bitte lass das Leben dieses Kindes zu ihm zurückkehren."

Nach der Himmelfahrt Christi blieben die Jünger im Obergemach. Jesus sagte ihnen, sie sollten in Jerusalem bleiben und auf den Heiligen Geist, das Geschenk des Vaters, warten.

Gebet:

Heiliger Geist, komm du mit deiner heilenden Kraft
und begegne den schmerzhaften Teilen meiner Seele.
Atme in die Bereiche meines Lebens,
in denen ich selbst keinen Atem mehr in mir fühle.
Lass mich spüren,
wie der Atem Gottes meine Lungen durchflutet
und ich lebendig und ganz werde.
Komm du mit deinem Frieden
und erfülle diese einst toten und verlorenen Orte in mir.
Ich bitte dich, Heiliger Geist,
hilf mir in diesem täglichen Prozess
des Loslassens all meiner Ängste und Sorgen.
Ich möchte darauf vertrauen,
dass der Vater weiß, was ich brauche,
und dass er sich um mich kümmern wird.
Ich möchte Raum schaffen, um nach oben zu gehen.
Ich will zuerst dein Reich suchen
und bin gespannt auf das Neue,
das du für mich vorbereitet hast. In Jesu Namen.
Amen.

Tag 10

Verwandlung zulassen

„Komm und ruh dich ein wenig aus", hörte ich ein sanftes Flüstern. Es war ein langer Weg gewesen, bis wir die Aussicht von der Dachterrasse genießen konnten. Ich weiß nicht, wo du gerade auf deiner Reise bist. Aber ich möchte dich ermutigen, Tag für Tag einen kleinen Schritt vorwärtszugehen. Packe deine Kisten in deinem eigenen Tempo aus. Sortiere aus, was dich daran hindert, dein Leben in Fülle und Freiheit zu leben. Der Heilige Geist wird dich leiten. Er möchte, dass du in Freiheit lebst. Es ist Zeit für deine Transformation.

> *Höre auf, die Ideale und Meinungen der Kultur um dich herum nachzuahmen, sondern lasse dich durch den Heiligen Geist innerlich umwandeln, indem du dein Denken völlig neu ausrichtest. Das wird dich befähigen, Gottes Willen zu erkennen und ein schönes, in seinen Augen befriedigendes und vollkommenes Leben zu führen* (Römer 12,2 TPT).

Die 10. Begegnung

Die Aussicht war herrlich. Ich setzte mich auf eine kleine Gartenbank, die am Rande zwischen ein paar Olivenbäumen stand, welche in große Blumenkübel gepflanzt waren. „Was für ein schöner Ort", dachte ich, „fast wie eine kleine Oase." Hier war so viel Raum, so eine Weite. Noch immer war ich überrascht, wie schön hier alles bepflanzt war und trotz der Hitze und Trockenheit sogar wuchs. Jemand muss es bewässert haben, dachte ich und sprach es laut aus. Ruach stand immer noch an der Tür und hatte mich die ganze Zeit über beobachtet. Sie lächelte. Ich konnte mir nicht vorstellen, wie sie hierhergekommen war, um zu gießen. Aber sie kannte den Vater und den Sohn ziemlich gut, und für die drei war nichts unmöglich, wie ich wusste.

Als ich über die Stadt blickte, fiel mir auf, wie viele Schornsteine es hier gab. Ich sah überall kleine Rußwolken aufsteigen. Ich wollte von

Ruach wissen, was das zu bedeuten hatte. „Das sind die Schmieden. An diesem Ort haben sich viele Schmiede niedergelassen." Das also war der Grund, warum die Stadt Zarpat[1], „Ort der Läuterung", genannt wurde. Hier gab es einige Goldschmiede, die das Gold aus der nahe gelegenen Hafenstadt Tyrus zu schönen Schmuckstücken verarbeiteten, aber auch Eisenschmiede. Ruach zeigte auf einen einzeln emporragenden Schornstein. Dort sei zum Beispiel meine Eingangstür geschmiedet worden.

Zarpat sei eine Stadt der Handwerker und Künstler, eine reiche Stadt, fuhr sie fort. Aber meine Gedanken blieben an meiner teuren Tür hängen. Welchen Preis hatte ich dafür gezahlt? Die Kosten, um alles wegzuschließen, was ich in den letzten Wochen und Monaten mühsam wieder hervorgeholt hatte, müssen sehr hoch gewesen sein. Mittlerweile war über ein Jahr vergangen. Ein Jahr hatte ich mit Elijahu am Bach verbracht und nun ein weiteres Jahr hier in Zarpat.

Bei diesen Gedanken fragte ich mich, wie es Elijahu wohl im Moment ging. Ruach lud mich zu einem Spaziergang ein. Zuerst wollte sie mir die Schmiede zeigen, in der meine Tür hergestellt worden war. Dann würden wir bei Elijahu vorbeischauen.

Es war ein gutes Gefühl, die nun freie Treppe hinab in mein wohl geordnetes Haus zu gehen. An der Tür blieb ich kurz stehen, um sie zu schließen. Sie knarrte und quietschte immer noch. Jedes Mal, wenn ich sie schloss, lief mir eine Gänsehaut über den Rücken. Vielleicht konnte ich den Schmied um Rat fragen.

Ruach und ich machten uns gemeinsam auf den Weg. Als wir im Viertel der Schmiede ankamen, machte die Stadt ihrem Namen alle Ehre. War es doch so schon heiß genug, aber hier war es fast unerträglich. Wie konnten die Handwerker diese Arbeit verrichten, wenn es so wenig Wasser gab? Unvorstellbar für mich. Doch überall konnte man das Hämmern auf Metall hören. Der Geruch von Schwefel und Eisen erfüllte die Luft. Ich hatte das Gefühl, nicht richtig atmen zu können.

Ruach blieb vor einer Hütte stehen, in der ein Mann mit einem Fuß einen Blasebalg betätigte und mit dem Hammer in seinen Händen auf ein Stück Metall schlug. Sie grüßte den Mann freundlich. Sie schienen sich zu kennen. Der Schmied klopfte emsig auf das Metall. Das Eisen

---

[1] https://www.bibelkommentare.de/strongs/elb_bk/H6884

musste, solange es durch die Hitze glühte, in Form gebracht werden. Irgendwie kam mir der Gegenstand bekannt vor. Ich trat einen Schritt näher, auch wenn das bedeutete, dass es noch heißer und lauter wurde.

Ruach erklärte mir, dass der Vater des Schmieds damals die Tür für mein Haus hergestellt hatte. Traurig blickte der Schmied von seiner Arbeit auf. Ich hatte fast den Eindruck, dass er Tränen in den Augen hatte. Ja, sein Vater habe viele solcher Türen hergestellt und sie für horrende Summen verkauft. Was sein Vater getan habe, sei unentschuldbar, stieß der Schmied heftig hervor. Doch sein Vater sei daran selber zu Fall gekommen und seine eigene Eisentür sei so fest verschlossen gewesen, dass sie sich nicht mehr hatte öffnen lassen. Er starb allein in seinem eigenen Haus. Niemand hörte seine Hilfeschreie; er hatte alles verriegelt. Der Schmied hatte viel später mit Hilfe von Ruach den Weg in das Haus seines Vaters gefunden. Es war ein trauriges Bild, wie er die Überreste des reichen Mannes zwischen hohen Kisten vorgefunden hatte. Ja, es war sehr traurig, und er hatte viel gelitten.

Dieses Mal hatte er tatsächlich Tränen in den Augen. Sie liefen ungeniert über sein Gesicht. Er habe im Laufe der Jahre gelernt, dass er seine Gefühle nicht länger verbergen wolle, sagte er mit einem Schniefen. Ruach umarmte ihn und trocknete mit einem Tuch seine Tränen. Irgendwie war ich peinlich berührt, diesen Moment der Verletzlichkeit mitzuerleben. Noch nie hatte ich einen Mann so offen zu seinen Gefühlen stehen sehen. Dann lächelte er und sagte, er könne auch später weiterarbeiten und legte den Gegenstand zur Seite.

Jetzt erkannte ich, dass es ein Schwert werden sollte. Der Schmied ging in den hinteren Teil seiner Werkstatt, kam dann mit einem großen Buch zurück und fragte nach meinem Namen. Etwas verwirrt antwortete ich ihm. Wieder verschwand er und kam mit einem klimpernden Säckchen zurück. Er öffnete den Beutel und gab mir einige Goldmünzen – den Preis, den ich einst für die Tür bezahlt hatte. Er würde sie mir gerne zurückerstatten, und wenn ich wollte, könnte ich ihm die Tür zurückgeben. Er würde etwas Besseres daraus machen, sagte er mit einem Lächeln in Richtung Ruach. Ich war völlig verblüfft. So viel Geld hatte ich einst bezahlt, und er würde mir einfach alles zurückgeben und dazu noch diese hässliche Tür zurücknehmen? Unglaublich!

Aber es war ihm ernst. Er erklärte mir, wie wichtig es für ihn sei, dies zu tun. Er hatte sich bewusst vom Erbe seines Vaters abgewandt, um so viel wie möglich wiedergutzumachen, soweit es in seiner Macht stand. Aus jeder Tür, die er zurückbekomme, stelle er Schwerter für den König her, sagte er stolz. Er legte mir ein fertiges Schwert in die Hand. Ich kannte diese Art von Schwert und hatte seine Macht schon vor Jahren selbst erlebt. Es war das gleiche wie das zweischneidige Schwert von Jeschua. Dieser Schmied war also auch jemand, der ihn kannte und ihm diente.

Nun hatte ich Tränen in den Augen und bedankte mich für die Freundlichkeit, die er mir entgegengebracht hatte. Bevor wir uns verabschiedeten, machten wir einen Termin aus, wann er die alte Tür abholen konnte.

~~~~~~~

Weil ihr zu Christus gehört, seid auch ihr als Bausteine in diesen Tempel eingefügt, in dem Gott durch seinen Geist wohnt (Epheser 2,21 GNB).

Vor vielen Jahren beobachtete ich während einer Reise in den USA einen Schmied bei seiner Arbeit. Ich stand einfach da und sah zu, wie er ein Eisen ins Feuer hielt. Während er mit dem Hammer auf das Eisen schlug, versuchte ich zu erraten, was er daraus machen würde. Als er fertig war, erkannte ich, dass er ein Herz gefertigt hatte. Es glühte noch orange, bevor er es zum Abkühlen ins Wasser tauchte. Er schenkte mir das kleine Herz als Souvenir. Ich kann immer noch die Hitze spüren und das Geräusch des Hammers hören, so wie in unserer Geschichte.

Das hebräische Wort „Zarpat" bedeutet „Schmelzhütte" und hat seine Wurzeln im Wort „tsaraph", was „schmelzen, verfeinern, läutern" bedeutet. Ich möchte dich einladen, dir vorzustellen, dass dein Herz wie dieses Haus mitten in Zarpat ist. Es ist Zeit, den Veredler zu treffen. Vielleicht ist es heiß, trocken und ungemütlich, aber wir dürfen nicht unterschätzen, was aus dem Prozess der Läuterung entstehen kann.
~~~~~~~

Federleicht: Momente zum Innehalten

Wir zahlen einen Preis, wenn wir unsere Erinnerungen, unseren Schmerz und unsere Tränen wegschließen. Welchen Preis hast du gezahlt, um alles wegzusperren? Ich kann mir den Schmied als kleinen Jungen vorstellen, der nicht weinen durfte und seine Tränen wie Kristalle in seinen Händen hält. Jeder Erwachsene war einmal ein Kind. Manche meinen, Tränen seien ein Zeichen von Schwäche. Aber Tränen haben eine reinigende Funktion. Diese salzige Flüssigkeit in unseren Augen macht unseren Blick frei. Der Schmied musste neu lernen, seine Gefühle auszudrücken, anstatt sie zu verstecken. Auf seinem Heilungsweg hatte er gelernt, ohne Scham zu weinen.

Es gab eine Zeit in meinem Leben, in der ich nicht in der Lage war zu weinen und meine Gefühle auf gesunde Weise auszudrücken, ich funktionierte nur noch.

Vielleicht hast du wie der Schmied deine Tränen lange Zeit verborgen. Heute möchte ich dich ermutigen, dir zu erlauben, wieder zu weinen. Du kannst den Heiligen Geist bitten, dir diese Tränen zurückzubringen. Heute könnte der Anfang sein, deine Tränen nicht mehr zu verstecken und dem verborgenen Schrei deines Herzens Raum zu geben. Der Heilige Geist will uns trösten und uns auf Jesus hinweisen, der am Kreuz den vollen Preis für alles Trennende bezahlt hat. Er hat den Preis mit seinem kostbaren Blut beglichen, um dich von jedem Zweifel an Gottes Liebe und Güte zu befreien. Sein Tod wird dir das Leben bringen. Sein Lebensatem wird dich wiederbeleben und verwandeln.

In unserer Geschichte beschloss der Schmied, aus jeder alten Eisentür Schwerter für den König herzustellen. Das Schwert erinnert uns an das Wort Gottes. Es ist für mich die lebensverändernde

Quelle, die durch den Heiligen Geist lebendig wird. Mein Herz wird durch jedes einzelne Wort verändert und umgewandelt. Ich kann mir vorstellen, dass Gott selbst mein Schmied ist. Sein Wort brennt wie ein Feuer (siehe Jeremia 23,29).

Der Veredelungsprozess kann schmerzhaft sein. Aber ich weiß, dass die Pläne Gottes immer gut sind. Wenn wir ihm vertrauen und unser Herz in das läuternde Feuer halten, wird er aus unserer Gebrochenheit etwas Neues und Wunderbares hervorbringen; wie ein Schmuckstück wird es veredelt. Der Schmied bearbeitet Gold und Silber so lange im Feuer, bis sich sein Gesicht darin spiegelt. Genauso möchte der liebende Vater unsere Herzen in einen Spiegel seines Sohnes verwandeln. Er will uns ein neues, lebendiges Herz geben und durch seinen Geist in uns leben (siehe Hesekiel 36,26).

Gebet:

Heiliger Geist,
ich danke dir für diesen Prozess der Veränderung.
Du bist mein Veredler.
Danke, dass du mit deiner Heiligkeit und Reinheit in mir wohnst.
Ich komme in deine Gegenwart und bitte dich,
alles wegzubrennen, was mich daran hindert,
dir nahe zu kommen.
Ich bitte dich, alle Unreinheiten wegzuschmelzen,
die mich daran hindern, dich, mich selbst und andere zu lieben.
Heiliger Geist, komm und berühre mich neu
und setze den Fluss der natürlichen Tränen frei.
Du bist der Tröster. Ich bitte dich um neue Tränen,
die meine Sicht klären, damit ich erkennen kann,
was mich immer noch daran hindert, lebendig zu sein.
Ich bitte dich, dass du mein Herz
mit deiner brennenden Flamme der Liebe wiederbelebst.
Ich bitte dich um eine neue Taufe mit dir, Heiliger Geist,
so wie der Schmied das eiserne Herz ins Wasser gab,
als er seine Arbeit beendet hatte.
In Jesu Namen.
Amen.

Tag 11

Trauerverarbeitung

Heute möchte ich dich einladen, das Neue zu betreten, das Gott für dich vorbereitet hat. Die alte Tür ist geschlossen. Vielleicht gibt es in deinem Leben Zeiten, in denen du noch mit dem Alten kämpfst. Ich habe in meinem Leben Zeiten erlebt, in denen meine Vergangenheit noch lebendig zu sein schien. Dann musste ich die Entscheidung treffen, das Alte hinter mir zu lassen. Ich lebe nicht mehr dort. Ich lebe heute. Und heute ist der Tag, an dem Gott eine neue Tür geöffnet hat.

Die 11. Begegnung

Auf dem Rückweg gingen wir von der Schmiede aus zu dem Haus der Witwe, um Elijahu zu besuchen. Ruach klopfte an die Tür. Während wir warteten, schaute ich mir die Tür genau an. Sie war ganz anders als meine, aus Zedernholz und wunderschön bemalt. Überall waren Rosen, kleine und große. Ich hatte fast das Gefühl, dass es hier tatsächlich nach Rosen duftete.

Plötzlich wurde die Tür aufgerissen und ein kleiner, strahlender Junge stand vor uns. Seine braunen Augen leuchteten, und als er lächelte, kam eine große Zahnlücke zum Vorschein. „Schalom!", begrüßte uns der Kleine leicht lispelnd. Ruach legte ihre Hand auf sein lockiges Haar. „Imma", rief der Kleine, und sofort kam seine Mutter um die Ecke. Sie lächelte uns freundlich an und lud uns ein, ihr Haus zu betreten. Ich war erstaunt, wie sehr sich diese Frau verändert hatte. Sie war nicht mehr so dünn und ausgemergelt, ihr Gesicht nicht mehr von Sorgenfalten durchzogen. Sie sah viel jünger, frisch und strahlend aus. Ruach und sie begrüßten sich wie zwei Freundinnen.

Elijahu saß am Tisch beim Essen und freute sich über unseren Besuch. Sofort wurden auch wir zum Essen eingeladen. Das Fladenbrot schmeckte köstlich. Als ich das Kompliment an die Köchin richtete, lächelte sie ein wenig zaghaft. Das sei ein Rezept von Ruach, und Gott sei Dank habe sie das beste Öl und Mehl zur Verfügung. Die Fürsorge des Vaters hatte offensichtlich allen drei Bewohnern dieses Hauses gutgetan. Elijahu hatte sogar fast einen Bauchansatz. Sicher kam er momentan nicht so oft vor die Tür. Apropos Tür – dazu hatte ich eine Frage: „Wo kann ich so eine schöne Tür finden?"

Die munteren Gespräche verstummten plötzlich. Elijahu räusperte sich, und in den Augen der Witwe schimmerten Tränen. Dann sagte der Kleine „Abba" und zeigte auf die Tür. Ich verstand und beschämt senkte ich den Blick. Der Vater des Kleinen war dieser Künstler, der Zimmermann. Ruach hatte ihre Hand tröstend auf die Hand der Witwe gelegt. Ruach wusste, wie man tröstet. Es war ganz natürlich, als würde der Trost, den die Witwe brauchte, durch die Berührung von Ruach einfach zu ihr hinüberfließen. Sie schloss kurz ihre Augen. Als sie sie wieder öffnete, fand sie die Kraft zu sprechen.

Sie sprach voller Liebe von ihren Mann. Mit wie viel Eifer er diese Türen hergestellt und wie gerne sie ihm abends beim Bemalen der Türblätter geholfen hatte. Dabei hatten sie von einem kleinen Jungen geträumt. Wie dankbar waren sie beide gewesen, als der Kleine zur Welt gekommen war. Ihr Mann nahm ihn immer wieder mit in die Werkstatt und erklärte ihm alles, obwohl er noch viel zu klein war, um eines dieser Werkzeuge zu begreifen. „Eigentlich hätte er alles von seinem Vater lernen und dann die Werkstatt übernehmen sollen", erzählte sie traurig. Es war eine schreckliche Zeit für sie gewesen, als er starb und sie mit ihrem Sohn plötzlich allein war. Sie hatte fest damit gerechnet, ihrem Mann bald folgen zu müssen. Der Schmerz jener Tage überschattete ihr Gesicht. Am schlimmsten aber war die Sorge um ihren Sohn gewesen. Sie hätte es nicht ertragen, wenn er verhungert wäre. Vielleicht sei er krank geworden, weil sie ihn nach dem Tod ihres Mannes nicht richtig hatte versorgen können. Vielleicht sei alles ihre Schuld gewesen, flüsterte sie. Aber Ruach und Elijahu sagten mit einer Stimme: „Nein!"

„Was deinem Mann und deinem Sohn passiert ist, war nicht deine Schuld. Du trägst keine Schuld", wiederholte Ruach liebevoll und trocknete die Tränen der Witwe, die wieder zu fließen begonnen hatten. „Ja, du hast recht", antwortete die Witwe und ein Lächeln überzog ihr tränennasses Gesicht. „Josia[1] ist am Leben." Sie war immer noch

[1] In 1. Könige 17 wird der Sohn der Witwe nicht mit Namen genannt. Der Name „Josia" in der Geschichte ist frei erfunden, wurde aber in Anlehnung an

erstaunt über den Namen ihres Sohnes, den ihr Mann ausgesucht hatte: „Jahwe, der Herr, heilt." Was für eine Verheißung dieser Name doch ist, dachte ich. Dann erinnerte ich mich an den Moment, den ich vor einiger Zeit heimlich vom Fenster aus beobachtet hatte, als der Atem des Lebens in den Körper des Kindes zurückgekehrt war. Josia strahlte, als er seinen Namen hörte und drückt seiner Imma einen Kuss auf die Nase. Damit war alle Traurigkeit verflogen, und alle am Tisch fingen an zu lachen.

Die Witwe stand auf und schlug vor, mir die Werkstatt zu zeigen. Sie war so dankbar für Elijahu. Er hatte ihr in ihrer schweren Zeit Mut und Hoffnung gegeben und nicht zuletzt auch tatkräftig mit angepackt. Nachdem die Werkstatt eine Weile leer gestanden hatte, hatte er alles aufgeräumt und ihr angeboten, etwas zu werkeln. Dabei waren einige schöne Türen entstanden, und eines Tages hatte sie wieder angefangen zu malen. Zuerst war es schmerzhaft gewesen, aber dann spürte sie, wie das Malen ihr half, ihre Trauer zu verarbeiten.

In der Werkstatt staunte ich über ihr Talent und entdeckte eine wunderschöne Tür, die wie für mich gemacht zu sein schien. Es war, als würde sie eine Geschichte erzählen. Ich weiß nicht, ob die Witwe beim Malen dasselbe gedacht hatte oder ob ich etwas in die Farben hineininterpretierte. Aber für mich sah es so aus, als würde ein sprudelnder Bach von oben bis unten durch die ganze Tür fließen. Auf beiden Seiten des Baches wuchsen Bäume mit leuchtend grünen Blättern, deren Wurzeln sich vom Ufer dem Wasser entgegenstreckten. All das sah ich auf dieser bemalten Tür. Das Bild war für mich so lebendig geworden, dass ich fast hören konnte, wie das Wasser plätscherte. Ich hatte keine Ahnung, ob die Tür in mein Haus passen würde, aber ich musste wissen, ob sie zum Verkauf stand.

Bei meiner Frage wurde die Frau verlegen und wollte sich vergewissern, ob ich es ehrlich meinte und die Tür tatsächlich kaufen wollte. „Es wäre mir eine Ehre, wenn mein Haus dieses Kunstwerk als Eingangstür bekäme", antwortete ich und hielt ihr den Geldbeutel hin. Sie schaute mich ungläubig an, als ich fragte, ob das reichen würde. Nein, das könne sie nicht annehmen, widersprach sie, als sie die vielen Goldstücke

König Josia aus 2. Könige 22 ausgewählt, der mit nur acht Jahren König wurde und im Gegensatz zu Ahab tat, was recht war vor Gott und die Götzen-Altäre zerstörte (https://www.bibelkommentare.de/lexikon/391/josia).

in dem Säckchen sah. Ja, das hatte ich dem Schmied auch gesagt, als er mir das Säckchen gegeben hatte. Aber ich bestand darauf, und so wurden wir uns einig. „Ich werde die Tür nur schon bald brauchen", sagte ich.

Ruach hatte uns aus dem Hintergrund beobachtet und fragte, wie es wäre, sie gleich mitzunehmen. Elijahu könne helfen, sie zu tragen. Die Witwe willigte freudig ein, und ich war dankbar, dass ich so schnell und unerwartet eine neue Tür bekommen hatte.

Es war ziemlich anstrengend, meine neue Errungenschaft zum Haus zu transportieren. Ich öffnete die knarrende schmiedeeiserne Tür und freute mich auf den nächsten Tag, wenn der Schmied sie abholen und meine neue Tür einbauen würde. Ich konnte es kaum erwarten, zu sehen, wie sich mein Haus weiter veränderte. Jetzt würde es auch nach außen hin einladend oder inspirierend wirken. Vielleicht brachte das auch neue Kunden für die Witwe. „Ich könnte ein kleines Schild neben der Tür anbringen mit der Information, wo man solche Kunstwerke kaufen kann", überlegte ich. „Aber vor allem wünsche ich mir, dass andere Leute, die wie ich schwere Eisentüren haben, hier vorbeikommen und neugierig auf Veränderung werden."

All das sprudelte aus mir heraus, während wir oben auf der Dachterrasse im Abendlicht saßen. Später übernachtete ich hier oben. Ich holte eine kuschelige Decke und meine Schlafmatte von unten. Dann machte ich es mir bequem. Der Sternenhimmel über mir ließ mich staunen und mich dankbar dem Vater zuwenden. Wie hatte ich nur an einem einzigen Tag so viele wunderbare Dinge erleben können? „Danke, Ruach!", sagte ich, bevor mir die Augen zufielen. „Danke, dass du mich begleitest!"

~~~~~~~

Der Engel zeigte mir auch den Strom mit dem Wasser des Lebens, der wie Kristall funkelt. Der Strom entspringt am Thron Gottes und des Lammes und fließt entlang der Hauptstraße mitten durch die Stadt. An beiden Seiten des Flusses wachsen Bäume: der Baum des Lebens aus dem Paradies. Sie bringen zwölfmal im Jahr Frucht, jeden Monat einmal. Ihre Blätter dienen den Menschen aller Völker als Heilmittel (Offenbarung 22,1-2 GNB).
~~~~~~~

In diesem Kapitel geht es um Trauer. Die Witwe musste eine Menge Kummer verarbeiten. Als ihr Mann starb, hatte sie mit ihm auch ihren Versorger verloren. In der damaligen Zeit und besonders während einer Dürre und der damit verbundenen Hungersnot war es schwer, am Leben zu bleiben. Sie musste ihren Alltag bewältigen, wie sollte sie sich Zeit nehmen, ihren Verlust zu verarbeiten?

In unserer westlichen Kultur lernen wir oft nicht, wie wir mit Trauer umgehen können oder erlauben uns nicht, Trauer zu fühlen oder auszudrücken.

Federleicht: Momente zum Innehalten

Es gibt verschiedene Arten von Trauer. Vielleicht hast du einen Verlust zu betrauern, weil du jemand Nahestehendes verloren hast. Vielleicht hast du ein Kind verloren, oder du fühlst den Verlust eines Kindes, das du nicht geboren hast. Vielleicht trauerst du um Zeiten in deinem Leben, die du durch Krankheit oder andere Umstände verloren hast.

In Zeiten der Trauer suchen wir nach einer Antwort auf unseren Verlust. Aber oft können wir keine finden und geben uns selbst die Schuld. Es ist heilsam, die Worte zu hören, die Ruach in dem Abenteuer sagte: „Du trägst keine Schuld!“

Wenn wir zu Jesus gehören, leben wir aus seiner Vergebung. Er ist am Kreuz gestorben, damit wir frei werden können, wenn wir tatsächliche Schuld tragen oder wenn uns Schuldgefühle von seiner Liebe trennen wollen. Der beste Weg ist, in seine liebenden Arme umzukehren, statt in der Verurteilung zu verharren. Sprich mit Gott über deinen Verlust. Er hört zu.

In der Geschichte sah ich den Strom des Lebens auf die Tür gemalt. Es war ein wunderschönes Bild. Ich konnte mir vorstellen, wie die Witwe es in ihrer Trauer als prophetisches Bild der Hoffnung malte. Hoffnung wird wiederhergestellt, das Herz wird heil. In der Gegenwart Gottes ist Heilung. Wenn wir anbetend vor Gottes Thron kommen, können wir in den Fluss des Heiligen Geistes eintauchen. An den Bäumen wachsen Blätter, die Heilung bringen. Und auch Früchte werden wachsen, die sich durch das Wirken des Heiligen Geistes entfalten.

Ich möchte dich heute ermutigen, diese neue Tür der Hoffnung für dein Leben zu öffnen. Versuche dir vorzustellen, wie sie in deinem Haus (Herz) aussehen wird. Offenbarung 22,2 ist solch eine Tür der Hoffnung. Ich bete dafür, dass dein Herz heute mit Hoffnung gefüllt wird.

Gebet:

Heiliger Geist, ich bitte dich, mir zu zeigen,
ob es in meinem Herzen noch unverarbeiteten Kummer gibt.
Bitte begleite du mich durch das Tal der Tränen
und schenke mir deinen Trost.
Danke für deine heilsame Berührung.
Danke, dass Trauer Raum finden darf.
Ich öffne meine Tür der verborgenen Trauer,
um deine Umarmung zu empfangen.
Heiliger Geist, bitte öffne meine Augen des Herzens,
damit ich sehen kann, was Johannes gesehen hat.
Lass mich den Fluss des Lebens sehen,
der von deinem Thron fließt.
Lass mich das Wasser spüren,
lass mich das Rauschen hören.
Ich möchte hineinspringen.
Ich möchte mir vorstellen,
dass du dieser Strom des Lebens bist.
Bitte fließe heute durch mich.
Ich danke dir für den Baum des Lebens.
Durch das Blut des Lammes ist Eden wiederhergestellt.
Jeder Fluch ist gebrochen.
Ich danke dir für die Blätter der Heilung
und möchte sie berühren und deine Heilung empfangen.
Lass sie durch mich fließen, damit ich sie weitertragen kann.
Amen.

Tag 12

Die Tür der Hoffnung

Gestern konnten wir einen Hauch von Hoffnung spüren. Vielleicht ist das für dich immer noch schwer zu glauben, aber ich möchte Hoffnung in dein Leben sprechen. Es gibt Hoffnung! Ich bete, dass du neue Hoffnung bekommst, so wie ich in der Begegnung eine neue Tür für mein Haus bekommen habe, die Tür der Hoffnung. Tritt ein ohne Angst.

Die 12. Begegnung

Früh am Morgen wurde ich von einem metallischen Klopfen an meine Haustür geweckt. Ich mochte dieses Geräusch nicht und freute mich schon auf die neue Tür. Das Klopfen wurde lauter, und plötzlich fiel es mir wieder ein: Das musste der Schmied sein. Schnell sprang ich von meinem Schlafplatz auf und ging zum Rand meiner Dachterrasse. Tatsächlich, da war er, und ich war noch nicht fertig. Ich rief ihm ein kurzes „Schalom" zu und dass ich gleich da sei. Dann eilte ich die Treppe hinunter und hätte dabei fast Ruach umgerannt. Sie stand mitten im Raum und schien doch ganz woanders zu sein. Ich rannte an ihr vorbei und öffnete die knarrende Tür.

Der Schmied begrüßte mich freundlich und machte sich sofort an die Arbeit. Er hatte einen Karren für die schwere alte Tür mitgebracht. Während ich ihm von meiner neuen Tür erzählte, eilte Ruach an uns vorbei. Sie habe eine Nachricht vom Vater für Elijahu, sagte sie kurz und verschwand.

Der Schmied hatte mit seinem Werkzeug die Tür sehr schnell ausgebaut und half mir mit Rat und Tat, die neue einzubauen. Auch er bewunderte dieses kostbare Werk. Dann fiel mir ein, dass ich noch ein neues Schloss brauchen würde. Der Schmied schlug vor, in seiner Werkstatt nach einem passenden zu suchen. Ich könne sofort mit ihm kommen. Aber ich wollte mein Haus auch nicht so offenstehen lassen, damit nicht jeder nach Lust und Laune ein- und ausgehen oder gar durcheinanderbringen konnte, was ich so mühsam sortiert hatte. Ich wollte also warten, bis Ruach zurück war.

Der Schmied verabschiedete sich und schlug ein Treffen am Haus der Witwe vor. Er wollte sie gerne kennenlernen. Vielleicht könnten sie miteinander ins Geschäft kommen. Dann würde er mir dort ein passendes Schloss übergeben.

Der Schmied war in der nächsten Gasse verschwunden, und ich stand vor meiner neuen Tür. Sie passte genau in mein Haus und sah wunderschön aus. Ich wollte einfach nur eine Weile vor dem Haus sitzen und diesen Anblick genießen. Irgendwie fühlte sich mein Haus nun endlich lebendig an.

Das Bild des Wasserstroms wirkte so erfrischend und belebend auf mich. Aber gleichzeitig sehnte ich mich immer noch nach frischem Wasser, nach Regen. Die Straßen waren sehr staubig und trocken. Während ich hier auf meiner Türschwelle saß, musste ich ständig husten. Meine Lunge und Bronchien waren gereizt, und die feinen Staubkörner stachen mir in die Augen. Wie wohltuend wäre ein Regenschauer, der den ganzen Staub wegspülen und die Luft reinigen würde. Ich schloss meine Augen und brachte diese Bitte dem Vater.

Als ich meine Augen wieder öffnete, stand Ruach vor mir. Ich müsse mich beeilen, wenn ich mich von Elijahu verabschieden wolle. „Verabschieden?", fragte ich verwirrt. „Ich wollte den Schmied am Haus der Witwe treffen, wegen des Türschlosses, das er für mich hat", stammelte ich aufgeregt. „Na, dann beeil dich!", sagte Ruach. Sie würde gerne auf mich warten.

Ich rannte so schnell ich konnte zum Haus der Witwe, und dann überschlugen sich die Ereignisse. Elijahu stand schon reisefertig an der Tür und der kleine Josia hing an seinem Bein. Er wollte ihn nicht gehen lassen, auch die Witwe weinte. So viel Segen hatte sie durch Elijahu empfangen, wie sollte sie da ohne ihn zurechtkommen?

Doch Elijahu hatte einen neuen Auftrag vom Vater. Als er mir sagte, dass er sich Ahab zeigen solle, erschrak ich sehr. Das war die schlechte Nachricht.

Während Elijahu noch redete, kam plötzlich der Schmied um die Ecke. Er habe zu Hause keine Ruhe gefunden, denn das richtige Schloss für meine Haustür sei ihm schnell in die Hände gefallen. Elijahu fuhr fort: „Die gute Nachricht ist: Gott, der HERR wird es wieder regnen lassen. Stellt euch das nur vor! Endlich wird es wieder regnen. Endlich ist die Zeit der Dürre vorbei!"

Neue Hoffnung erfüllte die Gesichter, und Freude machte sich in der kleinen Gruppe breit. Regen, wir alle sehnten uns so sehr nach einer Erfrischung von oben. Nun wollte niemand mehr Elijahu von seiner Arbeit abhalten. Doch mich hatte eine solche Unruhe ergriffen, dass ich nicht anders konnte, als Elijahu zu fragen, ob ich mit ihm gehen könne. Nach einigem Zögern stimmte er zu. Ich wusste, dass es gefährlich sein konnte. Doch ich hatte schon so viel mit Elijahu erlebt. Ich konnte mir nicht vorstellen, jetzt, wo es darauf ankam, untätig zu Hause zu sitzen.

Eifrig nahm ich das Schloss von dem Schmied entgegen und lief zurück zu meinem Haus. Beim Abschied von der Witwe hatte ich den Eindruck, dass der Schmied und die Witwe gut miteinander auskommen und zusammenarbeiten würden.

Völlig außer Atem kam ich zu Hause an und rief nach Ruach: „Stell dir vor: Es soll wieder regnen, und Elijahu soll Ahab treffen", sprudelte es aus mir heraus. Doch Ruach wusste es bereits. Sie hatte diese Botschaft des Vaters zu Elijahu gebracht. „Nun, das hätte sie mir auch verraten können", dachte ich.

Ich wusste, dass die Nachricht genauso wie der Auftrag an Elijahu persönlich gerichtet war. Aber ich wollte trotzdem mit ihm gehen. Ich bat Ruach, das Schloss an meiner neuen Haustür anzubringen und auf mich zu warten. Zum Abschied legte sie mir ihre Hände auf den Kopf, um mich zu segnen. Ein tiefer Frieden durchströmte mich. Dann rannte ich los, so schnell ich konnte, um Elijahu einzuholen. Er hatte vor, die Küstenstraße entlang zum Karmel zu gehen. Nicht weit von der Stadt entfernt, traf ich ihn. Er stand dort am Straßenrand und sprach mit einem reichen Mann.

~~~~~~

Ich kenne deine Werke. Siehe, ich habe vor dir eine Tür aufgetan, die niemand zuschließen kann; denn du hast eine kleine Kraft und hast mein Wort bewahrt und hast meinen Namen nicht verleugnet (Offenbarung 3,8).
~~~~~~

Heute ist der Tag des Austauschs. Die alte Eisentür, hinter der ich all meine Ängste und Sorgen versteckt hatte, wird entfernt. Da ist kein Platz mehr für Scham. Heute ist unser letzter Tag in der Stadt Zarpat. Vielleicht bist du in deinem Leben bereits durch Zeiten der Veredelung gegangen, gehst gerade durch sie hindurch oder wirst durch sie gehen. Diese Zeiten im Feuer der Veredelung werden uns von innen heraus verändern. Wir werden nie wieder dieselben sein. Wenn wir wieder herauskommen, werden wir unserem Veredler ein bisschen ähnlicher sein. Ich hoffe, du hast in den letzten Tagen gemerkt, dass du in diesen Zeiten nicht allein bist. Der Heilige Geist ist bei dir. Immer! Vielleicht kannst du dir vorstellen, dass er bei dir ist, so wie einst Daniels Freunden eine vierte Person im Feuerofen erschien (siehe Daniel 3,24-25). Was können wir aus diesen Zeiten im Feuer mitnehmen?

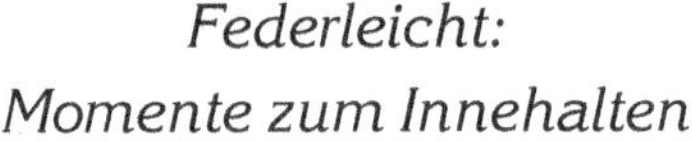

Federleicht: Momente zum Innehalten

Ich war so begeistert von meiner neuen Tür der Hoffnung, dem Wissen, dass Gott wiederherstellen wird, was der Feind in meinem Leben zerstören wollte. Der Heilige Geist hat veredelt, was einst verborgen war. Jetzt kann die Schönheit an die Oberfläche kommen.

Wenn der Heilige Geist in dein Herz kommt, wirst du wiederbelebt, erfrischt und erneuert. Jeder trockene und dürre Ort wird lebendig. Der Boden deiner Seele wird durchtränkt, und nach einiger Zeit werden Früchte wachsen. Wachstum braucht Zeit. In der Begegnung überbrachte Ruach die Botschaft des Vaters an Elia. Drei Jahre lang hatte es nicht geregnet, und nun war es an der Zeit zu verkünden, dass die Zeit der Dürre vorbei war.

Ich möchte diese gute Nachricht auch über deinem und meinem Leben verkünden: Die Zeit der Dürre ist vorbei! Auch wenn dein Leben immer noch nach Dürre aussieht. Halte fest an der Hoffnung, halte durch. Das Neue wird kommen!

Am Ende dieses Kapitels werden wir mit Hoffnung in das Neue gehen. Heute verlassen wir Zarpat, die Stadt der Veredelung. Bevor ich Ruach verließ, legte sie ihre Hand auf meinen Kopf und ich spürte, dass ihr Segen wie ein Wasserstrom durch mich floss. Die Berührung des Heiligen Geistes fühlt sich an wie Licht, Leben und Feuer, aber auch wie klares Wasser, das Erfrischung und Heilung bringt. Wie fühlt es sich für dich an? Vielleicht spürst du gar nichts. Das ist in Ordnung. Wir müssen keine Gefühle produzieren. Empfange einfach den Segen!

Gebet:

Heiliger Geist, bitte versiegle die Tür meines Herzens,
damit der Feind mir nicht rauben kann,
was du bereits wiederhergestellt hast.
Hab Dank, dass mich nichts von Gottes Liebe trennen kann,
die du in mein Herz ausgegossen hast.
Herr Jesus, du hast mich ein für alle Mal erlöst.
Dein Blut hat mich frei gemacht.
Dein Atem, Heiliger Geist, gibt mir neues Leben und Hoffnung.
Heiliger Geist, bitte erfülle mein Herz mit Hoffnung
und deiner Erfrischung.
Lass deine Früchte in mir wachsen.
Amen.

Kapitel 3

Der Heilige Geist als Restaurator – Wiederherstellung von Vertrauen und Anbetung

Und als es Zeit war, das Speisopfer zu opfern, trat der Prophet Elia herzu und sprach: HERR, Gott Abrahams, Isaaks und Israels, lass heute kundwerden, dass du Gott in Israel bist und ich dein Knecht und dass ich all das nach deinem Wort getan habe!

1. Könige 18,36

Unser Weg durch das zweite Kapitel führte uns durch die Stadt Zarpat. Das Feuer des Heiligen Geistes ist uns an den verborgenen Orten unserer Herzen begegnet. Wir gingen gemeinsam durch den Läuterungsprozess und erlebten Heilung in verschiedenen Schichten. Das Öl des Heiligen Geistes hat unsere dunkelsten Nächte erhellt. Es gab eine Menge auszusortieren und dem Heiligen Geist zu übergeben. Er will unser Leben Schritt für Schritt verwandeln. Der Heilige Geist möchte uns in Zeiten der Trauer wie eine Mutter trösten. Neue Hoffnung wartet.

In diesem dritten Kapitel verlassen wir die Stadt der Veredelung. Und das nächste Kapitel wird uns auf den Berg Karmel führen. Es ist Zeit für die Wiederherstellung unserer Herzen, für die Wiederherstellung von Vertrauen und Anbetung.

Tag 13

Negatives Umfeld

Manchmal ist es schwer, Gott zu vertrauen und ihn anzubeten, wenn man von Dunkelheit und Unglauben umgeben ist. Es gab Zeiten, in denen ich mich weit weg von Gott fühlte. Es fühlte sich an wie Nebel um mich her. Normalerweise hilft mir Anbetungsmusik, einen Weg in die Gegenwart Gottes zu finden. Aber jedes Mal wurde ich abgelenkt. Manchmal kann auch das äußere Umfeld die Ursache für das Gefühl der Trennung vom Heiligen Geist sein. Vielleicht hast du hart für Gott gearbeitet und Großes geleistet, aber du hast dich nicht mit dem Heiligen Geist verbunden gefühlt. Ich möchte dich heute einladen, Obadja kennenzulernen.

Die 13. Begegnung

Der reiche Mann war vor Elijahu niedergefallen. Sie schienen sich zu kennen. Ich wunderte mich, dass ein so gut gekleideter Mann vor Elijahu hinfiel. Ich wollte nicht so ungestüm vorpreschen, sondern hielt mich lieber etwas verdeckt. Der Strauch zu meiner Rechten schien der perfekte Sonnen- und Sichtschutz zu sein. Als ich den feinen Mann betrachtete, bemerkte ich, dass er das Wappen des Königshauses auf seiner Kleidung trug. Ahabs Wappen prangte auf seiner königlichen Uniform. „Elijahu ist geliefert", dachte ich.

Aber es sah nicht gerade wie eine Festnahme aus. „Elijahu, bist du es, mein Herr?", fragte der Uniformierte. „Ja, Obadja, ich bin es." Obadja, was für ein Name; auch ein Diener Gottes, mehr noch, ein Verehrer, ein Anbeter[1]. Ich schaute etwas beruhigter zu den beiden hinüber. Aber die Rollen wirkten vertauscht. Obwohl der Mann offensichtlich ein hoher Beamter von König Ahab war, hatte er eine gehörige Portion Respekt vor Elijahu, wenn nicht sogar Angst. Er unterwarf sich ihm und nannte ihn seinen Herrn, obwohl er dem König untertan war.

---

[1] https://www.bibelkommentare.de/lexikon/namen/o#obadja

Elijahu sprach weiter zu Obadja: „Geh zu deinem Herrn, zu Ahab, und sage ihm, dass ich hier bin!" Obadjas Stimme klang flehend: „Ahab wird mich umbringen, wenn ich ihm das sage. Wir haben dich überall gesucht, mehr als drei Jahre lang – überall! Wir haben jedes Land, jedes Tal nach dir durchkämmt. In jedem anderen Königreich wurde nach dir gefahndet. Die Könige haben einen Eid geschworen, dass du dich nicht bei ihnen aufhältst. Und jetzt trittst du vor mich. Du weißt, dass ich Ahabs Palastverwalter bin, seine rechte Hand. Er wird mich für einen Verräter halten und mich wegen Meineids töten lassen.

Und ich bin tatsächlich ein Verräter", fuhr Obadja fort, „ich diene Gott und habe hundert Propheten aus Isebels Hand gerettet. Hast du nicht gehört, wie ich sie in den Höhlen versteckt habe? Weißt du nicht, dass ich im Untergrund arbeite?" Es schien mir, als würde Obadja gleich zusammenbrechen. Seine Stimme klang angespannt, fast schrie er. „Weißt du nicht, wie schwer es war, sie zu retten? Jeweils fünfzig Propheten des HERRN brachte ich nachts zu den Höhlen. Dann bin ich immer wieder heimlich mit Brot und Wasser zu ihnen geritten, um sie zu versorgen. Hier herrscht eine Hungersnot, alles ist rationiert und das Wasser ist fast ausgegangen. Immer wieder gab ich vor, dich zu suchen und dich zu Ahab zu bringen. Stattdessen ritt ich in die Berge zu den Verstecken der Propheten. Immer wieder habe ich sie ermutigt.

Auch heute war ich auf dem Weg dorthin. Ich musste mir eine neue Route ausdenken, damit es nicht auffällt. Ahab wollte, dass wir nach Wasser suchen, sonst verdurstet alles Vieh. Die Maultiere und Pferde schreien vor Durst. Ich kann es kaum ertragen, wie sehr alle leiden. Die Quellen im Land sind versiegt. Es gibt kein Wasser mehr. Ich kann nicht mehr, ich kann dieses Doppelleben nicht mehr ertragen. Was wird geschehen, wenn dich Ruach Ha Kodesch, der Geist des Herrn, woanders hinbringt? Ahab wird mich sicher umbringen, wenn ich nicht weiß, wo ich dich finden kann."

Ich hatte Mitleid mit Obadja. Was hatte er nicht alles für Gott getan! Allerdings verstand ich nicht, warum Obadja dachte, dass Ruach Elijahu wegführen würde. Er schien Ruach oder das Herz des Vaters nicht zu kennen. Und doch gehörte er nicht nur dem Namen nach zu dem einen wahren Gott. So viel hatte er riskiert, um die Propheten zu retten und sie zu versorgen. Aber ich konnte mir nicht vorstellen, wie er es schaffte, jeden Tag mit einem boshaften Menschen wie Ahab zusammenzuarbeiten, drüben in Samaria, wo der Tempel des Baal stand. Ich verstand nicht, wie er am Königshof arbeiten konnte, wo Götzen angebetet wurden, obwohl sein Herz für den Gott Israels schlug. Wie zerrissen musste er sich fühlen! Wie viel Kraft musste es ihn kosten.

Elijahu schien kein Mitleid zu haben, sondern sagte laut zu ihm: „So wahr der Herr der Heerscharen lebt, dem ich diene, ich werde mich heute Ahab, deinem Herrn, zeigen." Das saß! Diese Worte klangen wie ein Schlag ins Gesicht. Obadja rappelte sich auf und ging in die Richtung, aus der er gekommen war. Er würde Ahab die Nachricht von Elijahu überbringen. Doch wirkte er wie ein gebrochener Mann. Ich konnte mir nicht vorstellen, warum er seine Stellung am Königshof nicht aufgab. Hatte der Vater ihn dorthin gestellt? Hatte Gott selbst ihm diese Aufgabe gegeben? Damit er die 100 Propheten retten konnte und wenigstens ein wahrer Diener, ein Verehrer des wahren Königs, im Haus dieses falschen Königs übrigblieb? Konnte es Obadja gelingen, tatsächlich nur den Gott Israels anzubeten, wenn alle um ihn herum so gottlos lebten? Konnte er sich dem Befehl des Königs und seiner Frau widersetzen und sich weigern, Baal und Aschera anzubeten?

Ich blickte Obadja hinterher und hielt dem Vater innerlich all diese Fragen vor. Ich bat den Vater in meinem Herzen, diesen Mann zu beschützen und zu bewahren. Ich bat Abba, ihm als Vater zu begegnen und ihn zu segnen. Ich betete, dass er frei von der Angst vor Ahab sein möge. Und schließlich betete ich, dass Obadja Ruach begegnen und sie kennenlernen würde.

Dann ging ich zu Elijahu und fragte ihn, warum er so hart zu Obadja gewesen sei. Aber irgendwie schien es ihn nicht zu interessieren, was dieser Mann alles für Gott getan hatte. Elijahu hatte nur seinen eigenen Auftrag im Kopf und bereitete sich auf die Begegnung mit Ahab vor. Meine Worte prallten an ihm ab. Ich hatte den Eindruck, dass es besser war, ihn in Ruhe zu lassen. Schweigend gingen wir weiter. Elijahu ging mutig voran. Ich ließ mich immer weiter zurückfallen, um ihn nicht zu stören.

~~~~~~

Jesus antwortete: Wahrlich, wahrlich, ich sage dir: Wenn jemand nicht aus Wasser und Geist geboren wird, kann er nicht in das Reich Gottes hineingehen. Was aus dem Fleisch
~~~~~~

geboren ist, ist Fleisch, und was aus dem Geist geboren ist, ist Geist. Wundere dich nicht, dass ich dir sagte: Ihr müsst von Neuem geboren werden. Der Wind weht, wo er will, und du hörst sein Sausen, aber du weißt nicht, woher er kommt und wohin er geht; so ist jeder, der aus dem Geist geboren ist" (Johannes 3,5-8 ELB).

Kannst du dich mit Obadja identifizieren? Vielleicht bist du auch ein treuer Diener Gottes, aber du hast Angst davor, was der Heilige Geist tun könnte. Manche Menschen befürchten, dass der Heilige Geist ungefragt die Kontrolle übernehmen könnte. Vielleicht gibt es da ein Misstrauen gegenüber dem Heiligen Geist in deinem Herzen oder eine Angst, ihm voll und ganz zu vertrauen. Heute möchte ich dich einladen, darüber nachzudenken, wie du den Geist Gottes ein bisschen besser kennenlernen kannst.

Federleicht: Momente zum Innehalten

Der Name Obadja spiegelt uns so viel wider. Das hebräische Wort „Obadja" bedeutet: Jah (dem Gott Israels) dienen.[2] Obadja hatte Großes geleistet. Er riskierte sein Leben, um 100 Propheten zu retten.

Manche Menschen tun Großes in der Welt, um anderen zu dienen und sie zu retten. Es gab und gibt auch viele Christen, die ihr Leben für das Gute und für Gott riskieren und dabei ausbrennen. Was tust du aus deiner eigenen Kraft und was aus der Kraft des Heiligen Geistes?

Obadja hatte schon seit seiner Jugend Ehrfurcht vor Gott (siehe 1. Könige 18,12). Seine größte Sorge war, dass der Geist Gottes Elia wegnehmen und Ahab ihn, Obadja, deshalb töten würde.

[2] https://www.bibelkommentare.de/lexikon/namen/o#obadja

Vielleicht hatte er das Wirken des Heiligen Geistes selbst erlebt oder von Menschen gehört, die auf geheimnisvolle Weise durch den Geist Gottes an einen anderen Ort versetzt worden waren. Aber Obadjas berechtigt erscheinende Angst vor Menschen schien größer zu sein als das Vertrauen in den Geist Gottes. Immer wieder muss auch ich mich fragen, ob ich aus Menschenfurcht oder aus Ehrfurcht vor Gott handle.

Ich weiß nicht, welche Glaubensprägung du hast und was du mit dem Heiligen Geist erlebt hast. Vielleicht fürchtest du Gott, vertraust aber trotzdem nicht von ganzem Herzen dem Wirken des Heiligen Geistes. Ich möchte lernen, der Führung des Heiligen Geistes mehr zu vertrauen.

Im Johannesevangelium, Kapitel 3, lesen wir von dem religiösen Führer Nikodemus. Er kam bei Nacht zu Jesus, um ihn besser kennenzulernen. Er spürte die Macht Gottes in Jesus, aber er war immer noch blind für die Offenbarung des Reiches Gottes. Jesus erklärte Nikodemus, dass er durch Wasser und Geist von Neuem geboren werden musste, um in das Reich Gottes zu gelangen.

Gebet: *Himmlischer Vater, ich danke dir, für die Gabe des Heiligen Geistes. Ich bitte dich, mir zu zeigen, was es für mich bedeutet, aus Wasser und Geist neu geboren zu werden. Ich bitte dich um eine frische und neue Offenbarung der Taufe im Heiligen Geist.*

Geist der Weisheit und des Verstandes, Geist des Rates und der Macht, Geist der Erkenntnis und der Ehrfurcht vor dem Herrn, lege du dich selbst auf mein Herz. Danke, Heiliger Geist, dass du übernatürliches Leben hervorbringst. Lass mich in dieses geisterfüllte Leben eintreten, das du für mich vorbereitet hast.

Geist Gottes, wehe wie du willst; deinem Wehen will ich folgen. Öffne meine geistlichen Ohren, damit ich dein sanftes Flüstern höre. Lass mich dich besser kennenlernen und es lernen, den Vater und den Sohn im Geist und in der Wahrheit anzubeten.

Und für die verfolgten Christen und denen aus deinem Volk, die unter Bedrängnis leiden, bitte ich dich insbesondere um Schutz und dein übernatürliches Eingreifen. Mögen sie deine Nähe in besonderer Weise erfahren. Amen.

Tag 14

Alte Emotionen

Gestern haben wir über Obadja nachgedacht, wie er Ahab fürchtete. Kennst du Menschenfurcht?

Bevor Elia Obadja verließ, sagte er *„So wahr der Herr der Heerscharen lebt, vor dem ich stehe, ich werde mich Ahab heute zeigen"* (1. Könige 18,15).

Elia weiß, vor wem er steht. Er steht vor dem Herrn der Heerscharen – Jahwe Zebaoth. Als er sich Ahab zeigen wollte, stand er innerlich gleichzeitig vor dem allmächtigen Gott. Er hatte Gewissheit darüber, zu wem er gehörte, und wer diesen Kampf für ihn kämpfen würde.

Heute möchte ich dich einladen, mit mir die Perspektive zu wechseln und dir bewusst zu machen, vor wem du stehst. Egal, mit wem du konfrontiert bist, in deinem Herzen kannst du vor Gott stehen, dem Herrn der Heerscharen.

Die 14. Begegnung:

In der Ferne sah ich einen Reiter, der sich Elijahu näherte. Elijahu, der mir weit voraus war, musste ihn schon längst gesehen haben. Aber er ging mutig weiter, immer geradeaus, genau auf den Reiter zu. Wenn das Ahab war, konnte dies Elijahus letzte Stunde sein. Schnell suchte ich nach einem neuen Versteck. Vielleicht konnte ich Elijahu ja irgendwie helfen.

Ahabs Pferd kam im Galopp näher. Elijahu ging ihm weiter entgegen. Der Staub wirbelte in großen Wolken auf. Das Pferd kam gerade vor Elijahu zum Stehen und schnaubte laut. Ahab musste das arme, abgemagerte Tier über eine lange Strecke in vollem Galopp getrieben haben, trotz Hitze und Wassermangel. Von oben herab rief er Elijahu zu: „Da bist du ja, der Israel ins Unglück stürzt!" und spuckte verächtlich direkt neben Elijahu auf den Boden. Der Prophet aber stand mit erhobenem Haupt vor Ahab und erwiderte: „Nicht ich habe Israel ins

Unglück gestürzt, sondern du und deine Vorfahren, weil ihr die Gebote Gottes verlassen habt und den Baalen nachgefolgt seid."

Wow, so schlagfertig wäre ich auch gerne. Elijahu bot Ahab die Stirn und sprach die Wahrheit aus. Er ließ Ahabs verdrehte Anschuldigung nicht stehen und wies ihn deutlich zurecht. Das beeindruckte mich und ich spürte, dass er im Namen und in der Kraft des Höchsten sprach. Wer weiß, wie viele Menschen sich von Ahab hatten manipulieren lassen? Wie viele glaubten tatsächlich, dass Elijahu der Feind war, der Schuldige, der es nicht regnen ließ?

Wahrscheinlich hatte Ahab das Volk gegen Elijahu aufgebracht. So sehr, dass sie ihre ganze Wut über die Dürre und die Hungersnot auf ihn schoben und noch eifriger zum Tempel Baals liefen, um diesen vermeintlichen Regengott um Regen anzuflehen.

Dann befahl Elijahu Ahab, das ganze Volk auf dem Berg Karmel zu versammeln. Er solle auch seine 450 Baalspriester und Isebels 400 Propheten der Aschera mitbringen. Er fügte spöttisch hinzu, sie seien schließlich von Isebel durchgefüttert worden. Am königlichen Hof gab es also immer noch genug zu essen und genug Platz für falsche Propheten, aber das arme Volk musste Hunger leiden.

Meine Hochachtung vor Elijahu war durch diese Situation noch gestiegen. Gleichzeitig schämte ich mich, dass ich in meinem Versteck saß. Puh, was hatte ich mir vorhin nur dabei gedacht, dass ich ihm vielleicht helfen könnte? Er brauchte meine Hilfe überhaupt nicht. Er sprach mit Autorität und gab Ahab, dem König, Befehle. Er war ein wirklicher Prophet, das Sprachrohr Gottes, des wahren Königs.

Als Ahab sich umdrehte und fortritt, kam ich aus meinem Versteck hervor und klopfte Elijahu auf die Schulter. „Das war ja unglaublich, mein Freund", sagte ich. Aber Elijahu sah mich nicht wirklich an. Er schaute Ahab hinterher und ging zielstrebig in Richtung Karmel.

Ich wusste nicht, was Elijahu vorhatte, aber er hatte offensichtlich einen Plan, und ich war neugierig. Die Sonne brannte immer noch und ich hatte Mühe, ihm zu folgen. Was würde nun passieren? War die dürre, gottlose Zeit bald vorbei? Ich wusste, dass der Vater Regen versprochen hatte. Würde es mit dem Regen auch neuen Segen für das Land, für das Volk Israel geben? Würden die Israeliten den Weg zurück zum Gott ihrer Väter finden?

Ich war so dankbar, dass Ruach mir eine Wasserflasche in den Rucksack gepackt hatte. Wie konnte Elijahu nur so schnell vorankommen, ohne eine Pause zu machen? Keuchend blieb ich kurz stehen, um etwas zu trinken.

Die Küstenstraße wand sich in engen Kurven empor. Wir mussten am Fuße des Karmelgebirges sein. Ich staunte über Elijahus Kondition. Er wanderte zielstrebig bergauf, während mir die Luft wegblieb und ich mich mit Seitenstechen an den Wegrand setzte. „Ach, soll er doch gehen!", schimpfte ich und kickte ein paar Steine fort. Von Elijahu sah ich nur noch eine Staubwolke.

Der Berg Karmel war über 500 Meter hoch. Wie sollte ich das in diesem Tempo schaffen, und warum war Elijahu so entschlossen, so verbissen in seinem Auftrag? Den Biss hatte ich nicht. Mir fehlte die Kraft, und ich brauchte eine Weile, um zu Atem zu kommen. Aber warum störte es mich so sehr, dass mein neugewonnener Freund so zielstrebig sein Ding durchzog? Ja, ich wollte dabei sein und erleben, wenn Gott handelte. Ich wollte nicht allein zurückbleiben. Doch nun saß ich allein im Staub und hatte einen Berg vor mir. So hatte der Tag auch schon irgendwie angefangen. Erst hatte ich verschlafen und den Schmied verpasst, und dann lief Ruach zu Elijahu, ohne mir zu sagen, was kommen würde. Wenn ich ehrlich war, ärgerte mich das am meisten. Ich war enttäuscht von Ruach. Sie hatte mir so sehr mit meinem Haus in Zarpat geholfen. Warum nicht heute?

Plötzlich tauchte ein Bild vor meinen inneren Augen auf – ein Bild von einer kleinen Schachtel, die ich aus einer größeren herausnahm. Und auf dieser Kiste stand immer noch dieses eine Wort: Wut. Wieder hatte ich ein Paket Wut geschnürt. Aber warum und woher kam dieses Gefühl? War es berechtigt? Eigentlich hatte ich keinen Grund, wütend zu sein, schon gar nicht auf Elijahu und erst recht nicht auf Ruach.

Die Sonne blendete mich, und plötzlich erkannte ich hinter diesem Gefühl ein anderes: Neid. Ich hatte den Eindruck, dass ich mich selbst als kleines Kind sah, das sich nicht gesehen, nicht beachtet fühlte, und an dem die anderen einfach vorbeizogen. Ja, das war schon immer so gewesen. Meine Mutter hatte meinen Bruder bevorzugt, ihm Aufmerksamkeit geschenkt und mich nicht gesehen. Dann meine Freunde von früher. Sie hatten mich nur beachtet, wenn ich für ihre eigenen Zwecke gerade nützlich war und mich ansonsten übersehen.

Als ich in der Hitze am Wegesrand vor mich hinbrütete, gingen tatsächlich immer mehr Menschen an mir vorbei – Familien mit Kindern, Männer und Frauen aus dem Volk Israel, Arme und Reiche. Und ich saß immer noch da und niemand beachtete mich. Wieder wurde ich übersehen. Der Schmerz saß tief. Ich musste ihn lange Zeit mit mir herumgeschleppt haben, so sehr hatte er sich eingegraben, war ein Teil meiner Persönlichkeit geworden. Die ewige Suche nach Anerkennung, nach Zugehörigkeit, nach Aufmerksamkeit. Und wenn das nicht der Fall war, empfand ich Wut und Neid auf diejenigen, die gesehen wurden. Diese Erkenntnis traf mich und erschreckte mich zugleich.

~~~~~~~

Und als sie gebetet hatten, erbebte die Stätte, wo sie versammelt waren; und sie wurden alle vom Heiligen Geist erfüllt und redeten das Wort Gottes mit Freimut (Apostelgeschichte 4,31).

Als ich anfing, mich mit Elia zu vergleichen, blieb ich am Ende im Staub sitzen. Elia war klar in seinen Worten an Ahab. Die Verurteilung und die Anschuldigung hatten nicht in sein Herz getroffen. Er kannte die Wahrheit und war in der Lage, Ahab mutig zu antworten. Der Heilige Geist möchte uns lehren, wie wir uns mutig den Angriffen des Feindes entgegenstellen können.

Federleicht: Momente zum Innehalten

Elia wusste, dass er zur gleichen Zeit, als er Ahab begegnete, vor dem Herrn der Heerscharen stand. Ich vermute, dass er in dieser inneren Haltung die Kraft und den Mut fand, Ahab ohne Angst zu begegnen. Und ich? Ich saß im Staub. Ich verglich mich, fühlte mich schwach und abgelehnt, hilflos statt hilfreich. Ich fühlte mich wie ein Kind, das nicht weiß, zu wem es gehört. Ich musste lernen, Gott als meinem guten Vater zu vertrauen. Nur in dem
~~~~~~~

Bewusstsein meiner Identität als Kind Gottes konnte ich wie Elia meinen inneren Stand finden.

Der Heilige Geist offenbart uns, dass Gott unser guter Vater ist (siehe Galater 4,6). Der Vater hat uns den Geist der Sohnschaft gegeben. Es ist wichtig, dass ich mir dessen bewusst bin, vor allem, wenn der Feind mit seinen falschen Anschuldigungen kommt. Ich muss wissen, zu wem ich gehöre und dass mein himmlischer Vater der Herr der Heerscharen ist, derjenige, der meine Kämpfe kämpft.

Wie reagierst du auf Angriffe? Elia sprach mit Klarheit und Kühnheit. Er ließ sich von den Angriffen und Anschuldigungen Ahabs nicht beeindrucken. Er entlarvte die Lügen und sprach das Gegenteil aus, die Wahrheit. Es war nicht Elias Schuld gewesen, dass der Regen aufgehört hatte. Es lag vielmehr daran, dass Ahab und auch das Volk sich von Gottes Wegen abgewandt hatte und nun den falschen Götzen Baal und Aschera folgten.

Die Art und Weise, wie Elia sprach, erinnerte mich an Apostelgeschichte 3 und 4, wo man Petrus und Johannes verhaftete und ihnen befahl, mit dem Predigen des Namens Jesu aufzuhören, doch sie antworteten kühn, dass sie Gott mehr gehorchen wollten als den Menschen. Als sie freigelassen wurden, beteten sie gemeinsam mit den anderen Gläubigen um Freimut.

Das griechische Wort für Kühnheit ist „paressia“. Im Kommentar der „Passion Translation“ lesen wir: *„Es handelte sich um mehr als Zuversicht; es war eine frei fließende, ungehemmte Kühnheit. Es kann auch ‚Redefreiheit‘ bedeuten […] Die Person, die mit parresia spricht, wird alles, was ihr durch den Kopf geht, ohne Zurückhaltung sagen und mit Zuversicht aus ihrem Herzen fließen lassen. Es bedeutet, offen und ehrlich zu sein, nichts zu verbergen und direkt aus dem Herzen zu sprechen. Meistens wird dieses Wort für öffentliche Reden verwendet. Es bezieht sich auf eine Rede, die nicht darauf zugeschnitten ist, alle glücklich zu machen, sondern die Wahrheit zu sagen, auch wenn das vielleicht etwas kostet. Es ist der Mut, die Wahrheit in die Ohren der anderen zu sprechen …“*

Mein Herz sehnt sich nach dieser *Paressia* des Heiligen Geistes. Wenn du die gleiche Sehnsucht verspürst, lass uns beten, bis die

Erde bebt und wir mit dem Heiligen Geist erfüllt sind, um die gute Nachricht mit *Paressia* in die Welt zu tragen.

Gebet:

Danke, himmlischer Vater,
dass du den Geist der Sohnschaft in mein Herz gelegt hast
und dass du mich durch das kostbare Blut
deines geliebten Sohnes Jesus Christus
als dein Kind angenommen hast.
Geist der Sohnschaft,
ich möchte dich heute in meinem Herzen willkommen heißen.
Offenbare du, was es bedeutet,
ein Kind des allmächtigen Gottes,
des Herrn der Heerscharen, zu sein.
Erinnere mich daran, wer ich in Christus bin,
besonders in Zeiten, in denen
der Feind versucht, mich anzugreifen.
Ich bitte dich, Heiliger Geist,
mir die Macht und Liebe des Vaters zu zeigen.
Erfülle mich, Heiliger Geist,
dass ich den Namen Jesu bekenne,
wo immer du mich hinführst.
Ich bitte dich um Paressia,
damit ich mutig aussprechen kann,
was du mir aufs Herz legst.
Amen.

Tag 15

Heilender Balsam

Wenn du wie ich im Staub sitzt und dich ungesehen fühlst, möchte ich dich heute ermutigen, deinen Kopf zu heben und aufzuschauen, woher deine Hilfe kommt. Manchmal, wenn der Schmerz sehr tief sitzt, müssen wir einen Weg finden, der uns aus diesen Gefühlen heraus in die Gegenwart Gottes führt. Dabei dürfen wir unseren Helfer bitten, uns zu führen.

Die 15. Begegnung

Würde mein Herz jemals heilen? Würde ich jemals frei sein von meinen Altlasten? Ich seufzte tief, als ein Schatten auf mich fiel. Da war tatsächlich jemand stehen geblieben und schaute zu mir her. Nein, nicht irgendjemand, sondern eine Frau mit einem bunten Gewand, wie mir der Saum des Kleides verriet. Ich hob meinen Blick und schaute in die sanfte Augen von Ruach. Sie stand auf einen Wanderstab gestützt vor mir und lächelte. Sie schaute nicht auf mich herab, wie andere es damals getan hatten. Nein, sie war stehen geblieben und hatte sich mir zugewandt. Sie hatte mich gesehen, wie ich da im Staub saß und nicht mehr weiterwusste. Sie war nicht wie alle anderen an mir vorbeigegangen. Allein dieses Gesehenwerden tat meiner verwundeten Seele gut.

Die Menschen strömten nun in Massen hoch ins Gebirge. Ahabs Nachricht musste das ganze Land, alle Stämme des Volkes, erreicht haben. Ruach reichte mir ihre Hand und zog mich empor. Sie richtete mich wieder auf und schlug vor, dass wir einen anderen Weg nehmen könnten, abseits von der Menschenmenge. Gerne ließ ich mir diesen Weg zeigen, und wir schlenderten auf eine Baumgruppe zu. Das Karmelgebirge glich einem Baumgarten. Das ist es, was der Name Karmel bedeutet. Trotz der allgemeinen Trockenheit war es hier wie in einem Park. Der Boden war fruchtbar und überall wuchsen alle Arten von Bäumen. Wir gingen einfach zwischen den Bäume hindurch bergauf, ohne einem Weg zu folgen. Ich war erstaunt über einige dicke Stämme, und auch Ruach schien von einem riesigen Stamm beeindruckt.

Bedächtig war sie stehen geblieben, aber ihr Blick ruhte sanft auf mir. „Schau", sagte sie, „dieser Baum ist viele Jahre, Jahrzehnte, Jahrhunderte gewachsen und zu dem geworden, was er heute ist: Ein wunderschöner, gesunder, schattenspendender Baum. Weißt du, wie es in ihm aussieht?" Ich schüttelte den Kopf. Woher sollte ich das wissen?

Dann gingen wir ein Stück weiter und fanden einen abgeholzten Baumstamm. Meine Lehrerin erklärte mir liebevoll, wie die Jahresringe, die ich nun sehen konnte, von innen nach außen gewachsen waren. Alles, was den Baum geformt hatte, alles, was er erlebt hatte, als er ein kleiner Spross war, war genau hier, sagte Ruach, und legte ihren Zeigefinger in die Mitte des Stammes. Jedes Jahr wurde ein neuer Ring hinzugefügt. Der Baum wuchs nach außen und war mit Rinde bedeckt.

Wir gingen ein Stück weiter und kamen zu einem etwas verwachsenen Baum, oder waren es sogar zwei? Wieder blieben wir betrachtend stehen. Wahrscheinlich war hier vor Jahren ein Blitz eingeschlagen. Dort konnte man eine Verwachsung sehen, die einer Narbe ähnelte. Aber der Baum war weder zerstört, noch hatte er aufgehört zu wachsen. Er war weitergewachsen und ein ganz besonderer Baum geworden. Er war nicht wie die anderen, er war einzigartig. Nach dem Blitzeinschlag war der Stamm in zwei Teilen weitergewachsen. Seltsamerweise hatten sie nach oben hin wieder zueinander gefunden. Ich verstand nicht ganz, worauf Ruach hinauswollte.

Ruach lächelte mir zu und führte mich um den Baum herum. Da kam doch tatsächlich eine Quelle aus dem Berg. Hier mitten in der trockenen, wasserlosen Zeit frisches Quellwasser zu finden, war ein Geschenk. Wir setzten uns hin und tranken von der Quelle. Das Wasser erfrischte mich. Als ich so dasaß und den Baum betrachtete, erinnerte ich mich daran, wie sehr ich mir gewünscht hatte, wie der Baum am Bach Krit sein – ein Baum, der am Wasser stand, wie in Davids Lied.[1] Und ich erinnerte mich an meine Haustür, an den Fluss, an dessen beiden Ufern Bäume standen, als Ruach schließlich weitersprach: „Siehst du, der Baum ist trotz allem, was er erlebt hat, weitergewachsen. Selbst ein Blitz konnte ihn nicht daran hindern. Du wirst auf dieselbe Weise weiterwachsen. Die Verletzungen haben Narben gebildet, die man

---

[1] Siehe Psalm 1.

sehen kann. Sie schmerzen ab und zu. Aber der tiefe Schmerz, den du vielleicht noch spürst, kann heilen."

Ruach stand auf und ging zu einem anderen Baum. Plötzlich zog sie ein kleines Messer aus ihrer Tasche und schnitt damit in den Stamm. Erschrocken sprang ich auf und eilte hinüber. „Schau", sagte sie wieder, während das Harz aus dem Baum herausquoll. Auch an dieser Stelle wird sich eine Narbe bilden. Das Baumharz ist besonders kostbar, so wie die Tränen der Trauer über manchen Schmerz in deiner Vergangenheit. Wenn die Tränen dieses Baumes getrocknet sind, wird daraus Weihrauch gewonnen. Das Harz wird vor dem Altar des Herrn verbrannt, und mit diesem Weihrauch steigen die Gebete auf.

Ruach hielt kurz inne und fuhr dann fort: „Du bist gesehen! Wo du dich nicht gesehen gefühlt hast, hat Gott dich gesehen. Er kennt deinen Schmerz, und wenn du ihm dein Herz mit seinen Wunden hinhältst, entsteht ein besonderer Wohlgeruch."

Langsam begann ich zu verstehen. Ich konnte dem Vater sagen, dass in mir immer noch eine alte Wut tobte, und sie ihm hinhalten. Dann konnte mein himmlischer Vater sie verwandeln. Ruach nickte mir zu und erklärte mir fröhlich, welche anderen Eigenschaften Weihrauch noch enthielt. Er ist entzündungshemmend und bei vielen Krankheiten schmerzlindernd. Interessant! „Es ist also heilsam, wenn ich die Gefühle an der richtigen Stelle rauslasse?", fragte ich. „Du kannst mit anderen wachsen, wenn du deine Wunden verarbeitet, die verborgenen Gefühle erkannt und benannt und sie vor Gott zum Ausdruck gebracht hast." Das fand ich allerdings nicht so einfach. Anstatt an mir zu arbeiten, wäre ich jetzt viel lieber bei Elijahu auf dem Gipfel des Berges. Ich schüttelte den Kopf und seufzte. Ich hatte noch so viel zu lernen.

Ruach lächelte und fügte geduldig hinzu, wie wunderbar es war, dass ich diesen Schatz erkennen konnte – es ist ein besonderes Geschenk. Die meisten Menschen eilen an den Bäumen vorbei und den Berg hinauf. Niemand blieb stehen, um einen Baum zu betrachten. Genauso wenig hielt jemand inne, um sich zu fragen, woher seine Ungeduld oder seine unkontrollierte Wut kam. Noch weniger Menschen hatten den Wunsch, dies bei sich selbst wahrzunehmen und sich zu ändern. Die meisten Menschen bemerkten diese Verhaltensweisen bei anderen und sprachen dann darüber. Ruach machte mir klar, dass das, was ich heute an mir selbst entdeckt hatte, ein besonderes Geschenk war. Es sei nötig, das Alte loszulassen, um Heilung und Wiederherstellung zu finden. Sie ging zurück zum Weihrauchstrauch, brach ein Stück getrocknetes Harz ab und legte es in meine Hand. Es hatte die Form einer Träne. Dann sagte sie zu mir, bevor wir weiter bergauf stiegen: „Achte nicht gering, was Gott dir geschenkt und wozu er dich berufen hat."

~~~~~~

> *Darum verliere ich nicht den Mut. Die Lebenskräfte, die ich von Natur aus habe, werden aufgerieben; aber das Leben, das Gott mir schenkt, erneuert sich jeden Tag. Die Leiden, die ich jetzt ertragen muss, wiegen nicht schwer und gehen vorüber. Sie werden mir eine Herrlichkeit bringen, die alle Vorstellungen übersteigt und kein Ende hat. Ich baue nicht auf das Sichtbare, sondern auf das, was jetzt noch niemand sehen kann. Denn was wir jetzt sehen, besteht nur eine gewisse Zeit. Das Unsichtbare aber bleibt ewig bestehen* (2. Korinther 4,16-18 GNB).

Hast du dich jemals wie ich gefragt, ob dein Herz heilen kann? Wir haben bereits über alte Wunden gesprochen. Vielleicht hast du tiefe Wunden in deinem Herzen, die noch immer nicht ganz geheilt sind. Oder es sitzt noch ein alter Schmerz darin, der Jahre später in einer anderen Situation plötzlich wieder lebendig wird. In der Geschichte fühlte ich mich wieder einmal von dem Gefühl überwältigt, übersehen zu werden. Die Menschen um mich herum liefen bergauf, während ich im Staub saß. Keiner hatte mich in meiner Situation beachtet.
~~~~~~

Federleicht: Momente zum Innehalten

Wir Menschen haben tief in unserem Herzen den Wunsch, nicht nur gesehen, sondern auch geliebt zu werden. Dabei verpassen wir es so oft, selbst denjenigen zu sehen, der im Staub sitzt und ihm unsere aufrichtende Hand zu reichen. Manchmal ist es besser, nichts zu sagen und zusammen im Staub zu sitzen, wie es die Freunde Hiobs taten.

Der Heilige Geist ist eine aufbauende Person und will uns leiten, uns gegenseitig zu ermutigen. Der Heilige Geist schwebte über der Erde, als sie geschaffen wurde. Er war aktiv daran beteiligt (siehe 1 Mose 1,2). Das hebräische Wort für schweben kann auch mit brüten übersetzt werden. Gott hat dich geschaffen. Er hat dich von Anfang an gesehen. Er sieht deine Schönheit und deinen Schmerz. Ich möchte dich heute dazu ermutigen, dein Herz vor Gott auszuschütten. Für mich wurde das Kreuz zu dem Ort, an dem ich Freiheit fand, in der Tiefe seiner Wunden. Er kennt den Schmerz, den wir durchmachen, und ist der Einzige, der ihn wirklich versteht. Ich möchte dich ermutigen, deinen Schmerz und deinen Verlust am Kreuz vor Gott auszuschütten. Unter den Augen des Sohnes wirst du Freiheit finden. Sein liebevoller Blick ruht auf dir. Er ist durch den Tod gegangen, um dich zur Ruhe zu bringen. Er ist durch die Dunkelheit gegangen, um dich zum Licht und in eine neue Leichtigkeit zu bringen.

Wie kann unser Leben ein fruchtbarer Garten wie der Berg Karmel werden? Wir können auch in unseren schmerzhaften Lebensabschnitten wie ein Baum wachsen. Die Art und Weise, wie wir schmerzhafte Lebensabschnitte überwinden, kann uns entweder besser oder bitterer machen.

Wie sieht es im Inneren deines Herzens aus? Welchen Schmerz hast du durchgemacht? Und was hast du in dieser schmerzhaften

Zeit gelernt? Auf meinem Weg habe ich gelernt, dass tiefer Schmerz heilen kann. Vielleicht habe ich immer noch ein paar Narben wie der Baum. Manchmal tun sie noch weh. Die Tiefe des Schmerzes hat sich verändert, nur noch die Narbe erinnert daran, was ich durchgemacht habe. Aber ich lebe nicht mehr dort in der schmerzhaften Erinnerung. So wie der Baum von innen nach außen gewachsen ist, wird meine innere Wunde durch die Gegenwart des Heiligen Geistes zuwachsen. Der Heilige Geist will uns helfen, unsere Perspektive zu ändern. Er will uns lehren, wie wir trotz aller Schmerzen und Schwierigkeiten wachsen können. Im Licht der Ewigkeit wird der Schmerz, den wir ertragen müssen, weit weniger wiegen als die alles überragende Herrlichkeit Gottes.

Gebet: *Mein Gebet für dich ist heute ohne Worte, denn ich weiß nicht, wie tief dein Schmerz ist und was du durchmachst. Ich komme einfach in der Stille vor Gott. Und ich vertraue darauf, dass der Heilige Geist für dich eintreten wird. Wenn wir keine Worte zum Beten finden, wird er mit einem tiefen Seufzen für uns eintreten* (siehe Römer 8,26).

Tag 16

Gebet in Dunkelheit

Manchmal sprechen wir ein Gebet ohne Worte, und manchmal schütten wir so viele Worte aus wie ein Wasserfall. Letzte Nacht wachte ich aus einem seltsamen Traum auf und war um 3 Uhr morgens plötzlich hellwach. Ich wälzte mich hin und her, unfähig zu schlafen. Ich hatte dieses Kapitel ins Englische übersetzt, bevor ich ins Bett ging, also waren die Worte noch lebendig, und ich begann zu beten. Kennst du diese unruhigen Nächte, in denen du wach bist und nicht schlafen kannst?

Die 16. Begegnung

Und plötzlich saß ich allein im Dunkeln. Bei meiner Baumbetrachtung war ich müde geworden, hatte mich gegen einen Baum gelehnt und war eingeschlafen. Ich war aufgewacht, weil mein Kopf zur Seite gerutscht war. Die raue Baumrinde hatte meine Wange unsanft aufgekratzt. Meine Augen mochten sich nicht an die Dunkelheit gewöhnen. „Ruach, wo bist du?", rief ich. Ich hörte nichts. Ich war allein, irgendwo in diesem großen, gebirgigen Baumgarten. Stille umgab mich.

Dann hörte ich Jeschuas sanfte Stimme tief in meinem Herzen: „Hab keine Angst, ich bin bei dir!" Sogleich fühlte ich mich getröstet. Auch wenn ich ihn nicht sehen konnte, er war da.

Ich sah nicht einmal die Hand vor Augen und schon gar nicht den nächsten Baum. Wie hatte mir das nur passieren können, dass ich einfach so eingeschlafen war? Wie sollte ich mich hier im Dunkeln jemals zurechtfinden? Ich zog meine Beine zu mir heran und umklammerte sie. Trotz dieser inneren Zusage war ich verängstigt. Ich hatte Angst vor Tieren, wie Spinnen oder Schlangen oder was auch immer es hier sonst noch gab – und vor der Dunkelheit. So schön dieser Ort bei Tageslicht auch gewesen war, jetzt kam er mir unheimlich vor. Ich konnte nicht einmal den Himmel erkennen. Ich wusste nicht, ob wirklich kein Stern dort zu sehen war oder ob nur die Baumkronen mir die Sicht verdeckten.

Vielleicht war diese Dunkelheit, diese Nacht, auch der Spiegel für den Zustand der Menschen, die an mir vorbei auf diesen Berg gestiegen waren. Wahrscheinlich saßen auch sie hier oben im Dunkeln. Vielleicht waren sie so sehr an das Leben in der Dunkelheit gewöhnt, dass es ihnen nichts ausmachte. Aber ich konnte keine Ruhe finden. Ich konnte nicht hier sitzen und auf den nächsten Tag warten. Es war Zeit, aufzustehen.

Ich tastete nach dem Baumstamm hinter mir, um mich abzustützen, und schob mich hoch. Schmerzhaft stieß ich mit dem Kopf gegen einen Ast und schrie auf. Da stand ich nun, presste meine Hand auf die schmerzende Stelle und wagte keinen Schritt vorwärts, um nicht gradewegs gegen den nächsten Baum zu laufen. Ich wusste nicht weiter, und meine Gedanken wanderten zu meinem Freund Jeschua. Damals hatte er mir Mut gemacht, als ich im Dunkeln in der Höhle saß.

Plötzlich erinnerte ich mich an ein Wort, das ich gelesen hatte, als ich mit Elijahu am Bach war. Es war eines von Davids Liedern.[1] In dem Lied hieß es: „Die da sitzen mussten in Finsternis und Dunkel, gefangen in Zwang und Eisen ... die dann zum Herrn schrien in ihrer Not und er half ihnen aus ihren Ängsten. Die sollen den Herrn preisen für die Wunder, die er an den Menschenkindern tut."

„Okay, Herr", sagte ich, „du siehst mich hier im Dunkeln sitzen. Ich danke dir, dass ich nicht gefangen bin wie in der Höhle. Ich danke dir, dass du mich von dieser eisernen Haustür befreit hast und von allem, was ich dort in meinem Lebenshaus angehäuft und versteckt hatte. Danke, dass ich deine Stimme hören kann, auch wenn ich dich nicht sehe. Danke, dass du mich an dieses Wort von David erinnerst. Danke für den vergangenen Tag, für das, was du mir durch Ruach gezeigt hast. Ich verstehe das alles noch nicht. Aber ich will dir dafür danken, dass du mich verändern willst. Da, wo ich immer wieder an meine Grenzen stoße, so wie an diesen Baum, zeigst du mir, wie sehr ich dich brauche. Danke, dass ich lernen darf und wachsen wie die Bäume, die Ruach mir gezeigt hat. Danke für die Begegnung mit Ruach, dass sie mich gesehen und mir einiges erklärt hat. Danke, dass du meinen Schmerz gesehen hast."

Erst in diesem Augenblick bemerkte ich, dass meine linke Hand immer noch geschlossen und zur Faust geballt war. „Danke, dass Ruach mir gezeigt hat, wie heilsam es ist, meine Gefühle zu dir zu bringen."

---

[1] Psalm 107.

Ich erinnerte mich an die Wut und öffnete meine Hand. Ich konnte es nicht sehen, doch ich wusste, dass darin die ganze Zeit das kleine Stückchen Baumharz gelegen hatte. Ich spürte die winzige Träne aus Harz auf meiner Handfläche und hielt sie hoch. „Abba", sagte ich, „sieh doch meine Angst und Einsamkeit. Es tut mir auch leid, dass ich mich mit Elijahu verglichen habe. Ich möchte dort sein, wo *du* mich haben willst."

Während ich so mit geschlossenen Augen und erhobenen Händen dastand, ins Gebet vertieft, spürte ich, dass sich etwas verändert hatte. Was David beschrieben hatte, war auch für mich real geworden. Gott half mir aus meinen Ängsten heraus. Befreit öffnete ich meine Augen und erblickte hier und da ein paar Sterne. Es war, als würde mit jedem „Danke" ein Stern mehr aufleuchten und es ein bisschen heller werden. Wahrscheinlich lag der neue Tag schon vor mir und hinter dem Horizont machte sich die Sonne bereit, das Dunkel zu erhellen.

Ich freute mich nun auf den Sonnenaufgang und war gespannt, was auf dem Gipfel passieren würde. Endlich würde Gottes Machtbereich wiederhergestellt werden, und er, der lebendige Gott, würde dem dürren Land Regen schenken. Ich bat den Vater, Elijahu Kraft zu geben und ihn zu beschützen. „Oh Vater, öffne doch den Menschen, die auf diesen Berg kommen, die Augen, damit sie dich erkennen und sich von den Götzen Ahabs abwenden." Wie sehr musste es den Vater schmerzen, sein geliebtes Volk so weit weg zu wissen.

Als ich meine Augen erneut öffnete, sah ich tatsächlich etwas. Ich wusste, dass es nun nicht mehr lange dauern würde, bis das Morgenlicht die Dunkelheit durchbrach. Ich ließ meinen Arm sinken und blickte auf den Harztropfen in meiner Hand. Ein neuer Tag hatte begonnen. Eine neue Zeit lag vor mir.

~~~~~~~

Aber die Stunde kommt, ja sie ist schon gekommen, da wird der Heilige Geist, der Gottes Wahrheit enthüllt, Menschen befähigen, den Vater an jedem Ort anzubeten. Gott ist ganz anders als diese Welt, er ist machtvoller Geist, und alle, die ihn anbeten wollen, müssen vom Geist der Wahrheit erfüllt sein. Von solchen Menschen will der Vater angebetet werden (Johannes 4,23-24 GNB).
~~~~~~~

Vielleicht kennst auch du diese Zeiten der Schlaflosigkeit. Ich habe lange Zeit unter Schlafproblemen gelitten und mich daran erinnert, dass es nicht selbstverständlich ist, schlafen zu können. Zuerst war ich frustriert. Ich dachte über meinen nächsten Arbeitstag nach und wie ich mich konzentrieren sollte, wenn ich nicht genug Schlaf bekommen würde. Dann fasste ich einen Entschluss und begann zu beten. Ich dachte an die Menschen, die ich am Vortag getroffen hatte oder die ich morgen treffen würde. Ich dachte an meine Freunde und Familie und brachte sie in meinem Gebet vor den Vater. Es dauerte eine Weile, bis mein Herz still wurde und ich anfangen konnte, so zu beten, wie in der Begegnung. Vielleicht können wir heute gemeinsam Gott suchen, um unsere dunklen Nächte mit Gebeten zu füllen, die ihm gefallen.

Federleicht: Momente zum Innehalten

Manchmal können wir die Gegenwart des Heiligen Geistes nicht spüren. Es mag diese dunklen Nächte der Seele geben, in denen wir keine Ruhe finden. Ich habe diese Nächte durchgemacht, aber manchmal waren es auch Tage, an denen meine Gedanken immerzu kreisten. Ich spürte alle möglichen Emotionen – Wut, Ungeduld, Frustration, Unruhe etc. – und fragte mich, wo ich die Früchte des Heiligen Geistes finden würde. Normalerweise hilft es mir, im Wald spazieren zu gehen, um zur Ruhe zu kommen. Ich spreche mit Gott und versuche, meinen Blick auf den Schöpfer von Himmel und Erde zu richten. Aber manchmal kann ich die Gegenwart Gottes nicht spüren. Er scheint weit weg zu sein, obwohl der Heilige Geist in mir wohnt.

Oft fühlt es sich wie ein Kampf an, aber ich habe im Laufe der Jahre gelernt, dass das Beten in Zungen eine mächtige Waffe ist. Manchmal braucht es Zeit, um durchzubrechen. Im Wald bin ich allein mit Gott. Wenn ich in Zungen bete, kann ich die Gedanken, die in meinem Kopf herumschwirren, unterbrechen. Einmal fühlte ich mich so unruhig und rief den Vater mit Worten an, die nur er versteht. Plötzlich blieb ich vor einem Baum stehen, und als ich stehenblieb, war meine Unruhe weg. An diesem Baum sah ein Stück Rinde wie ein Herz aus, aus dem Baumharz herausquoll. Es war wie ein sanfter Hauch des Heiligen Geistes über mir, der sagte: „Ich bin hier! Ganz nah bei dir!"

Dankbarkeit ist oft eine Entscheidung. Ich muss mich nicht dankbar fühlen, um dankbar zu sein. Wir können die Dankbarkeit des Herzens trainieren. Wenn ich dem allmächtigen Gott laut sage, dass ich für die Blumen auf meinem Weg dankbar bin, verändert sich mein Blick. Mehr und mehr finde ich etwas, wofür ich Gott danken kann: für die Schönheit, die er geschaffen hat, für die Art und Weise, wie er sich um mich kümmert, und für die Liebe, die er am Kreuz für uns alle ausgegossen hat. Die Füße, auf die Maria die flüssige Narde goss, waren die gleichen Füße, die ans Kreuz genagelt wurden. Auch wenn ich in meinem Alltag keinen Grund zur Dankbarkeit finde, ist das, was Jesus am Kreuz erlitten hat, ein Grund, jeden Tag und für immer dankbar zu sein. Dort, zu seinen Füßen, finde ich die befreiende Liebe, die in der tiefen Hingabe an den Willen Gottes des Vaters liegt, der beschlossen hat, seine geliebten Kinder aus der Dunkelheit ins Licht zu retten.

In schlaflosen Nächten oder auf meinen Gebetsspaziergängen beginne ich oft mit Dankbarkeit, wie ich es auch in dieser Begegnung tat. Ich möchte dich heute dazu ermutigen, ein Gebet der Dankbarkeit zu beten. Mit jedem Dank kann ein Stern deine Dunkelheit erhellen, bis dich der Anbruch eines neuen Morgens tröstend umfängt.

Gebet: *Lieber Vater im Himmel, ich hebe meine Arme im Gebet, öffne mein Herz und meine Hände. Danke, dass du meinen Schmerz und meine Tränen siehst und ich sie bei dir loslassen darf. Danke Herr Jesus, dass du mit mir fühlst wie kein anderer. Danke, dass du am Kreuz für mich gestorben bist und den Weg zum Vater freigemacht hast. Danke himmlischer Vater, dass du mich hineinversetzt hast in das Reich deines Sohnes. Danke Jesus, dass du die Dunkelheit überwunden hast und ich nun im Licht leben darf. Amen.*

Tag 17
Inneres Gleichgewicht

Kennst du das Gefühl, dein Gleichgewicht zu verlieren? Vielleicht gibt es verschiedene Ursachen für Instabilität in unserem Leben, wie der Verlust von Arbeit oder Druck von Vorgesetzten oder die gesellschaftliche bzw. politische Lage. Lass uns einen Blick auf die nächste Begegnung werfen und den Heiligen Geist bitten, uns zu zeigen, wie wir trotz allem, was um uns herum passiert, unser inneres Gleichgewicht finden können.

Die 17. Begegnung

Die Sonne war innerhalb weniger Minuten aufgegangen und hatte alles hell erleuchtet. Der Baumgarten ruhte sanft im Morgenlicht. Ein leichter Nebel bedeckte den Boden. Das erklärte, warum es hier so fruchtbar war, trotz der Dürre. Die Vögel waren zum Leben erwacht und stimmten ein fröhliches Konzert an. Ein schöner Ort, dachte ich und wandte mich der aufgehenden Sonne zu. Ich reckte und streckte mich und wollte mich auf den Weg bergauf machen, als ich über etwas stolperte. Da lag mein Rucksack! Gut, dass ich über ihn gestolpert war, sonst hätte ich ihn hier glatt vergessen. Das wäre ein großer Verlust für mich gewesen. Nicht nur wegen der Erinnerungen an Jeschua. Es war so viel Lebenswichtiges darin enthalten: Jeschuas Schwert zum Beispiel war so wertvoll für mich. Hier in der Wildnis konnte ich es sicherlich gebrauchen. Oder auch, wenn ich an die aktuelle politische Situation dachte.

Beruhigt hob ich den Rucksack auf, um zu sehen, ob noch alles darin war. Ich war erstaunt, als ich neben meiner gefüllten Wasserflasche frisches Brot fand. Ein kleiner Zettel kam mir zwischen die Finger, als ich das Brot herauszog und den Duft aufsog. Ein Gruß von Ruach. Da stand in ihrer Handschrift: „Stärke dich!" Ich freute mich über ihre mütterliche Fürsorge und musste lächeln. Dankbar brach ich ein Stück ab und kaute genüsslich. Ihre Backkünste waren einzigartig. Dann machte ich mich auf den Weg.

Schnell hatte ich den Weg, von dem wir abgebogen waren, wieder erreicht. Je näher ich kam, desto lauter wurden die Stimmen der Leute. Wie schön ruhig es doch im Baumgarten gewesen war! Hier und da lagen ein paar schlafende Menschen am Wegesrand. Vor mir schleppte sich eine ältere Frau den Berg hinauf. Sie stützte sich auf einen knöchrigen Ast und hinkte beim Gehen auf beiden Seiten. Mühsam hob sie einen Fuß und stützte sich mit aller Kraft auf den Stock, um dann den anderen hinterherzuziehen. Es war schrecklich, das mit anzusehen. Aber ich wusste auch nicht, wie ich ihr helfen sollte. Sie hatte bestimmt große Schmerzen, aber sie kämpfte sich Schritt für Schritt bergauf.

War denn niemand da, der ihr helfen konnte? Ich sah mich um, ob jemand einen Esel hatte, der sie ein Stück des Weges tragen konnte. Aber weit und breit war niemand zu sehen. Als ich an ihr vorbeikam, konnte ich nicht anders, als ihr meine Hilfe anzubieten. Mit einem zögerlichen, dankbaren Lächeln lehnte sie ab: Nein, nein, das sei sie so gewohnt. Sie brauche zwar ein bisschen länger als die anderen, aber das mache ihr nichts aus. Sie würde schon noch ans Ziel kommen. Ich wollte von ihr wissen, warum sie den Weg auf sich genommen habe. Bestürzt sah sie mich an. Ahab habe es befohlen, und sie müsse dem Befehl des Königs gehorchen, sagte sie bestimmt. Nachdem meine Hilfe nicht gewünscht war, verabschiedete ich mich von ihr und ging schnellen Schrittes weiter bergauf.

Ruachs Brot hatte mich gestärkt. Vielleicht hätte ich der hinkenden Frau etwas davon anbieten sollen? Wenn diese Frau doch nur Ruach oder Jeschua oder den Vater kennenlernen würde. Dann hätte sie sicher nicht den Berg heraufkommen müssen. Obwohl – es war ja eigentlich Elijahus Befehl gewesen, die Leute auf den Berg rufen zu lassen. Natürlich waren sie auch neugierig und wollten nichts verpassen. Elijahu, Ahab, die Baalspriester und die Propheten der Aschera – das versprach, ein Aufsehen erregendes Ereignis zu werden.

Als ich oben ankam, war das Felstableau voller Menschen. Die Baalspriester und die Propheten der Aschera waren bereits da, erkennbar an ihrer königlichen Kleidung. Sie standen aufrecht, mit stolz erhobenen Häuptern und blickten verächtlich in eine Richtung. Es mussten knapp tausend sein, schätzte ich. Sie standen in kleinen Gruppen zusammen und spotteten.

Je näher ich kam, desto mehr hörte ich sie schimpfen und fluchen. Immer wieder fiel der Namen Elijahus, und der ein oder andere spuckte dabei verächtlich auf den Boden. Dann sah ich ihn. Er stand etwas erhöht auf einem Hügel. Neben ihm, hoch zu Ross, Ahab mit seinem Gefolge. In der Menge hinter Ahab konnte ich Obadja ausmachen. Elijahu aber stand ohne Unterstützer dort. Es war ein seltsames Bild und am liebsten wäre ich zu ihm gegangen. Aber ich hatte gelernt und verstanden, dass dies hier nicht mein Auftrag war, sondern seiner, und ich wollte ihn nicht stören. Ich kannte seinen Plan nicht, besser gesagt, den Plan des Vaters, den Ruach Elijahu überbracht hatte.

Als ich durch die Reihen schritt und in die Gesichter der Menschen blickte, fielen mir ihre leeren Augen auf. Die meisten von ihnen starrten müde und trübe vor sich hin. Einige schauten ängstlich zu den Baalspriestern. Die Luft war erfüllt von Schwermut, Angst und etwas Brodelndem, Gefährlichem. Die Stimmung gefiel mir nicht! Ziellos ging ich umher und suchte einen Platz in der Nähe von Elijahu. Wenigstens sollte er sehen, dass ein Freund in der Nähe war.

Dann hörte ich Josias Stimme und sah, wie der Junge auf den Schultern des Schmieds auf und ab hüpfte. Er musste mich in der Menschenmenge entdeckt haben und winkte mir zu. Wie beruhigend, hier bekannte Gesichter zu sehen. Doch irgendwie passte die Stimme des fröhlichen Kindes nicht hierher. Ich fragte mich, ob dies der richtige Ort für ein Kind war. Aber der Schmied schien sich gut um den kleinen Josia zu kümmern. Die Witwe lächelte ihn an.

Wir grüßten uns fröhlich. Es war schwer, sich hier zu unterhalten, so laut war es. Da waren die Stimmen so vieler Menschen und das Wiehern der rastlosen Pferde des königlichen Hofes. All das vermischte sich zu einem unruhigen, aggressiven Geräuschpegel.

Plötzlich wurde es leiser. Die Leute stießen sich an und alle verstummten. Dann richtete sich Elijahu auf seinem Hügel auf und rief mit lauter, fester Stimme:

„Wie lange wollt ihr noch auf beiden Seiten hinken? Wenn der HERR Gott ist, dann folgt ihm, wenn es aber Baal ist, dann folgt ihm."[1]

Kein Laut, kein Geräusch war zu hören. Ich hatte bei Elijahus Worten sofort an die ältere Frau denken müssen, die mühsam den Berg

---

[1] Siehe 1. Könige 18,21.

hinaufgehumpelt war. War sie schon hier oben und hatte gehört, was Elijahu gerade ausgesprochen hatte? Wie musste es ihr dabei gehen, wo sie doch tatsächlich so stark hinkte? Und was würde es ändern, wenn sie sich für eine Seite entschied? Warum hatte ich ihr während unseres kurzen Gesprächs nicht vom Vater erzählt? Warum hatte ich sie nicht gefragt, ob sie Jahwe Ropheka – den Gott, der heilt – kennt oder kenne lernen wollte? Oder was dachte wohl Obadja, als er die Worte Elijahus hörte? Hinkte er sozusagen nicht auch?

Ich blickte mich um. Vielleicht kannten die meisten Menschen hier oben den wahren Gott gar nicht mehr. Sie hatten sich so weit von dem Gott entfernt, der sie als Volk vor etwa 600 Jahren aus Ägypten befreit hatte. Die Stille war fast unerträglich. Dann hörte ich Elijahu weiterreden. Er sagte, er sei als Prophet des HERRN allein übriggeblieben. Dann deutete er mit einer ausladenden Geste auf die 450 Baalspriester. Was für ein krasser Gegensatz, und irgendwie erinnerte mich diese Szene an David und Goliath.

Elijahu sprach weiter, in einem befehlenden Ton: „Jemand soll zwei Jungstiere bringen – einen für die Baalspriester und einen für mich. Dann sollen sie ihren Stier als Opfertier vorbereiten und ich meinen. Danach werden wir jeweils unseren Gott anrufen. Der Gott, der mit Feuer antwortet, ist der wahre Gott.“ Ein Raunen ging durch die Menge, und das Volk stimmte Elijahus Worten zu.

~~~~~~~

Weil ihr zu Christus gehört, seid auch ihr als Bausteine in diesen Tempel eingefügt, in dem Gott durch seinen Geist wohnt (Epheser 2,22 GNB).

Die hinkende Frau, die auf den Berg Karmel stieg, war dem Befehl Ahabs gefolgt. Ahab und seine Frau Isebel hatten die Anbetungsordnung Gottes abgeschafft. Isebel hatte die meisten der Propheten Gottes töten lassen und stattdessen fast 1000 Propheten bzw. Priester ernannt, um Baal und Aschera anzubeten und zu opfern sowie eine neue Ordnung einzusetzen.

Was kann uns helfen, nicht auf zwei Seiten zu hinken? Gestern haben wir unsere Hände geöffnet, um Gott anzubeten. In dieser
~~~~~~~

Haltung wollen wir bleiben und mit offenem Herzen und offenen Händen vor dem allmächtigen Gott stehen.

Federleicht: Momente zum Innehalten

Ich spüre die Sehnsucht des Heiligen Geistes, uns von dem Geist der Welt und dem Geist Ahabs und Isebels zu befreien. Auch wenn wir einst unter dem Geist der Welt versklavt waren, jetzt sind wir frei, den Vater im Heiligen Geist anzubeten.

In Epheser 2,20-22 können wir lesen, wie wir als Steine in den Tempel unseres Herrn Jesus Christus eingepasst werden. Er verwandelt uns durch die Kraft seines Heiligen Geistes in seinen Tempel, einen Ort der nie endenden Anbetung. Heute kann ich mich entscheiden, Gott den Herrn anzubeten.

Die Frau in dem Abenteuer war an ihr Hinken gewöhnt. Sie lehnte mein Angebot, ihr zu helfen, ab und versuchte, den Berg mit ihren Einschränkungen zu erklimmen. Ich verpasste die Gelegenheit, ihr vom Vater zu erzählen, der ihr Gleichgewicht hätte wiederherstellen können. Wir befinden uns bereits mitten in unserer persönlichen Wiederherstellungsgeschichte. Wenn wir uns entschieden haben, Jesus zu folgen, brauchen wir nicht mehr auf beiden Seiten zu hinken. Wir sind frei, der Führung des Heiligen Geistes täglich zu folgen.

Nimm dir etwas Zeit, um über einige Fragen nachzudenken, wenn du zwischen zwei Meinungen schwankst: Unter welchem Einfluss stehe ich im Moment? Ist es der Einfluss des Geistes der Welt, der versucht, mich und mein emotionales Gleichgewicht zu beeinflussen? Oder ist es der Heilige Geist, dem ich in der Anbetung folgen will? Es kann einige Zeit dauern oder bedarf möglicherweise auch der Veränderung deiner Umgebung, bis der Ort der Anbetung in deinem Herzen wiederhergestellt ist und du dein inneres Gleichgewicht wiedergefunden hast. Manchmal hilft es, gemeinsam mit anderen Gott anzubeten und in einen Fluss der Anbetung einzutauchen, dann kann unser inneres Gleichgewicht übernatürlich wiederhergestellt werden. Für mich ist es auch hilfreich, Anbetungsmusik per Livestream einzuschalten oder für eine Weile in einen Gebetsraum, ein Gebetshaus oder ein Kloster zu gehen.

Gebet: *Danke, Heiliger Geist, dass du mich zur Anbetung befreit hast. Abba, Vater, ich rufe zu dir, um diesen Ort der Anbetung in mir und in dieser Welt wiederherzustellen. Du siehst die Welt um mich herum, in der dein Name nicht verherrlicht wird. Ich bitte dich um Wiederherstellung. Ich danke dir, dass du in meinem eigenen Herzen damit beginnst.*

Tag 18
Wiederherstellung des Vertrauens

Gibt es eine Situation in deinem Leben, in der du das Vertrauen auf Gott verloren hast? Manchmal kann das aussehen wie ein vor Gott verborgener Ort in deinem Herzen. Vielleicht hast du ihm deine Träume gegeben, vielleicht hast du deinen Willen dem seinen untergeordnet und erwartet, dass er dir antworten würde. Du hast dich bemüht, aber keine Antwort gehört oder gesehen. Vielleicht kamen Leute zu dir und fragten: „Hat Gott wirklich gesagt ...?“ Zweifel kamen in dein Herz und das Vertrauen auf Gott als guten Vater wurde erschüttert, der Altar der Anbetung niedergerissen. Heute ist der Tag der Wiederherstellung – der Wiederherstellung des Vertrauens in den allmächtigen Gott.

Die 18. Begegnung

Die Stimmung war geladen. Elijahu ließ den Propheten Baals den Vortritt. Sie konnten sich zuerst einen Stier auswählen und zubereiten. Er erklärte ihnen die Regeln: dass sie kein Feuer machen dürften, sondern einzig und allein den Namen ihres Gottes anrufen sollten. Dann ging es los, die Baalspriester schlachteten ihren Jungstier und bereiteten ihn vor, um ihn ihrem Gott zu opfern. 450 Propheten riefen zu ihrem Baal, damit er sie erhören möge. Außer dem Geschrei der Propheten war nichts zu hören. Keine Antwort vom Himmel, keine göttliche Stimme. Von morgens bis mittags riefen und schrien sie. Dabei hüpften sie um ihren Altar. Aber nichts geschah (siehe 1. Könige 18,26).

Anfangs hatte das Volk noch wie gebannt das Geschehen beobachtet, aber allmählich verloren sie das Interesse. Sie suchten sich Schattenplätze unter den Bäumen, standen in kleinen Gruppen zusammen und diskutierten miteinander, wohin das führen würde. Ich hatte beobachtet, wie Ahab anfangs mit stolz geschwellter Brust von seinem Pferd heruntergeschaut hatte. Doch je mehr Zeit verging, desto unruhiger wurde er. Nach einer Stunde war er von seinem hohen Ross abgestiegen. Seitdem stand er mit seinen königlichen Beratern etwas abseits, die Propheten Baals immer im Blick.

Elijahu runzelte die Stirn. Er sah irgendwie wütend aus. Dann hörte ich wie er seine Stimme erhob und zu der Meute der Baalspropheten hinüber brüllte: „Ihr müsst noch lauter rufen, damit euer Gott euch hört." Mit Spott in der Stimme fügte er hinzu: „Vielleicht denkt euer Gott gerade nach; oder er ist auf die Toilette gegangen. Ruft nur lauter, falls er eingeschlafen ist, damit er aufwacht." Ich erschrak fast über Elijahus Kühnheit. Wie schaffte er es, sich allein vor eine solche Menschenmenge zu stellen, sich sogar über sie lustig zu machen, und das, während Ahab und der ganze Königshof danebenstanden?

Doch ich wusste, aus welcher Kraft er es tat und in welchem Namen. Er stand hier als Gesandter und Beauftragter des wahren Gottes. Und dieser Gott ließ sich nicht spotten. Der wahre Gott hatte seinem Volk am Horeb sein Gesetz gegeben: „Ihr sollt keine anderen Götter neben mir haben." Was die Baalspriester hier abzogen, war eine echte Farce. Elijahu sprach mit seinen ironisch klingenden Worten nur die Wahrheit aus und hielt den Anhängern des Baal den Spiegel vor. Aber die hörten gar nicht auf ihn, sondern schrien immer lauter und lauter. Wie Wahnsinnige führten sie sich auf. Mit Schwertern und Spießen ritzten sie sich die Haut ein und fügten sich selbst Schaden zu, als könnten sie so ihren Gott hervorlocken.

Der Schmied und die Witwe waren mit Josia weiter nach hinten gegangen. Der Kleine sollte so etwas nicht mitbekommen. Auch ich konnte es nicht länger mit ansehen. Am liebsten wäre ich nach vorne gestürmt und hätte geschrien: „Es reicht! Hört endlich auf!" Aber das war nicht meine Aufgabe.

Ich wollte mich gerade abwenden und zu den anderen gehen, als Elijahu begann, zu den Leuten zu sprechen. Der Stand der Sonne zeigte an, dass die von Gott festgesetzte Zeit für das vorgeschriebene Speiseopfer heranrückte. Die Propheten des Regengötzen schrien immer noch, damit ihr Baal endlich handeln würde. Als sie jedoch sahen, dass das Volk nach vorne drängte und sogar Ahab seine Aufmerksamkeit auf Elijahu richtete, verstummten sie langsam.

Elijahu schleppte zwölf Steine herbei. Entsprechend der Zahl der Stämme, der Söhne Jakobs. Gott der Herr hatte zu Jakob gesagt: „Du sollst Israel heißen."[1] Aus diesen Steinen baute Elijahu den Altar im Namen des Herrn wieder auf. Er hob den trockenen Boden um ihn herum aus, sodass ein größerer Graben entstand. Dann schichtete er Holz auf den Altar und legte den in Stücke geteilten Stier darauf. Er rief jemanden, um Wasser zu holen und es über das Opferfleisch und das Holz zu gießen. Ich sah Obadja und ein paar andere Diener Ahabs loslaufen. Sie kamen mit vier großen Vorratskrügen voll Wasser zurück und gossen es über den Stier. Elijahu forderte sie dreimal auf, Wasser zu holen. Das Wasser lief über den Altar und füllte den Graben.

Pünktlich um 3 Uhr am Nachmittag war alles bereit und Elijahu trat vor den Altar. Er betete mit lauter Stimme: „Oh HERR, du Gott Abrahams, Isaaks und Israels, lass sie heute erkennen, dass du Gott in Israel bist und dass ich dein Diener bin und all das nach deinen Anweisungen getan habe." *Wow!*, dachte ich, *das war der Plan, den der Vater ihm gezeigt hatte.* Er sollte das Opfer wiederherstellen, um den Bund wieder aufzurichten, den Gott mit seinem Volk am Horeb geschlossen hatte. Elijahu fuhr fort: „HERR, erhöre mich, damit dieses Volk erkennt, dass du der wahre Gott bist und damit sie zu dir umkehren."[2]

In diesem Augenblick fiel Feuer vom Himmel. Blitzartige Flammen schlugen im Altar ein und verzehrten das gesamte Opfer. Sie verschlangen nicht nur das Fleisch, sondern verbrannten zugleich das Holz mitsamt den Steinen des Altars und der Erde ringsum. Und am Ende trockneten sie noch den Graben aus. Alles, was übrigblieb, war ein großes, schwarzes Loch. In der Luft hing ein schwerer Brandgeruch. Aber jenseits des Grabens hatte das Feuer nichts berührt.

Eine atemberaubende Stille hatte alle ergriffen. Als das Feuer erschienen war, spürte ich, wie meine Beine nachgaben; und so wie alle anderen um mich herum fiel ich erst auf die Knie und dann ganz zu Boden. Gottes Heiligkeit und seine Größe waren so mächtig spürbar, dass es niemanden mehr auf den Beinen hielt.

---

[1] 1. Könige 18,31. Der Name Israel weist an dieser Stelle darauf hin, dass Gott ein eifernder Gott ist und regiert. Seine Herrschaft hat Bestand. Nicht Baal ist der Gott Israels, sondern allein Jahwe, der ICH BIN, ist der Gott Abrahams, Isaaks und Jakobs.

[2] Siehe 1. Könige 18,36-37.

Als das dramatische Geschehen vorbei schien, ging ein Raunen durch die Menge, und immer lauter wurde der Ruf: „Der Herr ist der wahre Gott, Jahwe ist der wahre Gott."

Mein Herz jubelte! Mein Blick fiel auf den verbliebenen Krater, vor dem Elijahu noch immer stand. Gott hatte mit Feuer auf sein Gebet geantwortet, direkt vor seinen Augen, aber ihm war nicht einmal ein Haar versengt worden. Sein Gesicht strahlte.

~~~~~~~

> *Da wir unsere Rechte auf ein unerschütterliches Reich erhalten, sollten wir äußerst dankbar sein und Gott die reinste Anbetung darbringen, die sein Herz erfreut, indem wir unser Leben in absoluter Hingabe, erfüllt von Ehrfurcht, niederlegen. Denn unser Gott ist ein heiliges, verzehrendes Feuer!* (Hebräer 12,28-29 TPT).

Vertraust du Gott von ganzem Herzen? Liebst du ihn mit all deiner Kraft? Heute möchte ich mit dir zu diesem Ort der Wiederherstellung auf dem Gipfel des Berges Karmel gehen. Ich möchte mein Herz neu als Opfergabe vor Gott, den Herrn, bringen. Und du?

Kannst du dir noch vorstellen, wie sich der winzige Harztropfen in deinen Händen angefühlt hat und wie wir unsere Hände und Tränen zum Gebet zum Herrn erhoben haben? Vielleicht hast du die Hand Gottes gesehen, die dich durch die Zeit deines „Hinkens" begleitet hat. Halte nichts zurück. Versuche dir vorzustellen, wie du auf dem Berggipfel stehst und deine Arme ausstreckst, während dein Herz in deinen Händen liegt. Erhebe sie zum Herrn und empfange sein Feuer.
~~~~~~~

Federleicht: Momente zum Innehalten

Elia baute den Altar des Herrn wieder auf. Dazu nahm er zwölf Steine, entsprechend der Zahl der Stämme der Söhne Jakobs. Der Herr hatte zu Jakob gesagt: „Dein Name soll Israel sein." Der Name bedeutet unter anderem: Für den Gott streitet.

Der Altar unseres Herzens soll nicht auf unserer eigenen Kraft oder unserem eigenen Willen aufbauen. Es geht nicht um unsere eigenen Bemühungen. Es geht um Gott, der in unserem Leben, in unseren Herzen, in unserer Schwäche regieren möchte. Er ist derjenige, der sich danach sehnt, den Klang unseres Herzens, die Resonanz unseres Herzschlags zu finden. Er möchte seine Liebe in uns neu entfachen.

Ich lade dich heute ein, wie Elia nach den Steinen deines Lebens zu suchen und sie vor Gott niederzulegen, um einen Altar zu bauen. Lege dein eigenes Bestreben nieder, die Orte deines Herzens, an denen du selbst regiert hast, und stell dich auf das Fundament der Gnade und Zusage Gottes.

Gott will nicht, dass wir nach toter Religion streben. Was für ein Kontrast zu dem Streben der Baalspropheten. Sie versuchten, ihrem Gott Baal zu gefallen. Drei Jahre lang erhörte der vermeintliche Gott des Regens ihre Gebete nicht. Er antwortete weder auf ihr stundenlanges Rufen, noch als sie sich verletzten und um ihren Altar herumhüpften. Baal antwortete nicht, weil er es nicht konnte. Er hatte keine Macht, es regnen zu lassen, und er hatte keine Macht, mit Feuer zu antworten.

Aber Jahwe, unser Gott! Elia hatte den Altar Gottes wieder aufgebaut und ihn dreimal mit Wasser getränkt. Er bereitete die Opfergabe des Abendopfers vor. Es war die gleiche Zeit, in der Jesus am Kreuz starb. Jesus trug alles ans Kreuz, was uns daran hindert, dem Vater zu vertrauen und ihn anzubeten. Elia stellte den Altar auf dem Berg Karmel wieder her, aber Jesus erfüllte das Opfer auf Golgatha.

Der Vater erhörte das Gebet Elias, der darum bat, sich als Gott Israels zu zeigen, damit das Volk erfährt, wer er ist, und ihre Herzen zu ihm zurückkehren. Der Vater beantwortete dieses Gebet mit Feuer. Sein heiliges Feuer fiel auf das Schlachtopfer auf dem Altar. Das Feuer verzehrte das Opfer, das Holz und die Steine. Unser Gott ist ein alles verzehrendes Feuer.

Der Heilige Geist ist die Flamme, die alles verbrennt, was uns im Wege steht, wenn wir es Gott hinhalten. Der Heilige Geist will unsere Herzen neu entfachen und sie zur ersten Liebe des Vaters zurückbringen. Ich ermutige dich, dein Herz jetzt auf den Altar zu legen und das heilige Feuer zu empfangen.

Gebet:

Danke, Heiliger Geist,
dass du in die Welt und in mein Herz gekommen bist,
um den Ort der Hingabe wiederherzustellen.
Herr Jesus, du hast den Willen des Vaters bereits am Kreuz erfüllt.
Du hast durchgehalten und überwunden.
Durch dich kann ich zum Altar kommen
und mein Herz niederlegen.
Ich bitte dich, jeden Zweifel und jede Angst wegzubrennen,
alles, was sich dir entgegenstellt, damit ich dir vertrauen
und dich von ganzem Herzen lieben und anbeten kann.
Ich lade dich, Heiliger Geist, ein,
auf mein Herz zu fallen
und die erste Liebe zu dir wieder zu beleben.
Komm und verzehre mich!
Komm und erneuere mich!
Komm und brenne in mir mit deinem heiligen Feuer!
Ich bete dich an und falle vor dir nieder.
Du bist Gott! Du bist mein Herr, der einzig wahre Gott!
Amen.

Kapitel 4

Der Heilige Geist als Helfer – Lass die Saat der Liebe aufgehen

Und als Ahab hinaufzog, um zu essen und zu trinken, ging Elia auf den Gipfel des Karmel und bückte sich zur Erde und hielt sein Haupt zwischen seine Knie und sprach zu seinem Diener: Geh hinauf und schaue zum Meer hin! Er ging hinauf und schaute und sprach: Es ist nichts da. Elia sprach: Geh wieder hinauf! So geschah es siebenmal.

1. Könige 18,42-43

Lass uns einen Moment über unsere Zeit auf dem Berg Karmel nachdenken, bevor wir weitergehen. Auf dem Weg zum Karmelgebirge begegneten wir Obadja und der Kraft des Heiligen Geistes. Wir begegneten Ahab, fanden aber wie Elia den Mut, das Alte zu überwinden. Im Baumgarten des Karmel fanden wir Heilung und mitten im Dunkel eine neue Art der Anbetung. Der Heilige Geist möchte uns helfen, unser inneres Gleichgewicht wiederzufinden. Schließlich will er uns an den Ort führen, an dem das Feuer brennt, und das Vertrauen wiederherstellen, damit wir den einzig wahren Gott anbeten.

In unserem vierten Kapitel werden wir den Berg Karmel verlassen. Es ist eine Art Übergangszeit, wenn eine Verheißung erfüllt wird, aber wir noch durchhalten müssen, bis wir das größere Bild erkennen können. Wir machen uns auf nach Jesreel, was „Gott sät“ bedeutet. Möge Gottes gute Saat in uns wachsen.

Tag 19

Innere Feinde binden

Manchmal habe ich das Gefühl, dass der größte Feind irgendwo in mir selbst ist. Da sind diese inneren Stimmen, die mir einreden wollen, dass ich wertlos bin, dass ich nicht gut genug bin, dass ich zu viel von diesem und zu wenig von jenem bin. Ich möchte immer noch mehr lernen, auf die Stimme des Heiligen Geistes zu hören. Der Feind ist ein Lügner und versucht, mich runterzuziehen. Aber der Heilige Geist ist voller Liebe. Er ist ein großer Ermutiger, ein Unterstützer, der uns zum Sohn und direkt ans Vaterherz führen will. Vielleicht kennst du diese Kämpfe und fragst dich, was du mit deinen inneren Feinden tun sollst. Schauen wir uns im nächsten Abenteuer an, was Elia mit den falschen Propheten tat.

Die 19. Begegnung

In der heiligen Stille ertönte Elijahus Stimme laut: „Fangt die Propheten Baals, damit keiner von ihnen entkommt!"

Alle um mich herum waren aufgesprungen. Ich bewegte mich automatisch mit ihnen und rannte mit den anderen dorthin, wo die Baalspriester wie versteinert standen. Der Schock über das, was sie gerade erlebt hatten, stand ihnen ins Gesicht geschrieben. Jahwe hatte ihren Gott Baal bloßgestellt. Nun waren sie wie erstarrt. Nur einige wenige versuchten zu entkommen.

Das Volk Israel hatte wieder zu seinem wahren Gott zurückgefunden – und zueinander. Jeder war entschlossen, keinen von diesen falschen Propheten entkommen zu lassen. Ein wildes Handgemenge entstand. Irgendwie geriet ich dazwischen. Plötzlich sah ich mich einem Baalspriester gegenüber, der sein Schwert in der Hand hielt und mich böse anfunkelte. Erschrocken wollte ich zurückweichen, als mich eine ungeahnte Kraft durchströmte. Schnell zog ich Jeschuas Schwert aus meinem Rucksack. So konnte ich den Angriff des Feindes in einem kurzen Gefecht abwehren.

Gott hatte klar gesprochen. Er hatte sich im Feuer als der wahre Gott gezeigt. Voller Kraft hatte das Feuer alles verzehrt. Es war, als wäre Gottes Stärke auch wieder neu auf sein Volk herabgekommen, auf diejenigen, die ihm dienen wollten. Die Waffen der Baalspriester fielen klirrend zu Boden. Sie waren entmachtet!

Von Ahab war nichts zu hören. Erst recht nicht von seinem Baal. Nur Elijahus Stimme hallte über den Berg. Die Männer des Volkes hatten die Baalspriester inzwischen umzingelt. Auch ich hatte mein Gegenüber entwaffnet. Nachdem mein Schwert gegen seines geprallt war, war es ihm einfach aus der Hand gefallen.

Alle, die sich gegen den HERRN erhoben hatten, indem sie Baal gedient hatten, sollten gebunden zum Bach Kischon geführt werden, so hörte ich Elijahu sagen. Ich weiß nicht, wie ich das Seil so schnell aus meinem Rucksack geholt hatte. Mein Blick war auf den falschen Propheten gerichtet. Wie viele Lügen hat dieser Mann verbreitet? Wie oft hatte er seine Stimme gegen Gott erhoben und das Volk auf einen falschen Weg gelockt, weg vom wahren König, hinein in die Gottlosigkeit? Der Baalspriester sah mich verächtlich an. Dann packte ich ihn einfach an den Händen und band ihn mit Jeschuas Seil. Dabei sagte ich: „Ich binde dich im Namen Jahwes." Als ich den Namen aussprach, wich aller Widerstand. Alle Kraft verließ ihn, und er ließ sich abführen. So schien es auch bei allen anderen zu sein. Dann setzte sich die Menge in Bewegung.

Elijahu ging voran. Er führte die gefesselten Baalspriester den Berg hinunter. Nach einer Weile kamen wir am Fuße des Berges an den Bach Kischon. Eigentlich war es ein Fluss, der vom Jordantal ins Meer floss. Wegen der langen Dürre führte er jedoch nur wenig Wasser.

Elijahu stand mit seinem Schwert am Wasser und gab Befehl, die Baalspriester zu töten. Das Wasser färbte sich rot. An diesem Tag wurden alle 450 Propheten des Baal am Bach Kischon vernichtet. Es war ein grauenhaftes Bild. Aber jeder einzelne dieser Männer hatte sich für die falsche Seite entschieden. Ich starrte auf den Bach, das Wasser, das alle Finsternis wegspülte, die diese Männer über Gottes Volk gebracht hatten. Das Wasser nahm alles mit sich, bis es schließlich ins Meer floss. Ja, und dort sollte sie bleiben – alle Schuld, alle Finsternis –, dort wo das Meer am tiefsten war.

Plötzlich spürte ich eine Hand auf meiner Schulter. Als ich mich umdrehte, schaute ich wieder in Ruachs sanfte Augen. „Komm!", sagte sie und ich folgte ihr. Wir gingen wieder ein Stück bergauf. Ich spürte, wie angespannt ich war. So viel Schreckliches hatte ich gesehen. Die finsteren Blicke der Propheten Baals verfolgten mich innerlich, und ich begann immer schneller zu laufen. Ich bekam kaum noch Luft.

„Warte!", rief Ruach mir hinterher und hielt mich fest. „Lass uns für einen Moment innehalten!" Sie bog vom Weg ab und führte mich an eine Stelle des Berges, die einen Blick ins Tal freigab. Von hier oben konnten wir sehen, wie sich der Kischon zum Meer schlängelte.

„Dort unten hat es schon einmal eine Schlacht gegeben", begann sie zu erzählen. „Damals wandte sich das Volk von Gott ab und tat, was ihm missfiel. Da gab er sie in die Hände des Feindes. Der König der Kanaaniter unterdrückte sie 20 Jahre lang. Gott hatte eine Richterin über das Volk Israel eingesetzt, die Prophetin Deborah. Sie erinnerte den Heerführer Barak an eine Verheißung Gottes. Gott wollte das Volk von seinem Unterdrücker befreien. Barak und 10.000 seiner Soldaten stellten sich dem Feind entgegen. An diesem Bach sollte es einen Sieg geben."

Ruach wies mit ihrer Hand ins Tal. „Barak wollte nicht ohne die Prophetin Deborah in die Schlacht ziehen. Und schließlich war es auch eine Frau, die den feindlichen König tötete." Ruachs Geschichte handelte von mutigen Frauen, es war eine Geschichte von Kämpferinnen, die sich für die Wiederherstellung des Rechts einsetzten. „Am Ende spülte dieser Fluss die feindlichen Truppen weg, genauso wie heute. Nur führte der Fluss damals deutlich mehr Wasser und alle Truppen ertranken, so wie einst die Ägypter im Roten Meer."

Deborah und Barak hatten über diesen Sieg ein Lied geschrieben. Darin hieß es, dass alle Feinde Gottes umkommen müssen. Aber die, die ihn lieben, sollen wie die Sonne sein, die aufgeht in ihrer Kraft (siehe Richter 5,31). Nach diesem Kampf hatte das Land 40 Jahre lang Frieden.

Ich dachte an den Sonnenaufgang heute Morgen und wusste: Nach dem, was ich heute erlebt hatte, erzählte Ruach mir diese Geschichte nicht ohne Grund. Irgendwie hatte dieses Geschehen auch mit mir zu tun. Schweigend blickten wir ins Tal. Wo waren meine Kämpfe? Meine inneren Feinde, die sich gegen das erheben wollten, was der Vater mir versprochen hatte? Konnte ich auch diese feindlichen Gedanken gefangen nehmen, so wie vorhin den Propheten Baals? Könnte ich sie binden und dem Urteil Gottes unterwerfen, damit sie vernichtet und ins tiefste Meer gespült würden? Ruach nickte mir lächelnd zu. „Ja!", sagte sie. „Und wie Deborah kannst auch du mutig aufstehen. Du musst nicht allein in die Schlacht ziehen. Du brauchst keine Angst zu haben wie Barak. Folge einfach dem, was Gott dir zeigt, und du wirst siegreich sein." Ich nickte und blickte weiter auf den Bach.

„Was bedeutet eigentlich ‚Kischon'?", wollte ich wissen. Ruach erklärte mir die beiden Seiten des Wortes. Auf der einen Seite war dieser Bach ein Geschenk. Selbst in dieser Dürre gab es genug Wasser. Dann war hier dem Volk Gottes der Sieg geschenkt und die Gerechtigkeit, die vor Gott gilt, wiederhergestellt worden. Die andere Bedeutung ist so etwas wie „eine Falle stellen oder fangen". Hier wurde dem Feind eine Falle gestellt und er wurde gefangen genommen. Ich nickte schweigend. Vielleicht konnte alles, was ich heute erlebt und gesehen hatte, zu einem Geschenk für mich werden. Wie wäre es, wenn ich in verzweifelten Situationen alle negativen Gedanken gefangen nehmen könnte, bis sie ins tiefste Meer gespült würden? Vielleicht könnte auch in mir ein Lied des Sieges aufsteigen.[1]

~~~~~~

Wir können jedes trügerische Hirngespinst, das sich Gott entgegenstellt, niederreißen und jede arrogante Haltung durchbrechen, die sich gegen die wahre Erkenntnis Gottes auflehnt. Wir nehmen jeden Gedanken gefangen wie Kriegsgefangene und bestehen darauf, dass er sich im Gehorsam vor dem Gesalbten beugt (2. Korinther 10,5 TPT).

Wie sehen deine inneren Feinde aus? Heute möchte ich dich ermutigen, dich deinem inneren Feind zu stellen und mit mir zum Fluss Kischon zu gehen. Ich ermutige dich, dir vorzustellen, wie du dort auf dem Berg Karmel stehst. Du hast gesehen und gespürt, wie die Ehre Gottes wiederhergestellt wurde. Das Feuer des

---

[1] https://www.bibelwissenschaft.de/ressourcen/wibilex/altes-testament/kischon
~~~~~~

Heiligen Geistes brennt in deinem Herzen. Kannst du den Ruf hören, die falschen Propheten zu ergreifen? Gibt es ein Wort, einen Gedanken oder ein Gefühl in dir, das dir eine Lüge über dich oder über Gott erzählt? Versuche dir vorzustellen, wie du dieser Lüge begegnest. Wie sieht sie aus? Versuche dir vorzustellen, wie du dein Schwert zückst. Kannst du spüren, wie die Kraft des Heiligen Geistes hindurchfließt? Stell dir vor, wie die Waffe des Feindes zu Boden fällt.

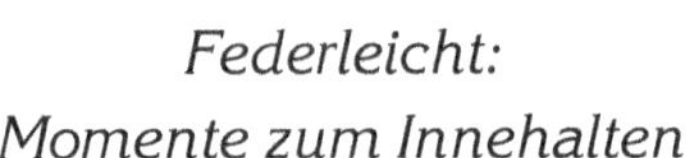

Federleicht: Momente zum Innehalten

In der Begegnung musste ich mein Schwert ziehen, die Kraft des Schwertes hat den Feind sofort entmachtet. Sein Schwert fiel zu Boden und er hatte weder Kraft noch Stärke, es wieder aufzuheben. Das ist die Macht des Wortes Gottes. Die Lügen des Feindes sind machtlos. Das Wort Gottes ist eine mächtige Waffe. Ich darf täglich die Wahrheit über mein Leben aussprechen. Ich brauche die Weisheit und die Kraft des Heiligen Geistes, der über meinem Leben und in mein Herz spricht. Ich muss mich nicht mehr allein abmühen. Ich bin bereits ein geliebtes Kind Gottes, und das ist genug. Manchmal hilft es, laut auszusprechen: „Ich bin von Gott geliebt!"

Nimm dir einen Moment Zeit und bitte den Heiligen Geist um ein Wort für dich. Was braucht dein Herz im Moment? Vielleicht die Gewissheit, zu wem du gehörst? Du bist nicht länger an die Lügen des Feindes gebunden. Du bist frei. In Christus bist du ein Kind Gottes.

Als Petrus erkannte, wer Jesus ist, hat Jesus ihm seine Identität zugesprochen und ihm Autorität gegeben, zu binden und zu lösen (siehe Matthäus 16,19). Jesus hat auch uns Autorität über unsere inneren Feinde gegeben. Nachdem das Schwert sie entmachtet hat, müssen sie im Namen Jesu gebunden werden.

Versuche dir vorzustellen, wie der Feind, den du als Lügner entlarvt hast, nun machtlos vor dir steht. Nimm das Seil, das die Autorität symbolisiert, die der Herr dir gegeben hat, und binde die Lüge im Namen Jesu.

Die inneren Feinde können wie die Propheten Baals am Fluss Kischon vernichtet werden und du kannst sagen: „Ich werde ihnen nicht mehr glauben. Wenn der Feind versucht, mich zu verdammen, kann ich auf den tiefsten Punkt des Meeres zeigen.“[2] Das Blut erinnert uns an das Kreuz, an dem Jesus Christus gestorben ist. Sein Blut hat eine so siegreiche Kraft, dass der Feind fliehen muss. Halte dich am Kreuz fest, wenn der Feind versucht, dich mit seinen Lügen anzugreifen. Er ist machtlos.

Der Heilige Geist möchte uns an das Geschenk erinnern, das wir an diesem Fluss finden. Folge seiner Führung, und du wirst siegreich sein. Deborahs Sieg kann auch deiner sein (siehe Richter 4–5). Du kannst dein eigenes Siegeslied singen, wenn du dich an denjenigen klammerst, der den Tod am Kreuz überwunden hat. In ihm sind wir siegreich. Nicht durch unsere eigene Kraft, sondern durch seinen Geist werden wir befähigt, ein Leben in seinem Sieg zu führen. Der Heilige Geist befähigt dich, das Wort Gottes, die Wahrheit, zu verkünden und gegen diese Angriffe zu bestehen.

Gebet: *Herr Jesus, hab Dank, dass du den Feind und all die Lügen, die er über mich gesprochen hat oder die er mir einreden will, am Kreuz überwunden hast.*
Danke, dass du mich durch dein kostbares Blut und die Kraft deines Heiligen Geistes befreit hast.
Danke, Heiliger Geist, dass du in mir lebst. Lass mich erkennen, wie sehr der Vater mich liebt.
Herr Jesus, regiere du in mir, damit ich in deinem mächtigen Namen gegen die Angriffe des Feindes bestehen kann.
Danke für die Kraft deines Wortes und die Werkzeuge, die du mir gegeben hast.
Ich preise dich und liebe dich. Amen.

---

[2] Siehe Micha 7,19.

Tag 20

Ausdauer, um den Segen zu empfangen

Hast du schon einmal gedacht, dass du alles richtig gemacht hast, und dich gefragt, warum Gottes Segen ausbleibt? Auch wenn ich wusste, dass ich mir Gottes Segen nicht verdienen konnte, glaubte ich irgendwo tief in meinem Herzen doch noch, dass ich etwas für Gott tun müsse. Nachdem ich mein Leben Jesus übergeben hatte, begann er, mein Herz in der Tiefe wiederherzustellen. Aber irgendwann wurde ich ungeduldig. Ich wollte den Segen, den er mir versprochen hatte, sofort! Es war Zeit für mich, eine Lektion in Sachen Ausdauer zu lernen.

Die 20. Begegnung

Ich schaute weiter hinab ins Tal. Der Fluss sah nun nicht mehr rot aus. Das frische, klare Wasser hatte alles weggespült, was von den Baalspriestern übriggeblieben war. Etwas entfernt hörte ich Elijahu rufen: „Mache dich auf den Weg, Ahab. Iss und trink, bald wird es viel regnen. Es rauscht schon!"[1] Ich blickte mich um, sah aber kein Anzeichen von Regen und hörte auch kein Rauschen. Aber ich wusste, dass Elijahu recht hatte. Der Vater hatte es ihm gesagt. Ich wollte Ruach gerade fragen, warum Elijahu überhaupt noch mit Ahab sprach, als ich bemerkte, dass sie wieder weg war. Langsam gewöhnte ich mich an ihre kurzen Besuche.

Ich stand auf und ging zurück zum Hauptweg. Da kamen mir auch schon Ahab und Elijahu entgegen – der König wieder hoch zu Ross mit seinem Gefolge und der Prophet mit blutverschmierten Kleidern und erhobenem Haupt. Welch krasser Unterschied, die beiden nebeneinander! Der eine hatte sich selbst erhöht und war gedemütigt worden. Der wahre Gott hatte seine Macht gezeigt und den Aberglauben des Königs vor dem ganzen Volk bloßgestellt. Elijahu dagegen strahlte immer noch die Autorität und Macht aus, die der Vater ihm gegeben

[1] 1. Könige 18,41.

hatte. Die Rollen schienen irgendwie vertauscht. König Ahab schien keine Macht mehr zu haben. Elijahu musste ihn sogar an das Essen erinnern. Ahab befolgte seine Anweisungen. Die königlichen Diener suchten nach einem Ort, an dem sie eine Mahlzeit für ihren König zubereiten konnten.

Elijahu lief an mir vorbei in Richtung Gipfel. Zuerst dachte ich, er habe mich gar nicht gesehen. Aber dann drehte er sich wieder um und sagte nur: „Komm mit!" Das klang fast wie ein Befehl. Aber es war in Ordnung. Elijahu hatte mich dieses Mal nicht übersehen.

Wir gingen schweigend bergauf, vorbei an dem verkohlten Loch in der Erde. Die Leute waren schon den Berg hinuntergestiegen. Sie mussten den Weg zurück alleine finden. Hoffentlich begannen sie – nach diesem Erlebnis – in den Schriften zu forschen und nach dem wahren König und Gott zu fragen. Wie gut, dass ich den Schmied und die Witwe kennengelernt hatte, die den Vater kannten. „Die beiden werden ein gutes Team sein", dachte ich. Sicherlich würden immer mehr Menschen zu dem Schmied kommen, ihre alte Tür austauschen und dann von der Witwe eine neue bekommen. Der Schmied würde auch die Schwerter unter die Leute bringen, die er im Namen des Vaters anfertigte. Ja, ich hatte Hoffnung, dass sich etwas verändern würde.

Wir hatten den Gipfel fast erreicht, als Elijahu sich hinunterbeugte und seinen Kopf zwischen die Knie steckte. „Seltsame Haltung!", dachte ich und hätte bei Elijahus Anblick fast gelacht. Dann befahl er mir, die letzten Meter zum Gipfel zu laufen und in Richtung Meer zu schauen. Es war ziemlich heiß hier oben und auf dem Geröll fühlte ich mich nicht so richtig trittsicher. So kroch ich die letzten paar Meter hinauf.

Ich hielt mir die Hand über die Augen und fokussierte meinen Blick. Aber ich sah nichts. Ich wusste, dass ich nach Anzeichen von Regen am Himmel Ausschau halten sollte. Nach dreieinhalb Jahren sollte es nun endlich regnen. Die Erde war auch hier staubtrocken. Als ich wieder hinunterging, rutschte mein Fuß ein wenig im Geröll, der Staub wirbelte auf und ich musste husten. „Nichts!", krächzte ich. „Ich habe nichts gesehen."

Elijahu sagte nur: „Geh wieder hoch!" Kein Wunder, dachte ich, dass er ein Rauschen hört, wenn sein Kopf die ganze Zeit zwischen seinen Beinen ist. Er war ein wenig wundersam.

Wieder kraxelte ich zum Gipfel. Ich saß eine Weile dort oben und schaute auf das Meer hinaus. Auch ich sehnte mich nach Regen. Oh, wie gerne würde ich eine Wolke sehen, die endlich den Himmel öffnete. Aber ich sah nichts, ging wieder hinunter und sagte es Elijahu. Wieder schickte er mich hinauf. Ich zögerte ein wenig, weil ich mir nicht sicher war, ob Elijahus Körperhaltung gesund war. Was, wenn er ohnmächtig würde, während ich oben auf dem Gipfel war? Dann wäre ich nicht da, um ihn aufzufangen. Das konnte leicht passieren, wenn ihm die Hitze zu Kopf steigen würde, der sich immer noch auf Kniehöhe befand.

Also beeilte ich mich diesmal und rannte fast bis zum Gipfel, schaute schnell nach und lief wieder hinunter. „Nichts!", rief ich Elijahu zu. Gott sei Dank stand er noch. Wahrscheinlich brauchte ich mir keine Sorgen zu machen, denn er konnte noch klar und deutlich sprechen und schickte mich wieder nach oben.

Diesmal ließ ich mir Zeit, setzte mich hin und suchte den Himmel nach einer Wolke ab. Außer einem strahlenden Blau und der sengenden Sonne über dem Meer sah ich nichts. Ich seufzte und dachte an die hungernden Menschen, die ausgedörrten Felder und das durstige Vieh. „Ach Herr", sprach ich in meinem Herzen, „bitte lass es endlich regnen!"

Wieder ging ich hinunter zu Elijahu. „Nichts", sagte ich zum vierten Mal. „Mensch, Elijahu, was soll das denn?" Langsam wurde ich ungeduldig. „Du hast die regenlose Zeit im Namen Gottes eingeleitet. Hast du tatsächlich mit ihm darüber gesprochen, dass es wieder regnen wird?" Ich war ein wenig verärgert. „Der Name des Herrn ist wiederhergestellt, und er hat es bereits angekündigt. Warum passiert nicht endlich etwas?", wollte ich wissen. Doch Elijahu schickte mich ohne eine Erklärung wieder nach oben. Er wusste, dass der Regen kommen würde. Bald! Sonst sähe er nicht so seltsam aus. Vielleicht sprach er innerlich mit dem Vater darüber, wie sehr die Menschen den Segen des Regens brauchten, damit das Gras wieder wachsen, die Blumen blühen und die trockenen Flüsse neu mit Wasser gefüllt würden.

Ich verstand nicht, warum Gott seinen Segen noch zurückhielt. Also ging ich wieder hinauf, dann wieder hinunter und nach einem kurzen Wortwechsel wieder nach oben. Ich kam mir mittlerweile ziemlich blöd vor. Warum war Elijahu nicht selbst bis auf den Gipfel gestiegen, hatte sich in Ruhe hingesetzt und gewartet, bis der Regen kam? Etwas wütend rief ich von Weitem: „Nichts!", und Elijahu rief zurück: „Geh wieder hinauf!" Trotzig schlurfte ich den steinigen Pfad hinauf, bereits zum siebten Mal, und setzte mich auf den Gipfel.

Ich rechnete damit, wieder nichts zu sehen. Aber dann wurde ich ganz aufgeregt. Da war tatsächlich eine kleine Wolke über dem Meer, die höher und höher stieg. Sie erinnerte mich an die Hand eines Mannes. Ich habe mir schon immer gerne Wolkenbilder angesehen. Vor allem als Kind entdeckte ich immer wieder neue Dinge darin: die schönsten Tiere, Federn, Wagen. Alles schienen die Wolken zu formen. Diesmal war es eine Hand. Wessen Hand war es, die den Regen brachte? Schnell lief ich zu Elijahu und schrie fast: „Endlich! Da kommt eine Wolke direkt aus dem Meer! Sie sieht aus wie eine Hand!"

Elijahu richtete sich auf und sah mich an: „Geh zu Ahab und sag ihm, er soll die Pferde anspannen und vom Gebirge hinunterfahren, damit der Regen ihn nicht aufhält." Ich runzelte die Stirn. „Naja", sagte ich, „es ist nur eine kleine Wolke." Doch Elijahu drängte mich zu gehen.

Ich rannte so schnell ich konnte, obwohl ich absolut keine Lust hatte, Ahab zu begegnen. Irgendwie sah ich nicht ein, warum ich diesen fiesen Kerl warnen sollte. Wenn es nach mir ginge, könnte er mit seinem Gefolge ruhig im Schlamm stecken bleiben! Ich verstand Elijahu nicht. Aber vielleicht gehörte auch das zum Plan des Vaters. Ahab, dessen Regengott Baal öffentlich entmachtet worden war, sollte genau hören, wer der wahre Gott des Himmels ist, der es nicht nur auf gute, sondern auch auf böse Menschen regnen lässt.

Ich kam im königlichen Lager an. Es fiel mir schwer zu sehen, wie viel sie hier noch zu essen und zu trinken hatten, während das Volk hungerte. Ich wandte mich an einen Diener und sagte ihm, dass ich eine Nachricht von Elijahu für König Ahab hätte. Etwas nervös brachte er mich zu Ahab. Mit einfachen Worten richtete ich ihm aus, was Elijahu mir aufgetragen hatte. Ahab wollte sich schon über mich lustig machen, aber dann hörte man in der Ferne ein Donnergrollen. Wind kam auf und der Himmel verfinsterte sich. Woher kamen plötzlich all die dunklen Wolken? In Ahabs Augen war blanke Angst zu lesen. Schnell ließ er die Pferde anspannen und sprang auf seinen Wagen. Der Wagenlenker trieb die Pferde an, und weg war er. Der „große" König floh vor der Hand Gottes.

Da erblickte ich Obadja und fragte ihn, ob er mich ein Stück des Weges mitnehmen könne und fügte hinzu, dass ich wisse, wer er wirklich sei. Obadja schaute sich um, um zu sehen, ob jemand meine Worte mitbekommen hatte. Dann willigte er ein und ließ mich auf seinen Wagen steigen. Ich war froh, bei diesem Wetter nicht oben auf dem Gipfel bleiben zu müssen.

Plötzlich rannte jemand an uns vorbei. Ich hatte noch nie jemanden so schnell laufen sehen. – Elijahu! Ich traute meinen Augen kaum. Er hatte sein Gewand zusammengebunden und rannte vor Ahabs Wagen her. Was für ein Bild! Ich wusste, dass das, was heute geschah, die Handschrift des wahren Gottes trug, des Gottes Abrahams, Isaaks und Israels.

~~~~~~~

Bekennt also einander eure Sünden und betet füreinander, dass ihr gesund werdet. Des Gerechten Gebet vermag viel, wenn es ernstlich ist. Elia war ein schwacher Mensch wie wir; und er betete ein Gebet, dass es nicht regnen sollte, und es regnete nicht auf Erden drei Jahre und sechs Monate. Und er betete abermals, und der Himmel gab den Regen, und die Erde brachte ihre Frucht (Jakobus 5,16-18).

Manchmal bin ich so sehr auf das Ergebnis fixiert, dass ich die Chance auf Wachstum verpasse, die mir in den Weg gelegt wird. Erinnerst du dich an die Episode von dem Schmied, der mir ein eisernes Herz gab? Das hat Gott in meiner Wartezeit getan. Er hat an meinem Herzen gearbeitet und tut es immer noch. Er formt mein Herz, dass ich fähig werde ihn zu lieben.

Die Sprache des Heiligen Geistes ist Liebe, und er möchte mich täglich neu lehren zu lieben und mit leidenschaftlicher Liebe und Ausdauer zu beten. Nicht nur für mich, sondern auch für dich und die große Ernte, die er vorbereitet hat.
~~~~~~~

Federleicht: Momente zum Innehalten

Der Diener Elias musste sieben Mal auf den Berggipfel hinaufsteigen. Sieben ist die Zahl der Vollkommenheit und der Fülle. Der siebte Tag war der Ruhetag, an dem Gott sein Werk vollendete und erfüllte. Wir müssen aufpassen, dass wir nicht in die Falle des Perfektionismus tappen. Wenn wir die Zahl 7 sehen, geht es um Gottes Vollkommenheit, nicht um unsere. Es geht nicht um religiöse Pflichterfüllung, sondern um die Haltung unseres Herzens.

In der Begegnung erkannte ich, wie mein Herz seine eigenen Wege ging, auf und ab. Ich musste lernen, innezuhalten, auszuruhen, zu beten und auf Gott zu warten. Diese Lektion muss ich immer wieder lernen. Das Gebet ist kein Punkt auf meiner To-Do-Liste. Es ist kein Automatismus, wenn ich sieben Mal bete, dass die übernatürliche Antwort kommen wird. Gebet ist ein erfrischender Ort in der Beziehung zu Gott, eine Einladung, höher in das Reich der Liebe hinaufzusteigen. Die vollkommene Liebe hat ihren Sitz an himmlischen Orten. Mein Herz wird Ruhe finden, wenn ich höher hinaufsteige. Wenn ich den Weg zum Kreuz suche, zum Thron der Barmherzigkeit, und die Barmherzigkeit mich findet, werde ich befähigt zu lieben. Wenn ich Liebe empfange, werde ich lernen zu lieben. Vergebung ist Teil dieser göttlichen Liebe. Wenn ich Vergebung erhalte und lerne zu vergeben, wird mein Herz weit.

Wie muss sich Elias Diener gefühlt haben, als er die Wolke am Himmel über dem Meer aufsteigen sah? Die Verheißung ist nahe. Die Ernte wird kommen. Die Zeit der Dürre ist vorbei. Bald werden wir sehen, wie der Segen Gottes ausgegossen wird. Lasst uns nach Gottes übernatürlichen Antworten suchen. Lasst uns mit weit geöffneten Augen in seiner Gegenwart sitzen, bis wir sehen, wie sich seine Hand bewegt. Die Wolke ist ein Zeichen für die Gegenwart Gottes. Die Hand war keine Faust, sondern eine flache Hand oder Mulde. Ich kann mir vorstellen, dass es die rechte, siegreiche Hand Gottes war, die Elias Diener sah. Oder auch eine offene Hand, die den Segen ausschüttet.

Ich möchte dich ermutigen, dir die handartige Wolke über dem Meer vorzustellen. Erinnere dich daran, wie der Name Gottes am Berg Karmel wiederhergestellt wurde. Erinnere dich daran, dass dein Name in der Handfläche Gottes geschrieben steht. Versuche dir vorzustellen, wie du in seiner Gegenwart ruhst, in der Gegenwart des liebenden Vaters. Er weiß um alles, was du brauchst. Versuche dir vorzustellen, wie du deine Hände öffnest und den Segen des Vaters empfängst. Kannst du sehen, wie er seinen Segen über dich ausschüttet, während du dort auf dem Berggipfel sitzt?

Die Gemeinschaft mit Gott wurde auf dem Berggipfel wiederhergestellt. Das Feuer fiel auf Elias Opfer. Das Feuer des Heiligen Geistes wird auch auf uns fallen. Und nicht nur das Feuer, sondern auch der Regen. Es regnete in Strömen, und dann war die Hand des Herrn auf Elia und er begann zu laufen. Er rannte mitten durch den Regen vor Ahab her bis zum Stadttor von Jesreel (fast 40 km). Kannst du dir das vorstellen? Elia lief auf diesen schlammigen Straßen fast einen Marathon, im gleichen Tempo wie ein Pferdewagen. Das ist die Kraft des Heiligen Geistes. Elia war ein gewöhnlicher Mensch wie wir alle. Dieselbe Hand, die den Regen gebracht hatte, war über ihm. Er wurde nicht nur vom Regen durchnässt, sondern auch von der Kraft des Heiligen Geistes durchdrungen.

Gebet: *Himmlischer Vater, ich danke dir für die Wiederherstellung deiner Herrlichkeit. Danke, dass ich nicht nur deine mächtige Hand sehen werde, sondern auch deinen wunderbaren Sohn, der in den Wolken wiederkommen wird.*

Danke, Heiliger Geist, dass du mit deinem Überfluss kommst und ich in deinem Geist laufen werde. Ich möchte meinen Lauf auf dieser Erde für dich laufen, in den Werken, die du für mich vorbereitet hast.

Ich bitte dich, mich heute neu zu erfüllen, mich mit dir zu tränken. Führe mich in meinem Lauf zu dem Ort, an dem du deine Saat in den Boden gelegt hast. Lass wachsen, was du in mich hineingepflanzt hast. Deine Liebe ist genug. Amen.

Tag 21

Reinigung und Erfrischung

Manchmal fühle ich mich abgelehnt, gestresst und ohne Frieden, so als würde der Staub und Schmutz der Welt an meiner Kleidung kleben. Dann kann ich Jesus bitten, mich durch sein Blut zu reinigen.

Die Jünger Jesu hatten von ihren Reisen oft schmutzige Füße. Einmal kniete Jesus nieder und begann, ihre Füße zu waschen. Vielleicht hatten sie eine Zeit der Enttäuschung und Prüfung hinter sich. Petrus wollte zunächst nicht, dass Jesus seine schmutzigen Füße wäscht. Aber wenn Petrus sich diesem Angebot der Liebe entzogen hätte, wäre es ihm nicht möglich gewesen, Anteil am Leben Jesu zu haben. Daraufhin änderte Petrus seine Meinung und wollte von Kopf bis Fuß gewaschen werden. *„Jesus erwiderte: ‚Wer vorher gebadet hat, ist am ganzen Körper rein und braucht sich nur noch die Füße zu waschen. Ihr seid alle rein – bis auf einen.'"* (Johannes 15,3 GNB).

Wenn wir getauft worden sind, sind wir bereits gereinigt und brauchen nur noch zu dem Ort zu kommen, an dem Jesus unsere Füße wäscht. Es ist das reinigende Wasser der demütigen und puren Liebe, das er über unsere Füße ausgießt. Lass uns in seiner Gegenwart bleiben und seine Liebe empfangen wie einen erfrischenden Regen, der über uns ausgegossen wird.

Die 21. Begegnung

Die ersten Regentropfen fielen mit Kraft auf uns nieder. Seit dreieinhalb Jahren war kein bisschen Wasser mehr von oben herabgekommen. Dies war kein sanfter Sommerregen. Es war ein Wolkenbruch, als hätte Gott, die Schleusen des Himmels geöffnet, so wie er es während der Sintflut zur Zeit Noahs getan hatte. Wie aus Kübeln flossen die Bäche herab. Unglaublich schnell sammelte sich das Wasser auf den ausgetrockneten Pfaden. Ich sah, wie der Wagen vor uns schlingerte und nur mit Mühe vorwärtskam. Trotz allem lief Elijahu weiter vor Ahabs

Wagen her. Obwohl ich inzwischen klatschnass war und die dunklen Wolken um mich herum bedrohlich wirkten, freute ich mich ungemein.

Endlich Regen! Die Zeit der Dürre war vorbei. Dann musste ich ein wenig über das Bild vor mir schmunzeln. Gott setzte alles daran, Ahab durch Elijahu zur Schau zu stellen. Bereits auf dem Berg hatte er ihm gezeigt, wer der wahre Gott und König ist, und nun zeigte er es ihm erneut.

Plötzlich zuckte ein greller Blitz vor uns nieder und gleich darauf krachte der Donner. Bei all meiner Freude war ich auch etwas besorgt um Elijahu. Wieder schlug ein Blitz vor uns ein. Die Pferde vor Ahabs Wagen wieherten voller Angst und hoben die Vorderhufe. Ahab schrie panisch auf. In dem grellweißen Blitzlicht konnte ich Elijahus Gestalt ausmachen. Er stand aufrecht neben Ahabs Wagen und hielt ein Pferd am Zaumzeug fest. Seine Furchtlosigkeit schien eine beruhigende Wirkung auf die Tiere zu haben, sodass Ahabs Wagen weiterfahren konnte.

Der ausgedörrte Boden konnte die Wassermassen nicht aufnehmen. Die ehemalige Straße war zu einem Bach geworden, durch den sich Pferde, Wagen und Menschen kämpften. Gleichzeitig prasselten die Regentropfen wie kleine Pfeile auf uns nieder. Doch ich hatte keine Angst. Ich war dankbar für das, was Gott heute getan hatte. Der Regen fühlte sich reinigend an. Die Luft und der Boden, ich selbst, alles schien reingewaschen zu werden von der Schuld, die sich wie eine schwere Decke auf alles gelegt hatte. Es war, als hätte der Vater mit Elijahus Opfer auf dem Berg Karmel die Decke weggezogen, und nun konnte der Regen das Land reinigen und bewässern. Alles Verstaubte wurde weggespült. Die drückende Schwüle war einer erfrischenden Kühle gewichen. Es war mir, als könnte ich seit langer Zeit endlich wieder durchatmen.

In der Ferne sah ich die Stadtmauern von Jesreel vor uns auftauchen. Die Stadt wird „Gott sät" genannt. Was würde hier nach dem Regen wachsen? Was hatte Gott in diese Stadt, in diese ganzen Jesreel-Ebene hineingesät? Das Land war für seine fruchtbaren Böden bekannt. Konnten hier, wo Ahab mit seiner Frau Isebel residierte, überhaupt gute Früchte wachsen?

Wir fuhren durch das Stadttor und kamen zum Königspalast. Ich bat Obadja, mich absteigen zu lassen und bedankte mich für die Mitfahrgelegenheit. Überall auf den Straßen hatten die Menschen Gefäße aufgestellt, um das lang ersehnte, kostbare Wasser aufzufangen. Ich wandte mich von Ahabs Palast ab und lief etwas ziellos durch die Gassen.

Meine Kleidung hing nass und schwer an mir herab. Plötzlich musste ich niesen. Dann hörte ich eine freundliche Stimme, die mir „Gesundheit" wünschte. Suchend schaute ich mich um, und das perlende Lachen von Ruach drang an mein Ohr. Einladend stand sie vor der geöffneten Tür eines kleinen Hauses. Dankbar nahm ich an und trat in das gemütliche Zimmer. Das Feuer im Kamin brannte und der Duft von Kräutern erfüllte den Raum.

Ich wollte mich gerade am Feuer aufwärmen, als Ruach vor mir auftauchte und mir trockene Kleidung reichte. Ich erinnerte mich an das erste Mal, als ich in das Haus des Vaters kam. Jeschua hatte meine Kleider reingewaschen. Und nun würde Ruach meine nassen Kleider trocknen. Nachdem ich mich umgezogen hatte und mit einer warmen Tasse Tee am Feuer saß, klopfte es an der Tür. Ruach stand auf und öffnete mit einem Lachen. „Endlich bist du da!", sagte sie und Elijahu trat ein. Was für eine Überraschung!

Elijahu war völlig aus der Puste. Seine nasse, schmutzige Kleidung hinterließ Pfützen auf dem sauber gefegten Boden. Ruach hielt auch für ihn frische Kleidung und ein stärkendes Getränk bereit. Nachdem Elijahu sich umgezogen hatte, setzte er sich neben mich ans Feuer. Ruach reichte jedem von uns einen Teller Suppe aus dem Topf, der über dem Feuer hing. Ich nahm die Suppe dankbar an und spürte, wie mich eine neue Kraft erfüllte. Wie gut war es, so ganz unverhofft einen Ort zu entdecken, an dem ich versorgt und mit allem, was ich brauchte, gestärkt wurde, dabei hatte ich nicht einmal darum gebeten.

„Danke", sagte ich mit einem Lächeln. Ich fühlte mich wirklich beschenkt. Allerdings gefiel mir Elijahus Gesichtsausdruck nicht so ganz. Er starrte schweigend auf seinen Teller. Ich versuchte, die Situation ein wenig aufzulockern und gratulierte ihm zu seinem Marathon. Aber er reagierte überhaupt nicht. Stirnrunzelnd sah ich Ruach an.

Wieder klopfte es an der Tür. „Ganz schön was los hier!", dachte ich und hörte ein weiteres Klopfen, diesmal lauter, dringlicher. Ruach sprang auf. Als sie öffnete, erkannte ich einen Mann, der das königliche Wappen trug. Mit düsterer Miene und dunkler Stimme gab er die an Elijahu gerichteten Worte Isebels wieder: „Morgen um diese Zeit wirst du sterben.

So wie du meine Propheten getötet hast, werde ich auch dich töten!" Und schon war der Bote Ahabs wieder verschwunden.

Elijahu hatte sich nicht bewegt, war nur zusammengezuckt. Es war, als wäre etwas Dunkles mit dieser Nachricht durch die offene Tür gekommen. „Ich muss weg!", sagte Elijahu kurz und rannte nach draußen. Er rannte um sein Leben. Ich ließ meinen Teller stehen, nickte Ruach dankend zu und lief ihm hinterher.

~~~~~~

Der Geist Gottes dagegen lässt als Frucht eine Fülle von Gutem wachsen, nämlich: Liebe, Freude und Frieden, Geduld, Freundlichkeit und Güte, Treue, Bescheidenheit und Selbstbeherrschung. Gegen all dies hat das Gesetz nichts einzuwenden (Galater 5,22-23 GNB).

Kannst du dir vorstellen, wie das Wasser an diesem ersten Regentag aus den Schleusen des Himmels strömte? Der Staub wurde weggespült. Die Wüste wurde mit Strömen überschwemmt. Leben breitete sich aus.

Vor einiger Zeit spürte ich die Einladung des Heiligen Geistes, denen zu vergeben, die meinen Weg gekreuzt und ihren Schmutz und Staub auf meiner Kleidung hinterlassen hatten. Ich sprach Vergebung aus, wo ich mich abgelehnt gefühlt hatte, und ließ jede Enttäuschung los. Als ich alles am Kreuz abgelegt hatte, spürte ich eine plötzliche Veränderung, wie nach einem frischen Sommerregen. Jede Bitterkeit, die in meinem Herzen gewachsen war, war wie weggespült.
~~~~~~

Federleicht: Momente zum Innehalten

Wie schon gesagt, ist die Bedeutung von Jesreel „Gott sät".[1] Der Feind versucht, Bitterkeit in unsere Herzen zu säen. Aber Gott sät immer die Saat der Liebe. Vor einiger Zeit habe ich Tomaten und Salat gepflanzt. Obwohl wir viel Regen hatten, ist meine Saat nicht gut aufgegangen. Nach einer Weile entdeckte ich inmitten meiner braunen Tomatenpflanzen eine Sonnenblume, und mit ihr stieg Freude in meinem Herzen auf. Wenn Gott sät, wird die Saat gut aufgehen. Wir brauchen sie nicht zu produzieren. Sie wird wachsen, wenn wir in der Gemeinschaft mit Gott bleiben.

Der Feind versucht das, was Gott gepflanzt hat, zu zerstören. Wir müssen vorsichtig sein, welchen Stimmen wir in unserem Herz Raum geben. Da sind z. B. die Stimmen der Angst, des Misstrauens, der Anklage, die an unsere Herzenstür klopfen. Ich möchte lernen, trotz aller Umstände in der Gegenwart des Heiligen Geistes zu bleiben und nicht auf die Stimme Isebels zu hören. Die Stimme Isebels versucht, uns einzuschüchtern, uns Angst einzujagen. Ich möchte lernen an dem Ort der vollkommenen Liebe zu bleiben, wo Jesus meine Füße wäscht, wo der Heilige Geist ausgegossen wird und mich mit einem wärmenden Feuer und einer Umarmung empfängt. Ummantelt von Liebe, darf ich zum himmlischen Vater kommen.

Der Regen wurde für mich zum Symbol für die Ausgießung des Heiligen Geistes. Wenn die Anbetung des wahren und lebendigen Gottes wiederhergestellt ist, wird der Heilige Geist in einer frischen und neuen Dimension ausgegossen werden. Lasst uns beten und den Heiligen Geist bitten, gerade jetzt mit seiner

[1] https://www.bibelwissenschaft.de/ressourcen/wibilex/altes-testament/jesreel

Ausgießung zu kommen. Ich möchte dich einladen, dir vorzustellen, wie du mit mir im Regen durch die Stadt Jesreel gehst.

Versuche dir vorzustellen, dass du wie ein Gefäß gefüllt wirst. Wenn ich versuche, mir den ersten frischen Regen nach drei Jahren Dürre vorzustellen, sehne ich mich danach, mit Wasser durchtränkt zu werden und jeden Tropfen, der vom Himmel fällt, aufzusaugen. Ich kann mir vorstellen, im Regen zu tanzen.

Ich möchte dich ermutigen, deine eigene Position in diesem Bild zu finden. Wie fühlst du dich in der Gegenwart des Heiligen Geistes? Kannst du die Erfrischung auf deiner Haut spüren? Kannst du die Regentropfen fallen sehen oder hören? Kannst du spüren, wie deine Kleidung nass wird? Sehnst du dich nach mehr? Wenn du gerne tanzt, dann tanze! Wenn du eine Weile ausruhen möchtest, dann geh durch die offene Tür, wo Ruach mit heißer Suppe und einem wärmenden Feuer auf dich wartet. Der Heilige Geist lädt dich ein, zur Ruhe zu kommen und Erfrischung zu finden. Da ist ein Platz für dich vorbereitet, ein Ort, an dem sich jemand um dich kümmert. Ein Ort der Versorgung und Stärkung.

Gebet: *Heiliger Geist, du siehst unser dürres Land. Danke, dass ich bei dir wieder auftanken kann. Reinige mich von dem Schmutz der Welt, dem Stress und der Bitterkeit. Fülle mich neu mit dir. Ich bin hier vor dir mit leeren Händen und danke dir. Du willst mich beschenken. Amen.*

Tag 22

Was wächst in deinem Herzen?

Gestern haben wir über die verschiedenen Arten von Samen nachgedacht. Wir müssen uns der Samen bewusstwerden, die in unserem Herzen wachsen. Anstatt das Unkraut aus dem Boden zu reißen, fange ich oft an, die Saat der Frustration oder Enttäuschung zu gießen. Dabei vergesse ich, die Samen der Liebe und Freude, des Friedens, der Geduld, Freundlichkeit, Güte, Treue, Sanftmut und Selbstbeherrschung zu bewässern. Welche Samen wachsen im Garten deines Herzens? Werfen wir einen Blick auf Elias Herz und wohin die in Jesreel gepflanzten Samen ihn führen werden.

Die 22. Begegnung

Elijahu war Gott sei Dank nur bis zur nächsten Häuserecke gerannt. Dann hatte er sich besonnen und erkannt, dass dieses Verhalten doch zu auffällig war. Stattdessen schlich er nun angstvoll durch die Straßen. Mit gesenktem Kopf suchte er nach einem Weg aus der Stadt. Ich wollte mich ihm nicht aufdrängen und blieb ein wenig zurück.

Was war nur durch die Worte Isebels in Elijahus Herz gesät worden? Jesreel war doch die Stadt, in der Gott sät. Doch noch regierte hier Ahab mit seiner Frau Isebel, der Tochter von Etbaal. Der König der Sidoniter war, wie sein Name „Etbaal" schon sagte, einer, der mit Baal wandelte (siehe 1. Könige 16,31). Isebel kannte den Gott Abrahams, Isaaks und Israels nicht. Sie betete Baal an und hatte die Propheten des Höchsten umbringen lassen. Nur die wenigen, die Obadja versteckt hatte, überlebten. Isebels Name allerdings täuschte über ihren wahren Charakter hinweg: die Reine, Keusche[1] – was für eine Lüge!

Wie oft hatte ich den Lügen des Feindes geglaubt? Manchmal schlich sich von irgendwoher ein kleiner Gedanke ein: Hat Gott wirklich

---

[1] Siehe Worterklärung zu 1.Könige 16,31, rev. Schlachter-Bibel mit Parallelstellen und Studienführer.

gesagt ...? Genau wie am Anfang im Garten, wo die Frucht am Baum der Erkenntnis so verlockend aussah. Es war, ist und wird immer eine Entscheidung sein, welchen Worten ich Glauben schenke.

Elijahu war nun stehengeblieben, neben einem Stall in der Nähe des Stadttors, dem Weg in die Freiheit. Seine linke Hand hatte er an den Hals gelegt, als bekäme er keine Luft mehr. Ich ging auf ihn zu, und als ich ihn ansprach, schrak er zusammen. Er konnte kaum sprechen. Beruhigend legte ich meine Hand auf seine Schulter. „Ich werde dich begleiten", versprach ich. Dann öffnete ich meinen Rucksack und zeigte ihm mein Schwert. „Damit kommen wir aus der Stadt raus", flüsterte ich. Elijahu ließ seine Hand sinken, um das Schwert zu berühren. Aber irgendetwas schien ihn zurückzuhalten. „Sie wird mich umbringen", flüsterte er mit zittriger Stimme. Die nackte Angst lag in seinen Augen. „Nein!", sagte ich, packte ihn am Arm und zog ihn mit mir aus der Stadt.

Ich spürte seine Angst und Kraftlosigkeit. Er schien sich an mich zu klammern. Isebels Worte hatten ihn schwer getroffen. Sie hatten Todesangst in sein Herz gesät. Die Worte lasteten wie ein Fluch auf ihm und zogen ihn immer weiter runter. Wir gingen schweigend nebeneinanderher. Das Schwert hatte ich nicht benutzen müssen, aber die Kraft, die von ihm ausging, hatte gereicht, um das Tor zu durchschreiten. Wir hatten die Stadt Jesreel hinter uns gelassen, aber nicht die Worte Isebels. Ich fragte mich, wie ich Elijahu von seinen düsteren Gedanken ablenken konnte und was ich den Worten Isebels entgegenzusetzen hatte.

Jesreel, Gott sät. Welche Wahrheiten hatte Gott zu mir gesprochen und in mein Leben gesät? Ich dachte an alles, was ich mit meinem Freund Jeschua damals in der Wüste erlebt hatte. Er hatte mir versprochen, mich nie zu verlassen, immer bei mir zu sein. Er hatte mich in der Wüste mit allem versorgt, was ich brauchte. Einmal hatte er mich vor dem Angriff eines Geparden gerettet und mir gezeigt, was er in meine Hand gelegt hatte.

Als ich darüber nachdachte, bemerkte ich einen Stock, der am Wegesrand lag. Ich blieb stehen und bückte mich. In diesem Moment dachte ich an Mose und daran, wie sich sein Stab in eine Schlange und dann, als er danach greifen wollte, wieder in einen Stab verwandelt hatte. Mose war sich seiner von Gott gegebenen Autorität bewusst gewesen. Sonst wäre er nicht in der Lage gewesen, den Schwanz der Schlange zu ergreifen, bevor sie sich in einen Stab verwandelte.

Noch vor wenigen Stunden war sich auch Elijahu seiner gottgegebenen Autorität bewusst gewesen. Doch Isebels Worte hatten sein Fundament erschüttert. Ich hob den Stock auf und hielt ihn Elijahu hin. „Hier, darauf kannst du dich abstützen", sagte ich, während ich innerlich nach einem passenden Wort für ihn suchte. Wie konnte ich ihn aufmuntern? Wie konnte ich ihn davon überzeugen, dass er sich den Worten Isebels nicht beugen durfte, sondern die Worte des wahren Königs dagegensetzen musste? Innerlich flehte ich den Vater an und versuchte, die Stimme Jeschuas zu hören. Wie konnte ich Elijahu in seiner Verzweiflung helfen?

Wieder dachte ich an die Zeit am Berg Horeb, an den Brunnenort El Roi: Dort hatte ich erlebt, dass Gott mich sieht. Wie oft hatte ich das selbst schon vergessen? „Er weiß, wie es mir und Elijahu geht, und es ist ihm nicht egal", sagte ich mir. Aber wie konnte ich Elijahu klarmachen, dass El Roi, der Gott, in dessen Namen er auf dem Berg Karmel gekämpft hatte, ihn sah und ihn nicht vergessen hatte?

Ich wusste es nicht, fand keine Worte; ich war einfach nur froh, dass er den Stab, den ich ihm gereicht hatte, nicht abgelehnt hatte, sondern sich darauf abstützte. Vielleicht würde die Zeit kommen, in der ich Elijahu an die Zusagen Gottes erinnern konnte. Aber wahrscheinlich war jetzt einfach die Zeit, an seiner Seite zu bleiben und mit ihm den Weg zu gehen, den er gehen musste. Schweigend gingen wir nebeneinanderher, während ich den Vater innerlich anflehte, Elijahu anzurühren.

~~~~~~

Macht euch nichts vor! Gott lässt keinen Spott mit sich treiben. Jeder Mensch wird ernten, was er gesät hat. Wer auf den Boden der menschlichen Selbstsucht sät, wird von ihr den Tod ernten. Wer auf den Boden von Gottes Geist sät, wird von ihm unvergängliches Leben ernten (Galater 6,7-8 HFA).

Hattest du schon mal das Gefühl, kopflos zu handeln? Ich habe mich schon oft von negativen Gefühlen oder Panik leiten lassen, anstatt in Weisheit der Führung des Heiligen Geistes zu vertrauen. Vor einiger Zeit sprach der Heilige Geist zu mir, dass er mir neue Schuhe geben würde: Schuhe der Autorität (vgl. Lukas 10,19).
~~~~~~

Ich fand sie kurz vor einem Urlaub, zu einer Zeit, in der die Angst wieder an meine Tür geklopft hatte.

Meine neuen Schuhe der Autorität wurden für mich zu einem Bild dafür, dass Gott mehr tun kann, als ich erbitten oder mir vorstellen kann. Ich ließ die alten Schuhe der Angst für eine Weile hinter mir und ging in seiner Vollmacht in Urlaub.

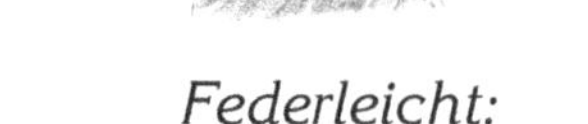

Federleicht: Momente zum Innehalten

Auf dem Berg Karmel handelte Elia in der von Gott gegebenen Autorität. Er erlebte Gottes übernatürliches Wirken. Er leistete Großes und lief sein Rennen. Endlich regnete es. Doch als er die Stadt erreichte, in der Gott sät, klopfte der Feind an seine Tür. Dies hätte für Elia die Zeit der Ernte sein sollen, nicht die Zeit der Flucht. Der Feind ist ein Lügner.

Hast du dich jemals so gefühlt wie Elia, der vor Angst weglief, weil du auf die Lügen des Feindes gehört hast? Wenn du schon einmal einen ähnlichen Kampf erlebt hast, möchte ich dich ermutigen, an diesen Ort zurückzukehren und dir deiner gottgegebenen Autorität bewusst zu werden. Versuche dir vorzustellen, wie du mit den Schuhen deiner gottgegebenen Autorität auf die Schlange trittst, die versucht, dich von Lügen zu überzeugen.

Das Schwert ist eine mächtige Waffe, um die Schlange zu töten. Gottes Wort ist wie ein Schwert und auch wie ein Hammer, mit dem ich das Lügenmonster zerschlagen kann. Wenn der Feind heute versucht, dir eine Lüge aufzutischen, halte einen Moment inne und zerschlage diese Lüge mit dem Hammer, den Gott dir in die Hand gegeben hat.

Wenn der Feind zum Beispiel versucht, mir Angst zu machen, kann ich mich mit dem Wort Gottes gegen seine Versuche wehren. „Fürchte dich nicht. Ich bin mit dir“, lautet sein Versprechen. Oder ich kann laut aussprechen, dass ich nicht den Geist der Furcht habe, sondern Gottes Geist der Kraft, der Liebe und der

Besonnenheit (siehe 2. Timotheus 1,7). Womit hast du zu kämpfen? Ich möchte dich ermutigen, die Lügen des Feindes zu benennen und dann auf den Heiligen Geist zu hören, der dir ein Wort in Erinnerung bringen wird, das du dagegensetzen kannst.

Manchmal brauchen wir einen Freund, jemanden, der mit uns geht. Ich hatte Zeiten in meinem Leben, in denen ich keinen Rat brauchte, sondern eine Hand. In der Geschichte wurde ich daran erinnert, was ich bereits alles mit Gott erlebt hatte; wie er mir gezeigt hatte, dass er mich sieht. Heute möchte ich dich ermutigen, dich daran zu erinnern, was Gott dir bereits gegeben hat, und ob du es jemand anderem als Stütze weitergeben kannst.

Oder wenn du zu kämpfen hast wie Elia, möchte ich für dich beten und den Vater bitten, dass er die Festungen des Feindes in deinem Leben zerstört.

Gebet: *Lieber Vater, bitte mach mich frei von den Lügen des Feindes, damit ich in deiner Autorität weitergehen kann, in dem Wissen, dass der Feind besiegt ist.*
Ich danke dir, dass ich dein Kind sein darf und du mich siehst. Danke, dass du mit mir bist.
Heiliger Geist, hab dank, dass du die Wahrheit des Wortes Gottes in mein Herz gesät hast und mich zur rechten Zeit daran erinnern wirst. Lehre mich, deine Stimme immer besser zu hören. Bitte schenk mir heute ein Wort für meine Situation. Amen.

Schreibe auf, was der Heilige Geist dir gezeigt hat:

....

....

....

....

....

....

....

Tag 23

Ruhe in Gottes Gegenwart

In unseren vorherigen Lektionen haben wir gelernt, das Unkraut auszureißen, das aus den Samen des Feindes wächst. Wir konnten den Boden unseres Herzens vorbereiten, um die Samen der Liebe zu säen. Manchmal gehört es dazu, von Neuem lieben zu lernen.

Besonders enge Beziehungen erfordern Zeit der Gartenarbeit. Wir lernen, unsere Grenzen zu respektieren, ohne unsere Gefühle oder Gedanken auf den anderen zu projizieren. Aber wenn ich müde und erschöpft bin, schaffe ich es oft nicht zu lieben. Ich möchte lernen zu lieben und eine neue Beziehung zu leben, in der das Alte vergangen ist und Neues wachsen kann. Wir dürfen in Gottes Gegenwart zur Ruhe kommen, und aus dieser Ruhe heraus sind wir in der Lage zu lieben.

Wie sieht es in deiner Familie aus? In der nächsten Begegnung werden wir zwei verschiedene Familien an einem einzigartigen Rastplatz kennenlernen – willkommen in Schilo.

Die 23. Begegnung

Unser Weg führte uns durch das Bergland Ephraim. So kamen wir an den Ruinen von Schilo vorbei. Schilo – der Ort der Ruhe. Elijahu war ziemlich erschöpft. Vielleicht brauchte auch er dringend Ruhe. Wir setzten uns auf einen Felsen und sahen auf die Trümmer einer längst zerstörten Stadt. Elijahu blickte leer vor sich hin. Nach einer Weile des Schweigens ergriff er schließlich das Wort: „Warum wiederholt sich die Geschichte immer wieder?", fragte er verzweifelt. „Auf Hoffnung und Frieden folgen Not und Verwirrung."

Elijahu seufzte tief, bevor er weitersprach. Tränen traten in seine Augen. „Dies war einst ein Ort, an dem Gottes Herrlichkeit gewohnt hat. Hier war das Volk Israel nach den langen Jahren der Wüstenwanderung zur Ruhe gekommen. Damals konnten sie endlich das Verheißene Land einnehmen. Hier versammelten sich die Stämme Israels und schlugen die Stiftshütte, das Zelt der Begegnung, auf. Josua teilte das

Land zu. Jeder bekam seinen Anteil, außer den Leviten. Das Priestertum war ihr Erbteil", erzählte Elijahu mit feuchten Augen.

Dann blickte er auf und sah mich an: „Wir wissen beide, wie es sich anfühlt, kein Erbe zu haben. Kein Land, das uns gehört. Aber wie viel mehr bedeutet es, Gott zu dienen? Kannst du die Bedeutung dieses Erbes erfassen?", fragte er mich. „Wenn man ein Stück Land besitzt, musst man sich darum kümmern, es bepflanzen und kultivieren. Aber wenn der Herr dich in seinen Dienst ruft, bist du nicht an ein Stück Land gebunden, sondern an den Dienst, in den er dich gestellt hat. Elijahu sah ein wenig verzweifelt aus, als wüsste er nicht genau, wo Gott ihn im Moment haben wollte. Als er weitersprach, war seine Stimme tränenschwer.

„Hier war der Ort, wo die Stiftshütte stand, wo die Bundeslade ruhte. Hier war der Ort, an dem Gott seinem Volk begegnete. Aber was ist aus diesem Ort der Ruhe geworden? Das Volk hatte sich damals schon abgewandt, zur Zeit, in der die Richter über das Volk eingesetzt waren. Aber das hat niemanden mehr interessiert. Jeder tat, was er für richtig hielt. Das Volk Israel war zerrissen, der Stamm Benjamin abgeschnitten. Viel Leid ist hier geschehen." Elijahu fuhr fort: „Trotz allem stand die Stiftshütte damals noch hier. Eli war Hohepriester. Ja, ich weiß", unterbrach sich Elijahu mit einem sarkastischen Lächeln, „klingt fast wie mein Name. Aber nicht ganz. Der Name Eli bedeutet: Mein Gott ist erhaben. Leider hat sich Eli nicht seinem Namen entsprechend verhalten. Er stellte nicht Gott an die erste Stelle, sondern seine eigenen Söhne. Auch sie waren Priester, eingesetzt für den Dienst an der Stiftshütte. Aber sie kümmerten sich nicht um den Dienst vor Gott. Alles, was sie wollten, war, das größte Stück Fleisch für sich selbst zu ergattern. Für sie war der Brandopferaltar wie ein Feuerrost mit Fleisch, an dem sie sich jederzeit bedienen konnten, so viel sie wollten – immer das Beste für sich selbst. Die Gesetze Gottes interessierten sie nicht mehr. Sie nahmen sich völlig ungeniert, was Gott zustand. Was die übrig gebliebenen Gläubigen zum Altar brachten, beanspruchten sie für sich, wenn nötig mit Gewalt. Wenn sie sich satt gegessen hatten, gingen sie zu den Frauen, die vor dem Eingang der Stiftshütte dienen sollten. Der Priester Eli sprach mit seinen Söhnen darüber, aber nur, weil es ihm peinlich war, was die Leute sagten. Im Großen und Ganzen verschloss er seine Augen. Er ließ sie gewähren, sodass sie sich selbst, anstatt dem Herrn dienten."

Wieder schwiegen wir. Kein Wunder, dachte ich, dass dieser einstige Ruheort jetzt so trostlos aussah. Langsam wurde es dunkel. „Sollten wir nicht unser Zelt aufschlagen? Vielleicht hier?", wollte ich von Elijahu wissen. Er schaute mich an, als wäre er ganz woanders. „Ja, ja", sagte er völlig desinteressiert und fragte mich stattdessen, ob ich schon einmal von Elkana gehört hätte. Ich dachte einen Moment nach, bevor ich mich an die Arbeit machte, uns erst einmal ein Zelt zu bauen und ein Feuer anzuzünden. Dann forderte ich Elijahu auf: „Erzähl!"

Das ließ er sich nicht zweimal sagen und begann, mir die Geschichte von einem Mann zu erzählen, der ganz von Gott eingenommen war. Er war anders, hatte sich nicht selbst seinen Besitz genommen wie die Söhne Elis, sondern ließ sich von Gott in Besitz nehmen. Er war auch ein Levit und lebte hier im Gebirge.

Wie es damals üblich war, hatte er zwei Ehefrauen. Aber die, die er liebte, Hanna, hatte keine Kinder. Während Elijahu darüber sprach, wurde ich müde, aber der Prophet erzählte einfach weiter, so als würde er sich einen Film ansehen. Er beschrieb, wie Elkana und seine beiden Frauen jedes Jahr hierher nach Schilo kamen, um Gott die vorgeschriebenen Opfer zu bringen. Jedes Jahr gab es einen Streit zwischen den Frauen. Elkana liebte Hanna. Aber die andere Frau hatte Kinder, sie nicht. Die andere lästerte und zog sie auf. Hanna schüttete ihr Herz vor Gott aus. Da stand sie vor dem Tempel und flehte um ein Kind, flehte um ein Wunder. Und was dachte Eli? Er hielt sie für betrunken. Dabei waren es seine Söhne, die sich völlig danebenbenahmen. Aber er hatte nichts Besseres zu tun, als diese arme Frau zu beschämen. In ihrem Herzen gab sie Gott ein Versprechen: Wenn er ihre Bitte erhören würde, dann würde sie ihm ihren Sohn ganz zur Verfügung stellen.

Ich war schon im Halbschlaf, fand es aber ziemlich krass. Die arme Frau wünschte sich so sehr einen Sohn und versprach gleichzeitig, ihr Kind wieder herzugeben. Gott erhörte ihr Gebet, und sie nannte ihren Sohn Samuel – „von Gott erhört". Als sie ihn entwöhnt hatte, brachte sie ihn zu Eli in den Tempel. Dort ließ sie ihn zurück. Von nun an würde sie den Kleinen nur noch einmal im Jahr während des Festopfers besuchen. Ich konnte mir nicht vorstellen, wie sie das verkraftete. Sie hatte losgelassen und Samuel ganz in Gottes Hände gelegt. Sie hatte Gott um das Kind gebeten, es empfangen und es ihm wieder anvertraut. So wuchs Samuel im Haus des Herrn auf. Er schlief dort, wo die Lade Gottes stand.

Müde rieb ich mir die Augen und sagte zu Elijahu, dass auch ich schlafen müsse.

~~~~~~~

Und Josua sprach zu den Israeliten: Wie lange zögert ihr noch, hineinzugehen und das Land einzunehmen, das euch der HERR, der Gott eurer Väter, gegeben hat? (Josua 18,1-3).

In unserer Geschichte kamen wir an den Ruinen der Stadt Schilo vorbei. Elia lebte etwa 200 Jahre nach Eli und Samuel. Aber als ich diesen uralten Ort passierte, spürte ich, dass von Schilo eine besondere Kraft ausging und dass das, was dort geschehen ist, auch für unsere Zeit relevant ist. Ich möchte in meinem Herzen an diesen Ort der Ruhe kommen.

Federleicht: Momente zum Innehalten

Das Volk Israel war in Schilo versammelt und hatte dort das Zelt der Begegnung aufgestellt. Das verheißene Land lag vor ihnen, doch sie zögerten noch, es einzunehmen. Was hindert dich daran, das Land zu betreten, das Gott dir gegeben hat? Was hindert dich heute daran, diesen Ort zu betreten und Ruhe zu finden? Vielleicht sind es Zweifel an der Güte und Liebe Gottes. In seiner Gegenwart möchte uns der Heilige Geist zur Ruhe führen. Jesus, der Messias, ist der wahre Schilo, der Friedefürst, der Zur-Ruhe-Bringer. In seiner Nähe erfahre ich, wie die Ewigkeit schmeckt. Dort können wir einfach nur sein, ganz im Hier und Jetzt. Dort werden die Sorgen klein.

Vielleicht hast du das Land, das Gott dir und deiner Familie geben will, noch nicht betreten. In Schilo treffen wir auf verschiedene Familienstrukturen. Was können wir von ihnen lernen?

Auf der einen Seite ist da Elkana. Jedes Jahr ging er mit seiner Familie nach Schilo, um den Herrn der Heerscharen anzubeten.
~~~~~~~

In Schilo schüttete Hanna ihr Herz vor Gott aus und bat ihn um ein Kind. Und es geschah etwas mit ihr. Nach ihrem Gebet und dem Segen des Priesters Eli war sie nicht mehr traurig. Als Familie beteten sie Gott an, und nachdem sie nach Hause zurückgekehrt waren, wurde Hanna wie durch ein Wunder schwanger. Später brachte sie ihren erstgeborenen Sohn Samuel zu Gott nach Schilo. Sie gab alles, worum sie gebeten hatte, an Gott zurück.

Auf der anderen Seite war da die Familie des Priesters Eli (siehe 1. Samuel 2,12). Elis Söhne beanspruchten die Opfer für sich selbst. Sie lebten nicht in reinen Beziehungen und entehrten Gott. Eli setzte seinen Söhnen keine Grenzen, und am Ende starben sie. Sein Enkel bekam den Namen Ikabod[1], die Herrlichkeit war von Israel verschwunden.

In Schilo können wir mit Hanna lernen, unsere Herzen vor Gott auszuschütten: jeden Schmerz, jeden Kummer, jedes Leid, und jede Provokation (siehe 1. Samuel 1,16). Wir können lernen, Gott auch unter schwierigen Umständen mit unserem ganzen Herzen anzubeten, sogar mit unseren Tränen und stillen Gebeten. Aber wir können auch lernen, Gott mit unseren Opfern zu ehren, ihm unser ganzes Herz zu geben und es ihm zu überlassen. Wir können lernen, von unseren eigenen Wünschen zurückzutreten, um zuerst nach seinem Herzen und seiner Ehre zu suchen. Wir können lernen, gesunde Grenzen zu setzen und unsere Familien zur Anbetung Gottes zu führen.

Gebet: *Herr Jesus, du bist der Hohepriester, der mich zur Ruhe führen will. Ich bitte dich, mit deiner Gegenwart in mein Herz zu kommen. Bitte führe mich zu dem Ruheort in dir und hilf mir, an diesem Ort zu verweilen. Heiliger Geist, hilf mir, deine sanfte Stimme zu hören, und lehre mich, zu beten. Ich möchte heute mein Herz vor dir ausschütten, wie Hanna es tät. Bitte führe mich in die Anbetung. Ich sehne mich danach, in deiner Herrlichkeit zu sein. Lehre du mich zu lieben, wie du liebst, und schenke mir deine Gnade und Barmherzigkeit. Amen.*

---

[1] Etwa: „Die Herrlichkeit ist [von Israel] gewichen";
https://www.bibelkommentare.de/lexikon/307/ikabod

Tag 24

Eben-Ezer – Der Stein der Hilfe

Vor einiger Zeit sah ich mit meinen inneren Augen, wie ich in Gedanken versunken auf einem einsamen Pfad ging. Viele Steine lagen auf meinem Weg und ich hatte Angst zu stolpern. Große Felsen machten es mir schwer, meinem Weg zu folgen. Ich musste darüber hinwegklettern und dann wieder innehalten, um durchzuatmen. Immer wieder fragte ich Gott nach seiner Richtung. Eines Tages blickte ich auf meinen Weg zurück und sah all diese Steine, die ich bereits passiert hatte. Ich bat Gott um neue Kraft und Wegweisung, als ich seine sanfte Stimme hörte: „Ich bin der Weg. Ich bin mit dir in deiner Vergangenheit, deiner Gegenwart und deiner Zukunft. Folge mir, und du wirst nicht stolpern!"

Manchmal fühlt sich das Leben wie ein Weg an, der mit Steinen übersät ist. Steine können uns daran hindern weiterzugehen, oder sie können uns die Möglichkeit geben zu wachsen. Heute möchte ich mit dir einen Moment innehalten und über die Steine auf unseren Wegen nachdenken.

Die 24. Begegnung

Kurz bevor ich einschlief, dachte ich darüber nach, wie es wohl wäre, vor der Bundeslade Gottes zu schlafen. Die Bundeslade war der Ort, an dem Gott seinem Volk begegnet war, der Ort, an dem seine Herrlichkeit wohnte. Wie besonders muss es für den kleinen Samuel gewesen sein, sein Bett in der Nähe der Bundeslade zu haben. Schlafen in Gottes Gegenwart – genau hier hatte die Bundeslade gestanden.

Dann muss ich wohl eingeschlafen sein, denn eine Weile später wurde ich von einem Schrei aus dem Schlaf gerissen. Elijahu lag neben mir und bewegte sich unruhig im Schlaf. Wieder und wieder rief er: „Samuel, Samuel." Ich wusste nicht, was ich tun sollte. Ich schüttelte meinen Kopf, um ganz aufzuwachen, und dann schüttelte ich Elijahu, damit er aus seinem Traum erwachte. „Nein, nein, nein!", schrie Elijahu.

„Lass mich in Ruhe! Der Herr ruft dich!" Ich war erschrocken. Ich hatte noch nie jemanden so klar im Schlaf reden hören.

Vielleicht verarbeitete er, was er in den letzten Tagen gesehen hatte. Ich dachte, dass Elijahu eine Menge zu verarbeiten hatte. Dreieinhalb Jahre auf der Flucht vor König Ahab, und es war noch nicht vorbei. Elijahu wälzte sich von einer Seite auf die andere und rief weiter: „Der Herr ruft dich! Sag ihm, dass du auf ihn hören wirst. Frag ihn, was er dir sagen möchte."

Ich überlegte weiter, wie ich Elijahu aufwecken könnte. Oder sollte ich ihn besser in Ruhe lassen? Vielleicht sprach Gott im Traum zu ihm. Ich beschloss, Elijahu nicht zu wecken. Er brauchte dringend Schlaf. Aber von mir war der Schlaf jetzt fern; hellwach lag ich in unserem provisorischen Zelt in Schilo.

Wie wäre es, wenn ich in Gottes Gegenwart schlafen würde, dachte ich erneut. Was wäre, wenn Gott meinen Namen rufen würde? Würde ich seine Stimme erkennen? Was würde ich antworten? Ich sehnte mich nach Gott, nach der Gegenwart des Vaters. Wenn ich an meine Zeit im Vaterhaus dachte, wusste ich, dass seine Gegenwart der einzige Ort war, an dem ich wirklich zur Ruhe kommen konnte. Bei Gott, dem Vater, war alles irgendwie leicht, schön und frei. Keine Enge, kein Druck, keine Last. Nur Licht, Liebe und Frieden.

Ich seufzte, als ich wieder Elijahus Stimme hörte: „Rede, Herr, dein Diener hört, rede, Herr, ich höre." Nun wusste ich, dass das, was Elijahu im Traum erlebte, zur Geschichte von Samuel gehörte. Aber hinter diesen Worten steckte noch so viel mehr. Samuel hatte in der Gegenwart Gottes geruht und dort seine Stimme gehört. Die Bundeslade war der Ort, an dem Gott auf der Erde wohnte. Dieser Ort war heilig. Nur der Hohepriester durfte dorthin gehen. Schon erstaunlich, wie Samuel an diesen Platz gekommen war. Seine Mutter hatte von Gott einen Sohn erbeten und ihn dann für diesen Dienst wieder an Gott zurückgegeben.

Konnte auch ich Gott darum bitten, dass er mich in seiner heiligen Gegenwart wohnen lässt? Würde ich darum bitten, wenn das bedeuten würde, dafür mein „normales" Leben aufzugeben? Was, wenn ich etwas oder jemand Liebgewonnenen loslassen müsste? Das nächste Mal, als Elijahu im Schlaf sprach, wiederholte ich seine Worte einfach als Gebet in meinem Herzen: „Rede, Herr, ich höre!" Auch ich wollte hören, wenn der Vater meinen Namen rief. Ich wollte hören, was er mir zu sagen hatte. Dazu wollte ich in seiner Gegenwart bleiben und warten, bis seine Stimme für mich hörbar war.

Als ich am nächsten Morgen aufwachte, war Elijahu bereits aufgestanden. „Hat der Herr zu dir geredet?", wollte ich wissen. Elijahu sah mich fragend an. Er wusste nicht, was ich meinte. Dann erzählte ich ihm, was er im Schlaf gesprochen hatte. Verwundert sah er mich wieder an. Nein, das hatte er nicht gewusst. Wahrscheinlich hatte er sich vor dem Einschlafen zu sehr mit Samuels Geschichte beschäftigt. Aber genau so war es damals hier an diesem Ort gewesen. Gott hatte zu Samuel vom Urteil über Eli und seine Söhne gesprochen. Keine gute Nachricht, die der Junge seinem Ziehvater überbringen musste. Aber Gott war mit ihm, und alle seine Worte trafen ein. Eli und seine Söhne starben an einem Tag. Auch die Bundeslade fiel in feindliche Hände. Als Elis Schwiegertochter an diesem Tag in den Wehen lag und einen Sohn zur Welt brachte, gab sie ihm den Namen Ikabod, „keine Herrlichkeit mehr" (siehe 1. Samuel 4,22). Denn mit der Bundeslade war auch die Herrlichkeit Gottes von Israel gewichen. Es war schrecklich für das Volk. Der Krieg gegen die Philister tobte.

Die Verluste waren groß. Aber Gottes Herrlichkeit fand auch ohne menschliche Hilfe ihren Weg zurück. Das Volk erkannte das Handeln Gottes und kehrte zu ihm zurück. Samuel trat vor Gott für das Volk ein. „Kommt dir das nicht bekannt vor?", fragte ich Elijahu. Er nickte traurig. Damals hatte Samuel hier in der Nähe einen Stein aufgestellt. Eben-Ezer, den Stein der Hilfe, um allen zu zeigen: „Bis hierher hat Gott uns geholfen!" Wieder unterbrach ich Elijahu. „Das klingt doch gut", sagte ich. „Eben-Ezer. Der Herr hat auch dich nicht vergessen, sondern dir bis hierher geholfen."

„Lass uns weitergehen", sagte Elijahu, so als hätte er mich gar nicht gehört. Als wir unsere Sachen gepackt hatten und wieder auf dem Weg waren, erzählte er weiter von Samuel. Es war schrecklich, als das Volk so sein wollte wie die anderen Völker um sie herum. Sie wollten die von Gott gegebene Ordnung der Richter nicht mehr als Rechtsordnung anerkennen, sondern lieber alle Rechte aufgeben und sich einem König unterordnen. Gott erfüllte ihren Willen, auch wenn Samuel es damals nicht verstehen konnte. Dann musste Samuel Saul zum König salben. „So hat das alles angefangen", schimpfte Elijahu. „Es war immer das Gleiche, und wer musste dafür bezahlen? Die Propheten.

Damals Samuel und jetzt ..." Elijahu verstummte. So fühlte er sich also. Er konnte nur sehen, was er in seinem Amt zu tragen hatte, die Aufgabe, zu der Gott ihn berufen hatte.

Was er aus den Augen verloren hatte, war der Stein, an dem wir vorbeigegangen waren, ohne dass er einen Blick darauf geworfen hatte: Eben-Ezer. Und dennoch stand dieser Stein fest und aufrecht: Bis hierher hatte Gott uns geholfen. Ich war mir sicher, dass er uns auch weiterhelfen würde. „Eigentlich sind solche Steine gut", dachte ich bei mir. „Vielleicht sollte ich viel öfter einen Stein aufstellen oder vom Wegesrand mitnehmen." Ich bückte mich, um einen kleinen Stein aufzuheben und betrachtete ihn, bevor ich ihn in meinen Rucksack steckte. Wenn ich den Weg vor mir gerade nicht sehen konnte, konnte ich mich daran erinnern, wie weit ich schon mit Gottes Hilfe gekommen war. Das würde mir Mut machen, nicht aufzugeben und weiterzugehen.

~~~~~~~

Aber der Tröster, der Heilige Geist, den mein Vater senden wird in meinem Namen, der wird euch alles lehren und euch an alles erinnern, was ich euch gesagt habe (Johannes 14,26).

Hast du dich jemals wie Elia in dem Abenteuer gefühlt? Da war nur die Schwere dessen zu spüren, was er durchmachte, aber keine Zuversicht, dass Gott ihn bereits so weit durchgetragen hatte. Heute möchte ich dich ermutigen, einen Moment innezuhalten und darüber nachzudenken, wie weit Gott dich schon gebracht hat. Vielleicht findest du eine neue Perspektive für das Schwere, das du durchgemacht hast, und erkennst, wie die Stolpersteine auf deinem Weg zu Steinen der Erinnerung werden können. Vielleicht kannst du auch im Rückblick erkennen, wie du an den Widrigkeiten des Lebens gewachsen bist.
~~~~~~~

Federleicht: Momente zum Innehalten

Hanna brachte ihren Sohn Samuel in das Zelt der Begegnung. Er wuchs in der Gegenwart Gottes auf. Die Bundeslade war der Ort, an dem die Gegenwart Gottes sichtbar und für Samuel auch hörbar wurde (siehe 1. Samuel 3,10). Als Junge lernte er, Gottes Stimme zu hören. Aber wahrscheinlich hat er seine Eltern vermisst. Er sah sie nur einmal im Jahr, wenn sie zum Opferfest kamen und Hanna ihm neue Kleidung brachte.

Manchmal schauen wir auf unsere Verluste oder unseren Mangel und können es so leicht verpassen, die Gegenwart Gottes zu erkennen. Als Gott mir in einer schwierigen Zeit die Augen für seine Gegenwart öffnete, sank eine tiefere Wahrheit in mein Herz: Er war, ist und wird immer mit mir sein. Schritt für Schritt lernte ich, das Schwere loszulassen und die Liebe Gottes zu empfangen. Aber das war ein Prozess und brauchte Zeit. Wachsen braucht Zeit. Manchmal stolpern wir vielleicht dreimal über denselben Stein, bevor wir ihn aufheben und ihn in Gottes Gegenwart bringen. Heute möchte ich dafür beten, dass der Heilige Geist uns in seine Gegenwart führt, damit wir dort wachsen, wo er seine Samen der Liebe sät. Der Heilige Geist schenkt das Wachstum. Du kannst und musst es nicht alleine schaffen (siehe Sacharja 4,6).

In der Geschichte hatte Elijahu keine Augen für den Gedenkstein von Eben-Ezer, den Stein der Erinnerung an die Hilfe Gottes. „Eben" bedeutet Stein und „Ezer" heißt Hilfe oder Beistand. Elijahu konnte nur sehen, wie sich die Geschichte wiederholte. Er erinnerte sich an seine Kämpfe und nicht an die Hilfe des Herrn. Ja, der Kampf war real für Elia, denn er musste fliehen, weil Isebel versuchte, ihn zu töten. Aber auf seinem Weg kam er an diesem Ort des Gedenkens an die Hilfe Gottes vorbei.

Ich weiß nicht, wo du gerade auf deinem Weg bist. Die Welt um uns herum bebt. Der Kampf ist real. Aber der Herr hat uns nicht alleingelassen, als er zum Vater zurückging. Er hat uns einen Beistand, einen Helfer geschickt. Heute möchte ich mit dir in Eben-Ezer Halt machen. Ich möchte dich ermutigen, über die Hilfe nachzudenken, die du bereits auf deinem Weg erhalten hast.

Gebet:

Danke, Herr, dass du mir deinen Heiligen Geist
als Helfer in meinen Alltag gesandt hast.
Danke, dass du mich nicht allein lässt.
Heute will ich dir für die Hilfe danken,
die du mir unterwegs schon gegeben hast,
wo du mich durchgebracht hast.
Ich möchte dich bitten, dass ich fähig werde,
deine Hilfe zu erkennen.
Heiliger Geist, ich lade dich ein,
mich heute daran zu erinnern,
wo ich dir bereits begegnet bin
und deine Hilfe erfahren habe.
Heute will ich dir danken
und dich für deine Hilfe
und diesen Ort Eben-Ezer ehren.
Amen.

Kapitel 5

Der Heilige Geist als Ermutiger – Höre auf die sanfte Stimme der Hoffnung

Und er legte sich hin und schlief unter dem Ginster. Und siehe, ein Engel rührte ihn an und sprach zu ihm: Steh auf und iss! Und er sah sich um, und siehe, zu seinen Häupten lag ein geröstetes Brot und ein Krug mit Wasser. Und als er gegessen und getrunken hatte, legte er sich wieder schlafen. Und der Engel des HERRN kam zum zweiten Mal wieder und rührte ihn an und sprach: Steh auf und iss! Denn du hast einen weiten Weg vor dir. Und er stand auf und aß und trank und ging durch die Kraft der Speise vierzig Tage und vierzig Nächte bis zum Berg Gottes, dem Horeb.

1. Könige 19,5-8

Heute machen wir uns auf in unser letztes Kapitel. In Kapitel vier zogen wir gemeinsam vom Bach Kischon am Berg Karmel nach Jesreel. Bevor es endlich regnete, mussten wir in unserer von Gott gegebenen Autorität die Lügen des Feindes binden. Wir warteten auf dem Berg Karmel auf den Segen und liefen von dort aus im Geist. In Jesreel erlebten wir eine Zeit der Erfrischung, aber die Angst klopfte an die Tür. Doch Gottes Liebe will die Angst vertreiben. Der Heilige Geist lud uns ein, eine Weile in Gottes Gegenwart in Schilo zur Ruhe zu kommen. Auch wenn wir dem Heiligen Geist in diesem Kapitel nur für einen kurzen Moment persönlich begegnet sind, können wir uns im Rückblick der Gegenwart unseres Helfers immer mehr bewusstwerden.

In unserem fünften und letzten Kapitel werden wir Elia weiter in die Wüste seines Lebens folgen. Im tiefen Tal werden wir Gottes heilsame Gegenwart erleben und von dort weiter auf den Berg Horeb gehen. Unser Tröster und Ermutiger wartet.

Tag 25

Be'er-Scheva – Halt dich an Gottes Treue fest

Vor einigen Jahren sah ich während eines Gottesdienstes in einer Vision eine kleine Kapelle. Dort, wo normalerweise die Sitzbänke waren, war ein tiefes Loch. Ich stand mittendrin und grub tiefer und tiefer. Schließlich fand ich Wasser, das wie ein Fluss tief unter der alten Kapelle floss, und ich rief aufgeregt einer Freundin nach oben zu: „Da ist Wasser, lebendiges Wasser!" Diese Vision erfüllt mich immer noch mit Freude und Hoffnung.

Manchmal fühlen wir uns vielleicht müde oder erschöpft. Vielleicht sind wir enttäuscht von der Trockenheit unseres Alltags oder unserer Gottesdienste. Lasst uns dranbleiben und in die nächste Geschichte eintauchen. Es gibt Wasser, lebendiges Wasser!

Die 25. Begegnung

Wir waren schon ein paar Tage unterwegs, bevor wir nach Be'er-Scheva kamen. Unser Weg verlief schweigend. Wenn wir eine Pause machten, grübelte Elijahu vor sich hin. Ich war wirklich ratlos.

Am Stadtrand wollte sich Elijahu plötzlich von mir verabschieden. Er wollte nicht mit mir in die Stadt gehen. Hier in Be'er-Scheva war Elijahu zwar etwas sicherer vor Ahab, denn hier endete Ahabs Herrschaftsbereich – die Stadt gehörte zu Juda, und der König von Juda war Joschafat –, aber auch Joschafat konnte man nicht wirklich trauen. Immerhin hatte sein Sohn in das Königshaus von Ahab eingeheiratet. Noch bevor ich protestieren konnte, war Elijahu in der Wüste verschwunden. Mir war nicht ganz wohl dabei, denn ich fand Elijahus Zustand sehr beunruhigend.

Besorgt um meinen Freund, schlenderte ich durch das Stadttor und sah mich um. Als ich die Stadtmitte erreicht hatte, entdeckte ich einen Brunnen. Ich ging näher heran und ließ den Eimer hinab, um von dem frischen Wasser zu schöpfen. Nachdem ich getrunken hatte, wusch ich mir den Staub von der langen Wanderung ab und setzte mich unter eine Tamariske, um mich auszuruhen.

Dann entdeckte ich eine Tafel, auf der die Namen Abraham, Isaak und Abimelech eingraviert waren. Hier, an diesem Brunnen, war die Stadt entstanden und zu ihrem Namen gekommen. Es war der Brunnen des Schwurs – Be'er-Scheva (siehe 1. Mose 21,31). Ich kannte die Geschichte der Erzväter Abraham und Isaak. Abimelech, der Philisterkönig, hatte Abraham in seinem Land geduldet und ihm um Sarahs willen Geschenke gemacht. Es gab so viel Verwirrung. Abraham hatte Sarah als seine Schwester ausgegeben, damit die Philister ihn in Ruhe lassen würden. Der Schuss ging nach hinten los. Abimelech wollte Sarah zur Frau nehmen, wurde aber von Gott in einem Traum gewarnt. Das ganze Königshaus wurde krank. Abimelech stellte Abraham zur Rede. Er stellte klar, dass er Sarah nicht angerührt hatte und gab ihm als Beweis Geld und öffnete ihm sein Land. Abraham betete um Heilung für Abimelech und sein Haus, und es geschah.

Solche Szenarien hat es schon immer gegeben, dachte ich. In der Politik und bei den großen Königsdynastien gab es oft ähnliche Probleme. Aber der Knackpunkt der Geschichte war Gottes Eingreifen. Trotz all der Verwirrung, die durch Abrahams Halbwahrheiten verursacht wurde, erkannte Abimelech das Handeln Gottes. Daraufhin bat er ihn, einen Eid zu schwören. Abimelech bat Abraham, ihm und seinen Nachkommen die Treue zu schwören. Aber auch Abraham wollte Gerechtigkeit und einen Konflikt mit Abimelechs Leuten klären. Immerhin hatte er diesen Brunnen gegraben. Abraham schwor Abimelech die Treue, und Abimelech gestand Abraham das Brunnenrecht zu. Abraham hatte einen Baum gepflanzt und hier den Namen Gottes angerufen: El Olam, der Gott der Ewigkeit (siehe 1. Mose 21,33).

Seltsamerweise wiederholte sich die Geschichte mit Abrahams Sohn Isaak. Auch Isaak gab seine Frau als seine Schwester aus. Wieder war es Abimelech, der diese Halbwahrheit aufdeckte und dafür sorgte, dass sie nicht angetastet wurde. Isaak wurde sehr reich, und Abimelech schickte ihn fort. Gott segnete ihn. Aber Neid kam auf zwischen den Leuten von Abimelech und Isaak. Die Leute von Abimelech schütteten die Brunnen Abrahams zu, aber Isaak ließ sie wieder ausheben. Dabei kam es zu Zank, Streit und Anfeindung. Nur ein Brunnen blieb ohne Streit. Sie nannten ihn Rechobot, weil Gott nun weiten Raum geschaffen hatte (siehe 1. Mose 26,22). Dann zog Isaak auch hierher, nach Be'er-Scheva, wo Gott ihm erschien und die Verheißung bestätigte, die er schon seinem Vater gegeben hatte: „Fürchte dich nicht, denn ich bin bei dir und will dich segnen und wachsen lassen."

Wow, was für ein Versprechen! Nachdem Isaak sein Zelt aufgeschlagen und den Brunnen seines Vaters wieder ausgehoben hatte, kam Abimelech. Wieder ging es um den Bund, den Abraham bereits mit Abimelech geschlossen hatte. Abimelech wollte auch von Isaak hören, dass er ihm und seinem Volk kein Leid zufügen würde. Er hatte erkannt und bekannt, dass Isaak der Gesegnete Gottes war. Er konnte sich nicht gegen den wahren Gott stellen. Isaak baute dem Herrn einen Altar und rief, wie sein Vater, den Namen Gottes an. So schwor auch Isaak, die Philister zu verschonen. Dieser Brunnen, der von zwei Generationen entdeckt und benannt wurde, unterschied sich von den Zisternen in der Umgebung. Eine lebendige unterirdische Quelle durchfloss den Brunnen.

Ich saß im Schatten der Tamariske in Be'er-Scheva und dachte darüber nach, was es zu bedeuten hatte, dass sich die Geschichte hier wiederholt hatte. Hier, an diesem Ort, waren sich zwei Völker begegnet und hatten Frieden geschlossen. Nicht, weil sie sich so sympathisch fanden oder weil der eine dem anderen etwas schuldete. Nein, der einzige Grund war, dass Abimelech den wahren Gott hinter Isaak erkannt hatte und wusste, dass er letztendlich mit diesem Gott Frieden schließen musste.

In diesem Moment vermisste ich Elijahu sehr. Ich musste an die bereichernden Gespräche mit ihm am Bach Krit denken. Was war nur los mit meinem Freund? Ich konnte nicht länger hier am Brunnen sitzen, während er allein da draußen in der Wüste war. Ich beugte mich noch einmal zum Brunnen hinab, um meine Flasche mit dem lebendigen Wasser aufzufüllen. Vielleicht könnte ich Elijahu davon zu trinken geben. Vielleicht würde auch er wie Isaak den Zuspruch des Ewigen Gottes hören:

„Fürchte dich nicht, hab keine Angst, denn ich bin mit dir, du bist nicht allein. Ich will dich segnen und deine Füße auf weiten Raum stellen. Hier ist lebendiges Wasser, das deinen Durst nach Leben stillt. Hier findest du ein Land, das fruchtbar, segensreich und sicher ist. Hier ist ein Raum für dich, ein weiter Raum, nicht länger die Enge deiner Angst. Hier kannst du wieder tief durchatmen, zur Ruhe kommen. Hier darfst du sein, frei, du selbst. Du brauchst dich nicht weiter von deinen Feinden in die Enge treiben zu lassen. Ich bin da; ich schütze dich!"

Ich hatte den Eindruck, dass Elijahu gerade jetzt diese Ermutigung brauchen konnte, und so machte ich mich auf den Weg, um ihn in er Wüste zu suchen.

~~~~~~~

„Ihr alle, die ihr durstig seid, kommt zu mir! Kommt zu mir und trinkt! Glaubt an mich, damit Ströme lebendigen Wassers aus eurem Inneren fließen, so wie es in der Schrift steht!" Jesus prophezeite über den Heiligen Geist, auf den die Gläubigen vorbereitet wurden. Aber der Heilige Geist war noch nicht über sie ausgegossen worden, weil Jesus noch nicht in seiner vollen Pracht enthüllt worden war (Johannes 7,37-39 TPT).

Hast du dich jemals gefragt, was es bedeutet, wenn sich eine Geschichte wiederholt? Mir erscheint es wie ein Ausrufezeichen, eine Aufforderung, genau hinzuhören. Was können wir aus dieser Geschichte lernen?

Elia ließ seinen Diener in *Be'er-Scheva* zurück und ging in die Wüste. In *Be'er-Scheva* finden wir einen besonderen Brunnen. Aus diesem Brunnen möchte ich dir heute eine neue Ermutigung mitgeben.

Federleicht: Momente zum Innehalten

Die Geschichte von Abraham ist mehr als 1200 Jahre älter als unsere von Elia. In der Geschichte von Isaak gab es die Wiederholung der gleichen Lüge wie der von Abraham, aber auch die Wiederholung des Segens. Manchmal scheint sich das Negative in unserer Familiengeschichte zu wiederholen. Heute möchte ich dich ermutigen, einen Moment darüber nachzudenken, ob sich etwas Negatives wiederholt, zum Beispiel Halbwahrheiten zu
~~~~~~~

erzählen, wie es Abraham und Isaak taten. Wenn ja, wartet Jesus darauf, dich zu befreien; er hat jeden Fluch ans Kreuz getragen.

Der nächste Schritt wäre, über den Segen nachzudenken, der über deinem Leben liegt. Ich möchte dich heute dazu ermutigen, die Segenslinie deiner Familiengeschichte zu betreten und tief in den Quellen des Segens zu graben. Vielleicht hat der Feind sie zugeschüttet. Vielleicht musst du mehr als einen Brunnen frei graben, wie die Knechte Isaaks. Vielleicht gibt es immer noch Streit (in deiner Familie). Gib nicht auf. Grabe tief im Gebet, bis du siehst, wie Gott Raum für dich schafft und dich in das fruchtbare Land führt, in dem du dein Zelt am Brunnen aufschlagen kannst.

Du kannst auch tief in der Geschichte deiner Gemeinde graben und die Segensgeschichte neu entdecken. Aber du musst nicht allein graben, gemeinsam, z. B. in einer Gebetsgruppe, wird es leichter sein.

Abraham und Abimelech schlossen an dem Brunnen in *Be'er-Scheva* einen Bund. Abraham gab Abimelech sieben Schafe als Zeugnis, um zu bestätigen, dass er diesen Brunnen gegraben hatte. *Be'er-Scheva* bedeutet „Brunnen der Sieben“. Sieben ist die Zahl der Erfüllung. Am siebten Tag hat der Herr seine Schöpfung vollendet. Er gab uns den siebten Tag als Ruhetag. Er steht für Vollkommenheit und Heiligkeit.

In der Bibel finden wir sieben Feste. Das siebte Fest ist das Laubhüttenfest. Während des Festes feierten die Juden die Tradition eines Wasseropfers, das aus dem Brunnen von Gihon in den Tempel gebracht und über den Altar gegossen wurde[1]. In Johannes 7,37-39 können wir lesen, wie Jesus am letzten Tag des Festes aufstand und der Menge zurief, dass sie ihren Durst bei ihm stillen könnten. Er würde den Heiligen Geist in ihrem Inneren freisetzen, wie es dann an Pfingsten geschah.

Gebet: *Himmlischer Vater, ich möchte heute unter dem Baum ausruhen, der einst von Abraham, dem Vater des Glaubens, gepflanzt wurde. Danke, dass du uns in den Ölbaum Israel*

[1] Siehe: Die 7 Feste der Bibel und ihr Geheimnis, Bd.7: Sukkot – Das Laubhüttenfest; Martin Baron, Verlag Gottes Haus.

hineingepfropft hast. Ich möchte von dem lebendigen Wasser trinken, das vom Thron deiner Gnade fließt. Danke, Herr Jesus, dass dein Geist durch mich fließt und ich von dir trinken kann. Danke, Heiliger Geist, dass du mein Herz zum Überfließen bringst. Ich will von dir empfangen, damit ich anderen Erfrischung, Freude und heilendes Wasser bringen kann. Amen.

Tag 26

Grenzen unter dem Ginsterstrauch

Kennst du deine Grenzen? Vor einiger Zeit fuhr ich mit einem alten Fahrrad am Bodensee entlang. Am Anfang war ich begeistert und genoss die Landschaft. Ich fuhr durch Teile der Schweiz und Österreichs. Es war ein heißer Tag und nach einer Weile ging mir das Wasser aus und irgendwie hatte ich mich verfahren. Ich war nicht mehr in der Lage, die Schönheit der Schöpfung zu genießen. Meine einzige Hoffnung war, einen Ort zu finden, an dem ich mich erfrischen und meine Wasserflasche auffüllen konnte.

Ich begann intensiv zu beten, dass ich einen Bahnhof fände oder dass Gott mir jemanden schicken würde, der mich mitnehmen könnte. Da war nichts in dem Naturschutzgebiet, außer einem Schild, auf dem „Respektiere deine Grenzen" geschrieben stand. Das Schild bezog sich zwar auf den Naturschutz. Aber ich wusste, dass in diesem Augenblick der Heilige Geist zu mir sprach, auch wenn das nicht die Antwort war, die ich mir erhofft hatte. Es war ein langer Tag mit vielen Begegnungen, am Ende war ich völlig erschöpft. Aber ich werde die Lektion, die der Heilige Geist mir an diesem Tag erteilt hat, nie vergessen: Wie wichtig es ist, die eigenen Grenzen zu kennen und zu respektieren.

Die 26. Begegnung

Die Wüste war ein trostloser Ort. Trotz des Regens war hier alles trocken. Ich hatte einmal gesehen, wie die Wüste nach einem Regenschauer zum Leben erwacht war und angefangen hatte zu blühen. Aber hier blühte nichts. Nur Sand, Staub und Steine, soweit das Auge reichte. Hier gab es kein Anzeichen von Leben. Alles wirkte wie tot. Ich musste mich beeilen und Elijahu finden. Eine innere Dringlichkeit hatte mich ergriffen. Ich wusste, diese Gegend konnte sich nicht heilsam auf Elijahus Zustand auswirken. Aber wo ich auch hinlief und suchte, ich fand Elijahu nicht und hatte keine Ahnung, wohin er gegangen sein könnte. Hier in der Wüste gab es keinen Weg und seine Spuren waren längst vom Winde verweht.

Mitten im Wüstenstaub fiel ich auf meine Knie und betete. „Vater, du weißt, wie es Elijahu gerade geht. Er ist dein Diener, dein Bote, bitte lass mich ihn finden. Ich würde ihm gerne helfen, aber nur du kannst ihm die beste Hilfe schicken." Je mehr ich über die Ausweglosigkeit dieser Situation nachdachte, umso dringender wurde mein Gebet. Nach einer Weile wurde ich ruhiger. Frieden erfüllte mein Herz.

Tief in meinem Inneren wusste ich, dass der Vater jedes einzelne Wort gehört hatte und sich um Elijahu kümmern würde. Der Ewige, der lebendige Gott ist ein Vater, der seine Kinder liebt und für sie sorgt. So hatte ich ihn kennengelernt. Es tat gut, alles, was mich bedrückte, mal laut, mal leise im Herzen vor Gott auszusprechen. Nach einer Weile wurde es leichter. Und es tat gut, sich daran zu erinnern, wer Gott wirklich ist, nicht das Bild von ihm, das jemand in mein Herz gepflanzt hatte, sondern wie ich ihn persönlich erlebt hatte.

Der Vater freut sich darüber, wenn seine Kinder ihn persönlich kennenlernen wollen. Ich werde nie vergessen, wie er mich vor langer Zeit im Vaterhaus willkommen geheißen und in seine liebenden Arme genommen hatte. Mit neuer Zuversicht lief ich weiter durch die Wüste. Ich folgte keinem sichtbaren Weg, aber ich wusste, dass der Herr mich führen würde. Nach einer Weile blickte ich auf und sah in der Ferne einen Ginsterstrauch. Ich wollte schon loslaufen, als ich die Stimme von Elijahu hörte. Er rief laut: „Es ist genug. Ich kann nicht mehr. Nimm mein Leben, Herr. Lass mich sterben!"

Erschrocken hielt ich inne. Das konnte er doch nicht ernst meinen. Das durfte er nicht ernst meinen! Wie nur konnte ich meinem Freund helfen? Wut packte mich, am liebsten wäre ich vorgeprescht und hätte Elijahu herumgerissen, sodass er mir in die Augen sehen musste. Dann hätte ich ihm klar gemacht, dass er so etwas nie wieder sagen oder denken sollte. Aber etwas hielt mich zurück, oder besser gesagt jemand. Ich spürte einen Ruck an meinem Hemdsärmel und drehte mich um. Ruach! Wer sonst sollte hier in der Wüste erscheinen, in der Einöde, wo es nichts gab, keinen Weg, nichts? Am liebsten hätte ich meinen Ärmel losgerissen und sie angeschrien, dass sie mich in Ruhe lassen solle. Ich musste Elijahu helfen. Aber Ruach schaute mich wie immer mit Mitgefühl und Verständnis an und schüttelte den Kopf. Sie zeigte mir einen anderen Weg, eine andere Richtung, in die ich ihr folgen sollte.

Ich drehte mich immer wieder zu Elijahu um. Er schien unter dem Busch eingeschlafen zu sein oder war einfach kraftlos zusammengesackt. Wie konnte ich ihn hier allein lassen? Das war doch unverantwortlich. Aber Ruach zog mich mit sich fort. „Der Vater wird sich um ihn kümmern", sagte sie. Um ehrlich zu sein, hatte ich in diesem Moment plötzlich Zweifel daran. So zuversichtlich ich vor einer Weile noch gewesen war, so wenig Glauben hatte ich jetzt, nachdem ich Elijahu gesehen und seine Verzweiflung gehört hatte. Er hatte mich mit Absicht in Be'er-Scheva zurückgelassen, weil er nicht mehr leben wollte. Ich musste etwas tun! Immer wieder wollte ich zurücklaufen, ihm aufhelfen. Aber jedes Mal stellte sich Ruach mir in den Weg. „Das ist nicht deine Aufgabe", sagte sie. „Vertraue!"

Nach einer Weile kamen wir zu einer kleinen Oase. Erstaunlich! Ich hatte sie nicht einmal aus der Ferne gesehen. Es war ein einladender Ort. Überall sprossten Gräser aus dem Boden, sogar Blumen. Inmitten von ein paar Palmen stand ein Brunnen. Dieser Ort erinnerte mich an den Brunnenort El Roi, und zum ersten Mal, seit wir Elijahu allein in der Wüste zurückgelassen hatten, spürte ich so etwas wie Trost. El Roi – der Gott, der mich sieht, der lebendige Gott – sah in diesem Moment auch Elijahu. Ich atmete tief durch. Da bemerkte ich den Geruch von frisch gebackenem Brot. Köstlich!

Ein Lächeln schlich sich auf meine Lippen, als ein hochgewachsener Mann hinter einem großen Stein auftauchte. Irgendwie sah er strahlend aus, gekleidet in Weiß, wie viele hier in der Wüste. Es war einfach eine praktische Farbe in der Hitze. Aber sein Gewand war irgendwie anders, so leuchtend. Während er auf einem großen Stein Brotfladen backte, sang er ein Lied. Als Ruach in das Lied einstimmte, drehte er sich um. Er balancierte das Fladenbrot auf dem Brotschieber in der Luft und begrüßte uns mit einem Lächeln. „Schön, dich zu sehen", sagte er zu mir, als ob wir alte Bekannte wären. Dabei war ich mir sicher, dass ich sein Gesicht noch nie zuvor gesehen hatte. Etwas zögernd fragte ich ihn, ob wir uns schon einmal irgendwo begegnet seien. „Nicht direkt", sagte er mit einem Lächeln. Dann klopfte er mir kameradschaftlich auf die Schulter, füllte einen Krug mit Wasser aus dem Brunnen, nahm seinen dampfenden Brotfladen und verabschiedete sich von uns. Eine seltsame Erscheinung, dachte ich.

„Wer war das?", fragte ich Ruach. Sie war bereits zu dem provisorischen Ofen gegangen, um mehr Fladenbrot zu backen. „Das ist ein Engel, den der Vater für Elijahu geschickt hat, damit er ihm dienen und ihn versorgen kann." Ich setzte mich in den Schatten einer Palme. Ach ja, ein Engel also. Ich hatte schon so viel erlebt in meiner Zeit mit Jeschua, dem Vater und bei diesen unverhofften Begegnungen mit Ruach, aber einem Engel war ich noch nie begegnet. Auf jeden Fall war ich froh und sehr erleichtert, dass der Vater jemanden geschickt hatte, der sich um Elijahu kümmerte. Dieses Wissen nahm eine schwere Last von meinen Schultern.

~~~~~~~

Ich gebe meinen Geist in euch, damit wieder Leben in euch kommt, und bringe euch in euer Land zurück. Ihr sollt erkennen, dass ich das angekündigt habe und dass ich tue, was ich sage, ich, der HERR (Hesekiel 37,14 GNB).

Meine Sorge um Elijahu fühlte sich so real an. Es gab eine Zeit, in der ich aus Sorge um andere selbst ausbrannte. Plötzlich saß ich unter meinem eigenen Ginsterstrauch. Hast du dich jemals so gefühlt wie ich oder Elia, der unter einem Strauch in der Wüste saß? Oder kannst du vielleicht nachempfinden, wie es ist, sich um jemanden zu kümmern, der in der Wüste sitzt? Heute möchte ich mit dir in diese trockene Wüste gehen.
~~~~~~~

Federleicht: Momente zum Innehalten

Ich möchte mich einen Moment zu dir setzen und dir von der Vision Hesekiels erzählen.[1] Er wurde vom Geist Gottes in ein Tal geführt, das voller vertrockneter Knochen war. Und der Geist fragte ihn: „Können diese Gebeine leben?“ Normalerweise würden wir sagen: Nein! Da ist kein Leben, es gibt keine Hoffnung. Aber Hesekiel antwortete mit der Weisheit Gottes. Als Hesekiel nach Gottes Weisung prophezeite, bewegten sich die vertrockneten Gebeine und wurden lebendig. Der Geist Gottes kam über sie und hauchte ihnen Leben ein und ein großes Heer erhob sich. Diese Vision zeigte, wie Gott neue Hoffnung über das Haus Israel ausgoss.

Heute will ich über dir neues Leben prophezeien. Ich möchte zu den trockenen Stellen in deiner Seele sprechen: „Werde lebendig in Jesu Namen! Ich spreche neue Hoffnung in deine Situation. Die Hoffnung hat einen Namen: Jesus Christus. Unser Hohepriester ist der Anker unserer Seele, der uns in das Allerheiligste führt. Der Ginsterstrauch in der Wüste ist nicht dein Platz. Über dir weht ein frischer Wind, der Lebensatem Gottes. Der Heilige Geist wartet darauf, dich zu neuem Leben zu erwecken.“

In der Geschichte und auch im Alltag musste ich lernen, meine Sorgen loszulassen und der Führung des Heiligen Geistes zu folgen. Meine Hilfe war oft nicht erforderlich. Ich wollte lernen, dem Vater zu vertrauen, dass er sich um die kümmern würde, die er mir ans Herz gelegt hatte. Ich möchte dich ermutigen, deine Sorgen in die Hände des Vaters zu legen. Er ist der Gott, der dich und deine Liebsten sieht. Du kannst ihm vertrauen, denn er sehnt sich sogar mehr als wir danach, die zu retten, zu beleben und wiederherzustellen, die wir lieben. Er hat die Welt so sehr geliebt, dass er seinen geliebten Sohn gab, um die zu retten, die ihm vertrauen.

[1] Siehe Hesekiel 37.

Gebet:

Himmlischer Vater,
ich danke dir, dass du ein guter Vater bist,
reich an Liebe und voller Barmherzigkeit.
Du siehst diejenigen, die in Not sind und Schmerzen haben.
Du kennst ihr Leid.
Ich bitte dich,
dass du mit neuer Hoffnung in ihr Leben kommst.
Ich bitte dich,
dass du mit deinem Geist kommst und deinen Lebensatem
in ihren Körper, ihre Seele und ihren Geist hauchst.
Ich bitte dich, dass wir sehen, wie sie wieder aufstehen.
Ich bitte dich, dass wir mit Klarheit erkennen,
welche Aufgaben von dir sind
und was unsere Verantwortung ist.
Ich bitte dich um Weisheit und Unterscheidungsvermögen,
damit wir wissen, wann du uns zur Seite nimmst,
um eine Weile auszuruhen, oder uns rufst,
um diejenigen, die wir lieben, in deine liebenden Arme zu führen.
Danke, dass du unsere Hoffnung,
unsere Kraft und unser Lebensatem bist.
Komm, Heiliger Geist, und hauche uns neues Leben ein.
Komm, Heiliger Geist, und mach uns lebendig.
Komm, Heiliger Geist, und erfülle uns neu.
Wenn du, Heiliger Geist, atmest,
werden wir uns zu einer Armee der Hoffnung erheben.
Amen.

Tag 27

Mit Müdigkeit und Erschöpfung umgehen

Erinnerst du dich an den Anfang unserer Reise? Da saß ich auch unter einem Baum. Es war das erste Mal, dass ich Ruach begegnete. Im Laufe unserer Reise haben wir den Heiligen Geist und den Klang seiner sanften Stimme vielleicht schon ein bisschen mehr kennengelernt, wie er z. B. flüstert:

„Komm und setz dich mit mir unter den Ginsterstrauch. Was bedeutet dieser Baum für dich? Ist er ein schattiger Ort in der Wüste deines Lebens? Vielleicht brennt die Sonne heiß. Aber da ist dieser Baum, der dich einlädt, Ruhe für deine Seele zu finden. Erfrische deinen Körper und deine Seele. Komm und ruhe dich unter dem Ginsterstrauch aus, der für dich gepflanzt wurde. Er wartet auf dich. Komm und atme!

Sprich über deine inneren Bedürfnisse. Weine dich aus – über deine Sorgen und deinen Kummer. Schrei die trockenen und leblosen Gedanken heraus. Schrei die Frustration und die Angst heraus. Es ist okay. Lege alles unter dem Ginsterstrauch ab.

Hier bin ich, der Geist Gottes, direkt an deiner Seite und höre zu. Mein Lebensatem ist über dir. Komm und ruhe dich aus. Komm und leg dich in meinen Schoß. Ich halte dich fest wie eine Mutter ihr Kind. Ich bin bei dir in deinem Leid. Ich bin bei dir in deiner Verzweiflung und Müdigkeit. Ich bin da, um dich zu trösten, um dich wie eine Mutter zu halten. Schlaf einfach eine Weile."

Ja, der Geist Gottes ist mit dir!

Die 27. Begegnung

Nachdem ich mit Ruach die köstlichen Brotfladen genossen hatte, legte ich mich für eine Weile hin. Ruach schien mich ebenso gut zu kennen wie Jeschua: Sie hatte eine Hängematte für mich aufgehängt. Ich liebe Hängematten! Dort war ich vor den vielen Insekten, die auf dem Wüstenboden herumkrabbelten, sicher. Wenn ein leichter Wind wehte, hatte das sanfte Schaukeln etwas zutiefst Beruhigendes. Erst als ich meine Beine ausstreckte und mich zurückfallen ließ, merkte ich, wie erschöpft auch ich war. Die ganze Zeit hatte ich nur darüber nachgedacht, wie Elijahu mit all dem fertig werden sollte, was er durchgemacht hatte. Dabei hatte ich ganz vergessen, dass ich den ganzen Weg mit ihm gegangen war. Ich hatte ihn auf seiner Flucht begleitet. Auch mich hatte das Kraft gekostet. Ich döste gerade ein, als der Engel zurückkam.

Neugierig blickte ich durch meine vom Schlaf schweren, halbgeschlossenen Augen. Der Engel schien ein fröhlicher Geselle zu sein. Putzmunter plauderte er drauf los und erzählte Ruach, wie schön es für ihn gewesen war, Elijahu zu dienen. Er habe ihn zwar aufwecken müssen, aber schließlich habe Elijahu seinen Backkünsten nicht widerstehen können, erzählte er lachend. Elijahu war ziemlich erschöpft und gleich nach dem Essen wieder eingeschlafen. Der Engel würde nun noch etwas für Elijahu vorbereiten und dann auf ihn aufpassen, während er schlief. Der Vater hatte ihm gesagt, dass Elijahu sich gesundschlafen müsse. Im Schlaf kann man am besten verarbeiten. Wieder erfüllte ein unwiderstehlicher Duft von frischem Brot die Luft um mich her.

Auch ich hatte für eine Weile geschlafen. Als ich wieder aufwachte, war der Engel verschwunden. Ich streckte mich und schlenderte zu Ruach hinüber. Sie hatte ein Feuer angezündet und einen ihrer Kräutertees zubereitet. Ich wollte mehr über diesen Engel wissen, der sich um Elijahu zu kümmern schien. Sicherlich würde Ruach mir diesen Beruf genauer erklären können. Also fragte ich sie, ob ein Engel vielleicht so etwas wie ein Prophet war, nur mit einer anderen Aufgabe. Es war gar nicht so einfach, all das zu verstehen, was Ruach mir erklärte. Als ich mich zur Nacht in meine Hängematte legte, versuchte ich, das Gehörte zu sortieren und meine Gedanken zu ordnen.

Engel sind keine Menschen. Sie sind Diener und Boten Gottes (siehe Hebräer 1,14), die vom Vater für verschiedene Aufgaben eingesetzt werden. Da wo die Engel herkommen, gibt es eine bestimmte Hierarchie. Aber sie sind alle Geschöpfe Gottes und ihm untergeordnet. Ihre wichtigste Aufgabe ist es, den Vater anzubeten (siehe Psalm 103; 148,2). Sie dürfen ihn in seiner Heiligkeit anschauen und seine Größe und Macht verkünden.

Als Ruach mir in der Stille am Lagerfeuer davon erzählte, konnte ich fast hören, wie sie immer wieder riefen: „Heilig, heilig, heilig bist du, der du auf dem Thron sitzt und herrschst." Ich hatte so eine Ahnung wie damals am brennenden Dornbusch zur Zeit Moses, als die Heiligkeit Gottes mich dazu veranlasst hatte, die Schuhe auszuziehen und auf die Knie zu gehen. Es ist schwierig, diese Ahnung von der Größe Gottes zu beschreiben. Auf jeden Fall lag darin ein tiefer Friede, ein Zur-Ruhe-Kommen. Es war etwas ganz anderes als zum Beispiel am Königshof, wo die Untertanen dem König huldigten. Vor dem Vater ist Freiheit und Freiwilligkeit. Und noch mehr geschieht in der Anbetung vor dem Thron Gottes: Sein liebevoller Blick ist heilsam.

Schaukelnd drehte ich mich in der Hängematte auf die andere Seite. „Die Engel wissen, wer auf dem Thron sitzt", dachte ich, „wer der Schöpfer des Universums ist – ihr Schöpfer. Alle Engel wissen das." Daran gab es keinen Zweifel.

Ich erinnerte mich an den Moment, als Ruach traurig innegehalten hatte. Im königlichen Rat des Vaters gab es auch ein paar besondere Engel: Engelfürsten. Und einer davon hatte seinen Platz vor dem Thron Gottes verlassen und die Herrschaft des Königs an sich reißen wollen (siehe Jesaja 14,12-15; Hesekiel 28,14-17). Seitdem herrschte Krieg. Der Ex-Engel hatte andere mitgerissen und ein Schattenreich aufgerichtet. Seitdem ist es für die Menschen nicht mehr so einfach, die echten Engel Gottes von den gefallenen Ex-Engeln zu unterscheiden. Der Ex-Engel kannte die Strukturen Gottes und versuchte, sie so gut wie möglich nachzuahmen. Hier liegt die Wurzel alles Bösen. Der Himmel ist in Aufruhr. In der Engelwelt tobt ein Krieg. Der Vater hat Engel bestimmt, die gegen den Ex-Engel und seine Armee kämpfen sollen (siehe Offenbarung 12,7-9). Es gibt ganze Heerlager, die auch direkt für uns Menschen kämpfen und manchmal sichtbar werden (siehe 1. Mose 32,3).

Ich erinnerte mich an einen Bericht von Jakob, dem Vater Israels, den ich einmal gelesen hatte. Er war auf der Flucht vor Esau. Unterwegs sah er ein ganzes Heerlager von Engeln. Langsam bekam ich eine Ahnung. Vielleicht kam der Engel, der Elijahu diente, aus einem solchen Heerlager Gottes. Ich wünschte es mir jedenfalls, denn genau das konnte er jetzt brauchen: einen Engel, der für ihn kämpfte (siehe Psalm 34,8).

Als ich am nächsten Morgen von dem Duft frischen Brotes aufwachte, hörte ich, wie der Engel mit Ruach über Elijahu sprach. Er erzählte gerade, wie er Elijahu ein zweites Mal geweckt hatte, damit er aufsteht und isst. Er hatte ihn angerührt, sagte der Engel. Was für ein Ausdruck, dachte ich bei mir. Was oder wer hatte mich zuvor angerührt? Auf jeden

Fall war diese Berührung, dieses Angerührtwerden durch den Engel, für Elijahu so spürbar, dass er davon aus seinem tiefen Schlaf aufgewacht war. Dann hatte der Engel ihm wieder etwas zu essen und zu trinken gegeben. Er würde diese Stärkung brauchen, denn sonst wäre der Weg, der vor Elijahu lag, zu weit für ihn (siehe 1. Könige 19,7).

Als der Engel darüber sprach, was er zu Elijahu gesagt hatte, musste ich daran denken, wie ich mit Jeschua Brot und Wein geteilt hatte und dadurch gestärkt worden war. Da knurrte mein Magen so laut, dass Ruach und der Engel sich zu mir umdrehten. Sie begrüßten mich mit einem fröhlichen „Guten Morgen!" und boten mir ebenfalls eine stärkende Mahlzeit an. Mit einem Stück Brot im Mund fragte ich nach dem Weg, den Elijahu gehen musste. Als ich merkte, was ich gesagt hatte, schaute ich verlegen zu Boden. Jetzt wussten die beiden, dass ich sie belauscht hatte. Der Engel lachte nur: „Na, zum Horeb, wohin sollte Elijahu denn sonst gehen?"

Klar, warum war ich nicht von selbst darauf gekommen? Der Berg Horeb, der Berg Gottes, der Ort der Begegnung. Elijahu war gestärkt worden, um sich auf den Weg durch die Wüste zu machen, um Gott dem Vater zu begegnen.

Mein Frühstück war beendet. Ich war dankbar für Orte wie diesen, Oasen mitten in der Wüste, wo man ausruhen und gestärkt werden konnte. Manchmal schickt Gott dazu einen Engel, der einem genau das bereitstellt, was man für den vorausliegenden Weg braucht, so wie bei Elijahu. Gott hatte ihn in seiner Verzweiflung gesehen, seinen Hilferuf gehört und ihm das gegeben, was er brauchte. Nicht das, worum er gebeten hatte. Er hatte ihn gestärkt, damit er wieder aufstehen und seinen Weg fortsetzen konnte. Ich war froh und dankbar zu wissen, dass Elijahu nicht mehr verzweifelt und am Ende seiner Kräfte unter dem Ginsterstrauch saß. Aber jetzt, da ich wusste, dass er auf dem Weg war, wurde auch ich von einer heiligen Unruhe ergriffen, ihm in Richtung des Horeb-Gebirges zu folgen.

~~~~~~

Ich bitte ihn, dass er euch aus dem Reichtum seiner Herrlichkeit beschenkt und euch durch seinen Geist innerlich stark macht (Epheser 3,16 GNB).
~~~~~~

Ich möchte mit dir darüber nachdenken, wie wir mit Müdigkeit und Erschöpfung umgehen können. Elia brauchte nur Schlaf, Wasser und Brot. Hast du schon einmal jemanden gebraucht, der dich daran erinnert, genug zu schlafen, zu essen und zu trinken? Vielleicht brauchst du gerade jetzt eine kleine Erinnerung an eine gesunde Selbstfürsorge?

Federleicht: Momente zum Innehalten

Gestern haben wir unter dem Ginsterstrauch über die eigenen Grenzen nachgedacht. Vielleicht weißt du, wie du für andere sorgen kannst, vergisst aber, für dich selbst zu sorgen? Vielleicht fühlst du dich heute wie Elia, hoffnungslos und leblos, ohne Versorgung. Ich möchte dich ermutigen, aus dem Wasserkrug zu trinken, der direkt neben dir unter dem Ginsterstrauch steht. Trinke das Wasser des Geistes. Trink bis dein Inneres wie ein Becher bis zum Rand gefüllt ist und überläuft. Der Ginsterstrauch scheint ein einsamer Ort zu sein. Wir mögen uns allein fühlen, aber der Heilige Geist ist bei uns. Der Heilige Geist ist das Gegenteil vom Geist der Armut. Das Wasser im Krug ist ein Hinweis auf seine Gegenwart an diesem dunklen und trockenen Ort. Es gibt keinen Platz mehr für Mangel oder Armut.

Bist du schon einmal wie Elia von einem Engel berührt worden? Manchmal denken wir, dass Menschen Engel sind. Als menschliche Wesen können wir einander Gutes tun. Aber das bedeutet nicht, dass wir Engel sind. In der Geschichte habe ich Ruach gebeten, mir zu erklären, was die Aufgabe eines Engels ist. Der Heilige Geist ist ein großartiger Lehrer. Engel können wie Menschen erscheinen und aussehen, aber sie sind andere Geschöpfe. Sie sind dazu geschaffen, den dreieinigen Gott anzubeten. Aber Gott kann uns auch seine Engel schicken, damit sie uns dienen, helfen oder für uns kämpfen. Manchmal werden Engel sichtbar oder ihre Gegenwart wird spürbar.

Ich mag es nicht, wenn Leute mit ihren Autos dicht auffahren und an meiner Stoßstange kleben. In solchen Situationen habe ich den Vater oft gebeten, mir einen Engel zu schicken. Ich nenne sie „Abstandsengel". Ich bin mir nicht sicher, ob das ein guter Ausdruck ist, aber Gott hat oft mein Gebet erhört und das Auto hinter mir hielt plötzlich Abstand. Ich kann es mir nicht anders erklären, als dass mir wirklich ein Engel vom Vater zur Hilfe geschickt wurde.

Vielleicht kannst du dir die Stimme des Engels vorstellen, der zu Elia sprach: „Steh auf und iss! Denn du hast einen weiten Weg vor dir." Die Reise, die vor Elia lag, war in der Tat sehr lang, 40 Tage und Nächte. Er war erschöpft und brauchte eine Stärkung. Der Engel brachte ihm himmlisches Brot.

Nachdem der Teufel Jesus nach dessen 40-tägigem Fasten in der Wüste versucht hatte, kamen Engel, um ihm zu dienen. Und Jesus wurde für uns das Brot des Lebens. Gott will uns mit sich selbst, mit seiner Gegenwart stärken. Unsere Reise durch diese Welt mag viel zu groß für uns sein. Aber wir sind nicht allein; Gott ist Mensch geworden, um uns zu stärken, und er hat uns seinen Heiligen Geist gesandt, um uns durch die Wüste nach Hause zum Vater zu führen.

Gebet: *Himmlischer Vater, du siehst jeden, der gerade wie Elia unter einem Ginsterbusch sitzt, bitte schick du deine Engel. Du siehst die Kämpfe und dunklen Nächte, schicke du deine Engel des Lichts im Kampf gegen die Engel der Finsternis.*
Lass mich erkennen, dass diejenigen, die für mich kämpfen, mehr sind als die auf der anderen Seite.[1] *Vater, bitte schicke du mir einen Engel, der mich anrührt.*
Öffne meine Augen, dass ich deine Versorgung sehen kann. Danke für deine Fürsorge mitten in der Wüste. Amen.

[1] Siehe 2. Könige 6,16.

Tag 28

Kampf im dunklen Tal

Wir haben darüber nachgedacht, wie wir die Wüstenzeiten des Lebens überwinden können. Wir haben die Stimme des Engels gehört, der zu Elia sagte: „Steh auf und iss! Denn du hast einen weiten Weg vor dir“, und haben dann den Ginsterstrauch verlassen. Gestärkt haben wir uns auf den Weg durch die Wüste gemacht, um den Berg Horeb zu erreichen. Dort war Gott der Vater auch Mose begegnet. Es ist der Berg des Bundes. Elia war nun auf dem Weg zum Berg der Begegnung. Was erwartest du auf deinem Weg zu diesem Berg? Wenn wir Gott suchen, dürfen wir größere Dinge erwarten als das, was wir uns vorstellen können.

Die 28. Begegnung

Nach dem Frühstück verabschiedeten wir uns voneinander. Ich wusste nicht, wohin Ruach gehen würde, auch der Engel war schnell verschwunden. Irgendwie war ich enttäuscht. Vielleicht würde der Engel hinter Elijahu hereilen. Hätte er mich nicht mitnehmen können? Aber dann erinnerte ich mich daran, was Ruach mir erklärt hatte. Engel waren nicht an Raum und Zeit gebunden wie wir Menschen. Mehr noch, die Engel erfüllten den Auftrag des Vaters. Er schickte sie zu uns Menschen, wann immer er wollte. Es stand mir nicht zu, mit dem Engel darüber zu verhandeln, ob er mich mitnehmen würde oder nicht. Aber vielleicht konnte ich ja den Vater bitten, mir einen Engel zu schicken, wie er es für Elijahu getan hatte? Ob der Vater mir einen sichtbaren Engel schicken oder ob ich die Anwesenheit eines Engels wahrnehmen würde, alles lag in den Händen des Vaters.

Ruach hatte mir nur die grobe Richtung gezeigt, in die ich gehen musste, und mir etwas Reiseproviant zusammengestellt. Das Feuer war erloschen. Ich schulterte meinen Rucksack und machte mich auf den Weg, während die Sonne auf mich nieder brannte. In den ersten paar Stunden war ich noch recht gut gelaunt. Wie lange war ich nicht mehr am Berg Horeb gewesen? Würde ich den Pfad, der zum Vaterhaus geführt hatte, oder die Höhle auf dem Berggipfel noch finden? Ich freute mich darauf, Zeit auf diesem Berg zu verbringen. Endlich würde ich den Vater wiedersehen, so hoffte ich. In der Mittagshitze machte ich eine Pause und setzte mich unter einen Strauch.

Die Sonne hatte mich müde gemacht und ich schlief ein. Ich träumte von einem Kampf. Mächtige Krieger hatten sich auf den Weg gemacht. Große Heere standen sich gegenüber. Die Atmosphäre schien zu brodeln; die Schlacht stand unmittelbar bevor. Plötzlich hörte ich einen mächtigen Schrei. „Es reicht!", hallte es auf dem Kampfplatz wider. Dann war es still.

Stille umgab mich, als ich aufwachte. Was hatte dieser Traum zu bedeuten? Ich streckte meine Glieder, trank einen Schluck Wasser und machte mich wieder auf den Weg. Irgendwie hatte ich auf einmal pochende Kopfschmerzen; ich musste wohl zu lange in der Sonne gelegen haben, denn der Schatten war von mir weg gewandert. Nun kam mir der Weg beschwerlich vor. Seit Stunden hatte ich keine Menschenseele mehr gesehen. Immer wieder dachte ich über den Traum nach. Tobte in diesem Moment ein Kampf in der Engelwelt? Worum ging es in dem Kampf? Die Engel Gottes blicken zum Vater und dienen ihm und den Menschen. Die gefallenen Engel schauen auf ihren Engelfürsten; sie wollen die Menschen quälen und sie in ihr Schattenreich ziehen.

In der flirrenden Hitze kam es mir vor, als sähe ich diese großen Armeen, die irgendwo weiter weg in der Wüste lagerten. Auf der einen Seite standen die dunklen Krieger, auf der anderen Seite die hell Gekleideten. Ich schüttelte den Kopf und kniff die Augen zusammen, um wieder einen klaren Blick zu bekommen. Moment mal! Das war nur ein Trugbild. Hier gab es keine Krieger!

Erleichtert setzte ich meine Reise fort. Ich ging weiter und kam an eine Felsschlucht. Die staubige, sandige Wüste hatte sich wieder verändert. Steine und Geröll lagen um mich her. Fast unbemerkt hatte mich die Weite der Wüste direkt in diese enge Schlucht geführt. Zuerst war ich froh über den Schatten, den mir die Felswände boten. Doch dann durchzog mich ein eigentümliches Frösteln, das so gar nicht zu der Wüstenhitze passen wollte. Ich setzte einen Schritt vor den anderen. Plötzlich wurde mir schwindelig und ich musste mich an den Felswänden abstützen. „Irgendetwas scheint mit meinem Kreislauf nicht in Ordnung zu sein", dachte ich. „Wahrscheinlich zu viel Sonne ..." Dann wurde mir übel. Hitze und Kälteschauer durchliefen meinen Körper. Ich sackte an der Felswand zusammen. Mein Herz raste. Jeden Schlag meines Herzens glaubte ich zu hören. Kalter Schweiß sammelte sich auf meiner Stirn und mir wurde schwarz vor Augen. Ich rang nach Atem, versuchte zu schreien, um Hilfe zu rufen. Doch kein einziges Wort kam über meine Lippen.

Als ich wieder zu mir kam, war es dunkle Nacht. In meinem Kopf hämmerte es, mein ganzer Körper schmerzte und mir war kalt. Ich versuchte, meinen Blick zu schärfen, konnte aber nichts sehen. So wie die Felsen tagsüber das Sonnenlicht abgehalten hatten, hielten sie jetzt den Schein des Mondes fern. Ich versuchte, langsam und ruhig zu atmen. Aber alles tat weh. Wieder erfasste mich eine Welle der Übelkeit. Ich hörte ein Rauschen in meinen Ohren. Der harte Fels unter mir schien sich zu bewegen. Die Schlucht begann sich zu drehen.

Ich brauchte Hilfe. Doch es war niemand hier, der mir hätte helfen können. Mir fehlte die Kraft, um zu rufen. Auch innerlich war ich nicht in der Lage, zum Vater zu schreien. Es kostete mich meine ganze Kraft, zu atmen und die schmerzhaften Stiche in meiner Brust auszuhalten. Plötzlich wurde mir klar, in welchem Tal ich mich befand: Es war das Tal der Todesschatten.

Wieder versuchte ich, meine Augen zu öffnen und in die Richtung zu schauen, in die ich laufen wollte. Aber ich konnte nichts sehen. Das Einzige, was ich neben meinem Herzschlag wahrnahm, war ein tiefes Grollen und Jaulen, das aus dieser Richtung kam und immer näher zu kommen schien. *Schakale! Hungrige Kojoten!*, schoss es mir durch den Kopf. „Für die wäre ich ein gefundenes Fressen ..." Das Scharren ihrer Pfoten schien näher zu kommen. Es musste ein ganzes Rudel sein.

Als ich versuchte, aufzustehen, wurde mir wieder schwarz vor Augen. Ich keuchte und suchte nach Halt. Die scharfen Felsen schnitten mir ins Fleisch. Ich ahnte, dass ich nicht mehr lange zu leben hatte. Ich würde es nicht schaffen, das Tal der Todesschatten zu durchqueren. Ich würde den Berg des Herrn nicht erreichen. Ich wartete darauf, dass mein Herz seinen letzten Schlag tun würde und die hungrige Meute über mich herfiele. Ich war am Ende.

~~~~~~
~~~~~~

> *Wir alle erleben Zeiten der Prüfung, das ist für jeden Menschen normal. Aber Gott wird dir treu sein. Er wird die Schwere, die Art und den Zeitpunkt jeder Prüfung, mit der du konfrontiert wirst, abwägen und filtern, damit du sie ertragen kannst. Jede Prüfung ist eine Gelegenheit, ihm noch mehr zu vertrauen, denn mit jeder Prüfung hat Gott für dich einen Ausweg vorgesehen, der dich siegreich aus ihr herausführen wird* (1. Korinther 10,13 TPT).

Vielleicht bist du schon durch dein persönliches Tal der Todesschatten gegangen. Leid, Verlust und Trauma können ein solches Tal sein. In meinen dunkelsten Zeiten wusste ich nicht, wie ich mein Tal der Schatten durchqueren konnte. Ich sah kein Licht am Ende des Tunnels. Am Ende meiner Kräfte ergriff ich die Hand meines Retters und traf eine Entscheidung. Wie die Braut im Hohelied der Liebe beschloss ich, mich an Jesus festzuklammern (siehe Hohelied 4,6). Wenn du nicht mehr weiterweißt, möchte ich dich ermutigen, die gleiche Entscheidung zu treffen und dich an Jesus festzuklammern. Er trägt dich durch!

Federleicht: Momente zum Innehalten

Es gab und gibt einen Kampf zwischen Dunkelheit und Licht. Wir sehen ihn vielleicht nicht, aber wir können ihn spüren. In Epheser 6,10-18 beschreibt Paulus, was um uns herum vor sich geht. Und er zeigt uns, wie wir diese Zeiten mit der Waffenrüstung Gottes überstehen können. Heute möchte ich dich ermutigen, dir vorzustellen, wie du diese Rüstung trägst. Versuche, dir jede Waffe vorzustellen. Wie fühlst du dich in diesem Moment, wenn du den Schild des Glaubens trägst, den Helm aufhast, der deinen Verstand schützt, und das Wort Gottes als dein Schwert in deiner Hand hältst?

Das hebräische Wort für Schakale ist das gleiche Wort wie für „Schlange, Drache, Seeungeheuer" (siehe Psalm 44,20). In der

Dunkelheit des Lebens fühlen wir uns vielleicht von Schakalen umgeben, die versuchen, zu töten, zu stehlen und zu zerstören, was der Herr in unser Leben gepflanzt hat. Aber sie können die leise Stimme der Hoffnung und den Samen der Liebe in uns nicht zerstören, die bis zum Ende bestehen bleiben werden (siehe 1. Korinther 13,13). Was auch immer du jetzt fühlst: Das ist nicht das Ende. Unser Gott ist größer. Er hat die Schlange besiegt. Auch wenn wir eines Tages durch das Tal des Todes gehen, in Christus sind wir lebendig. Er hat den Tod besiegt.

***Gebet** (nach Epheser 6,10.18):*

Hab Dank, Herr Jesus, dass ich in dir stark bin
und du mich übernatürlich mit Kraft erfüllst.
Ich ziehe die vollständige Rüstung an,
die du für mich bereithältst,
damit ich im Kampf gegen die bösen Strategien
des Anklägers geschützt bin!
Im Nahkampf mit den dunklen Mächten
bin ich geschützt und siegreich.
Ich bin ein Überwinder und behalte das Feld.
Ich stehe fest und ziehe die Wahrheit
wie einen Gürtel an, der mich stärkt.
Deine Gerechtigkeit und Heiligkeit bedecken
mein Herz wie eine Schutzweste.
Ich stehe fest auf meinen Füßen,
und trage die Schuhe der Bereitschaft,
um für das Evangelium des Friedens einzutreten.
Ich ergreife den Schild des Glaubens,
um die brennenden Pfeile des Bösen auszulöschen!
Ich ziehe die Tatsache der Erlösung durch dein Blut
wie einen Helm an, der meine Gedanken vor Lügen schützt.
Heiliger Geist, du erinnerst mich an dein Wort,
das ich als Schwert in meiner Hand,
in meinem Herzen und in meinem Mund trage.
Ich bitte dich um deinen Segen für alle Gläubigen.
In Jesu Namen. Amen.

Tag 29

Licht und Trost am Ende des Tunnels

Hast du dich jemals gefragt: „Wo bist du, Gott?" Im Tal des Todesschattens können wir diese Frage stellen. In Stunden der Schlaflosigkeit versuche ich zu beten. Aber manchmal höre ich nichts. Vor einiger Zeit, als ich dieses Kapitel überarbeitete, war eines meiner Ohren irgendwie taub, ich konnte nicht klar hören. Alles klang weit weg. Meine Ohren mussten gereinigt und geheilt werden. Das mag vielleicht auch auf unsere geistlichen Ohren zutreffen. Manchmal sind unsere geistlichen Ohren vielleicht taub und wir können die Antwort auf unsere Frage „Wo bist du, Gott?" nicht hören. Aber Gott ist trotzdem da und findet einen Weg, uns seine Gegenwart zu zeigen.

Die 29. Begegnung

Als ich wieder zu mir kam, waren die Schmerzen weg. Ich konnte wieder frei und unbeschwert atmen. Alles war irgendwie leicht. Ich sah mich um und sah ein Licht am anderen Ende der Schlucht. Dann bemerkte ich neben mir einen Stab, den ich ergriff, um mich darauf abzustützen. Ich stand auf, ohne Schwindel oder sonstige Einschränkungen, und ging auf das Licht zu. Verwirrt schaute ich noch einmal zurück. Hatte ich nur schlecht geträumt? War mir die Hitze zu Kopf gestiegen? Waren die Schakale nur eine Sinnestäuschung gewesen, oder hatten sie mich aus irgendeinem Grund verschont?

Ich konnte keine Antworten auf meine Fragen finden. Doch jeder Schritt brachte mich dem Ende des Tals und dem Licht näher. Ich wusste nicht, wie viel Zeit in diesem dunklen Tal vergangen war. Das Sonnenlicht begrüßte mich, als ich den letzten Schritt aus dem Tal der Todesschatten machte. Aber nicht nur das Sonnenlicht, erstaunt blickte ich in drei lächelnde Gesichter. Tränen traten mir in die Augen, die Ruach mit einem Taschentuch behutsam abtupfte. Dann kam Jeschua auf mich zu und umarmte mich herzlich. Wie lange hatten wir uns nicht gesehen? Er nahm meine Hand und zog mich zum Vater, der mich fest umarmte.

Mein Herz war nach Hause gekommen! Als ich mich umsah, stellte ich erstaunt fest, dass ich direkt am Fuß des Berges Horeb stand. Ruach lief voraus. Der Vater und Jeschua nahmen mich in ihre Mitte. Wir gingen gemeinsam bergauf. Dieser Aufstieg war so ganz anders. Alles war leicht und schön. Nicht einen Augenblick hatte ich das Gefühl, dass mein Fuß strauchelte. Auch die Sonne stach nicht mehr auf mich ein, wie noch vor ein paar Tagen. Ich konnte mich nur freuen an der Schönheit der Bergwelt. Hier blühten zwischen den Steinen die schönsten Blumen. Kleine Schmetterlinge flogen von einer Blüte zur nächsten. Die Vögel um uns her sangen die schönsten Lieder. Ja, und die Aussicht war einfach fantastisch, atemberaubend. Dann bogen wir ab und kamen in das mir so vertraute Tal.

Ich spürte einen Kloß im Hals, als ich die Berghütte in der Ferne erblickte. Aus dem Schornstein des Vaterhauses stieg eine Rauchfahne in den Himmel. „Sicherlich steht Ruach schon am Herd", dachte ich mit einem Lächeln auf den Lippen. Levantino, das Pferd, stand friedlich grasend auf einer Wiese in der Nähe des Hauses. Als ich dort ankam, konnte ich nicht anders, als das Pferd zu umarmen, das mich vor langer Zeit durch die Wüste getragen hatte. Der Vater sah mir lächelnd von der Veranda aus zu. Jeschua saß auf der Hollywoodschaukel. Ich setzte mich neben ihn. Wir sahen uns schweigend den Sonnenuntergang an. Der würzige Duft von frisch gebratenem Essen drang zu uns nach draußen, als Jeschua sagte, wir sollten ins Haus gehen.

Ruach hatte ein köstliches Essen für uns vorbereitet. Ich hatte noch nie so leckere Bratlinge mit Honigkruste auf Salat mit Currysauce gekostet. Ich dachte, es könnte Huhn sein, aber Ruach erklärte mir, dass sie das Fleisch von einigen Heuschrecken zubereitet hatte, als Zeichen für die Wiedergutmachung.

Hier war ich zu Hause. Das Kaminfeuer flackerte gemütlich. Der Vater wollte wissen, was ich auf meiner Wüstenreise alles erlebt hatte. „Weiß er das nicht bereits?", ging es mir durch den Kopf. Aber es war ihm wichtig, alles von mir persönlich zu hören. Also erzählte ich ihm von dem Weg, den ich gegangen war.

Die drei hörten mir einfach zu. Ich erzählte ihnen von meiner Einsamkeit. Wie sehr ich Jeschua anfangs vermisst hatte. Dann schaute ich

Ruach an und dankte ihr dafür, dass sie sich auf meiner Reise um mich gekümmert hatte. Lächelnd nickte sie mir zu. Ich mochte ihre Mütterlichkeit genauso sehr wie die Liebe des Vaters. Meine Worte sprudelten nur so aus mir heraus: Die Begegnung mit Elijahu und die gemeinsame Zeit mit ihm am Bach Krit. Wie sehr hatte ich mir solch einen Freund gewünscht. Als ich von Elijahu erzählte, merkte ich wieder, wie sehr die drei ihn liebten. Ich erzählte von meiner Zeit in Zarpat, von dem Schmied, der Witwe und dem kleinen Josia. Als ich von meiner Wut und dem Schmerz, nicht gesehen zu werden, erzählte, spürte ich die Blicke aller drei liebevoll auf mir ruhen. „In dir ist viel an Heilung, Wiederherstellung und Wachstum geschehen!" Fast gleichzeitig brachten die drei es zum Ausdruck. Irgendwie lag bei diesen Worten Stolz im Blick des Vaters.

Dann erzählte ich vom Berg Karmel und spürte wieder die Heiligkeit des Augenblicks, als das Feuer vom Himmel fiel und der Vater seine Gerechtigkeit wiederhergestellt hatte. So viel war geschehen, so viel hatte ich gelernt.

Aber was war mit dem Tal der Todesschatten? Warum musste ich dort hindurchwandern? Als ich diese Frage stellte, stand Ruach auf und legte ihre Hände auf meine Schultern. Die ganze Zeit hatte ich zwischen dem Vater und dem Sohn sitzen dürfen. Jetzt hatten sich beide mir zugewandt. Eine heilige Stille erfüllte das Haus des Vaters, als sie mir erklärten, warum ich dieses Tal hatte durchschreiten müssen.

Ich war nicht die Einzige, die diesen Weg gehen musste. Ich wusste, dass sie mich auch in diesem Tal gesehen hatten, alle drei. „Ja, und einer von ihnen hat mir auch diesen Stab gebracht", schoss es mir durch den Kopf, als ich die tröstenden Hände von Ruach auf meiner Schulter spürte. Viele Fragen waren noch in mir, als der Vater von mir wissen wollte, ob ich mich noch an den Traum und die Vision erinnern könne, bevor ich in das Tal des Todesschattens getreten war. „Ja, natürlich!" Noch immer konnte ich die beiden Heerlager vor meinen inneren Augen sehen. Wieder spürte ich die Anspannung vor einem großen Kampf. Dann klangen die Worte aus meinem Traum in mir nach: „Es reicht!"

„Das war doch die Stimme des Vaters gewesen", wurde mir mit einem Mal bewusst. Während er seine starke Hand auf meinen Arm legte, konnte ich vor meinem inneren Auge sehen, wie ein weißes Pferd mit einem weiß gekleideten Reiter durch die beiden Heerlager ritt. Der

Reiter trug eine weiße Fahne, die er hoch aufgerichtet hielt und die den Sieg verkündete. Es fiel mir wie Schuppen von den Augen und eine neue Offenbarung erreichte mein Herz. Das war Jeschua auf seinem weißen Pferd, dem weißen Riesen. Ich schaute in seine Augen. Auch er legte seine Hand auf meinen Arm. So saß ich dort am Tisch des Vaters, umgeben von der liebevollen und tröstenden Gegenwart Gottes, des Vaters, des Sohnes und Ruachs, des Heiligen Geistes.

~~~~~~~

Denn ich bin überzeugt, dass dieser Zeit Leiden nicht ins Gewicht fallen gegenüber der Herrlichkeit, die an uns offenbart werden soll (Römer 8,18).

Ihn möchte ich erkennen und die Kraft seiner Auferstehung und die Gemeinschaft seiner Leiden und so seinem Tode gleichgestaltet werden, damit ich gelange zur Auferstehung von den Toten (Philipper 3,10-11).

Hier am Berg Horeb können wir erahnen: Herrlichkeit und Leid gehören zusammen. Die Antwort auf meine Frage „Wo bist du, Gott?" ließ sich nicht in ein paar Worten erklären. Ich entdeckte meine Antwort im Licht am Ende des dunklen Tals. Ich erfuhr Trost durch den Wanderstab, auf den ich mich stützen konnte. Ich sah die Antwort in den drei liebevollen Gesichtern, die darauf warteten, mich zu umarmen. Ich möchte dich ermutigen, dein eigenes Bild und deine eigene Antwort zu finden. Gibt es ein Zeichen von Gottes Gegenwart in deinem dunklen Tal?
~~~~~~~

Federleicht: Momente zum Innehalten

In den letzten Tagen haben wir über das „Es reicht" von Elia und vielleicht auch über dein eigenes Kapitulieren nachgedacht. Wo war der Punkt, an dem du gesagt hast: „Es reicht, ich kann nicht mehr!"? Am Ende unserer eigenen Kraft kann Gott uns eine neue Tür öffnen.

In der Geschichte sah ich den Kampf zwischen Dunkelheit und Licht. Der Kampf tobte, bis jemand rief: „Es ist genug!" In 1. Chronik 21,15 können wir nachlesen, wie Gott in einer anderen Geschichte sagte: „Es ist genug!", nachdem 70.000 Menschen an der Pest gestorben waren. Wir sehen nur einen kleinen Teil von dem, was in der übernatürlichen Welt vor sich geht. Da ist mehr als genug Dunkelheit in der sichtbaren Welt um uns her. Lass uns gemeinsam beten und flehen, damit wir seine Stimme hören, die über deine Situation und durch die Dunkelheit dieser Welt schallt: „Es ist genug!"

Es tobt ein Krieg um unsere Seelen. Der Feind ist ein gefallener Engel. Er versucht, uns in sein Schattenland zu ziehen, aber er hat keine wirkliche Macht. Die Macht des Kreuzes hat ihn besiegt. Und dort hören wir diese letzten Worte von unserem siegreichen Herrn und Erlöser: „Es ist vollbracht!"

Jesus ist der Reiter auf dem weißen Pferd, von dem wir in Offenbarung 19 lesen. Lasst uns freuen und fröhlich sein, denn das Hochzeitsmahl des Lammes ist gekommen. Nach dem Kampf können wir den Bräutigam als den Reiter auf dem weißen Pferd sehen, der „das Tier" besiegt hat.

Heute möchte ich dich ermutigen dir vorzustellen, Teil des himmlischen Triumphs zu sein (siehe 2. Korinther 2,14-15) und deinen Blick auf den Reiter auf dem weißen Pferd zu richten. Wie fühlt es sich an, ihm in die Augen zu sehen? Wenn der Reiter des weißen Pferdes vor dir stehen bleiben würde, was würde er zu dir sagen? Vielleicht möchtest du innehalten und ihm zuhören. Was möchtest du ihm sagen? Versuche dir vorzustellen, wie der Vater, der Sohn und der Heilige Geist dir und deinen Wegerfahrungen zuhören, wie ihre Gegenwart dich umgibt. Vielleicht kannst du die Worte der Drei hören: *„Da ist viel an Heilung, Wiederherstellung und Wachstum bei dir geschehen."* Versuch dir den stolzen Blick des Vaters und die liebevolle Umarmung des Heiligen Geistes vorzustellen.

Gebet:

Himmlischer Vater,
hab dank, dass du auch im dunklen Tal bei mir bist.
Schenke du mir Zeichen der Hoffnung,
wenn ich den Ausweg noch nicht sehen kann.
Schenke mir offene Augen, im Rückblick zu erkennen,
was ich in diesen dunklen Zeiten gelernt habe
und wo du mich verändert hast.
Heiliger Geist,
auch wenn sich die Umstände noch nicht verändert haben,
so hast du bereits etwas in meinem Herzen verändert.
Dafür danke ich dir.
Herr Jesus,
bitte schenke mir offene Ohren,
um dein „Es ist vollbracht!" zu hören
und dich, den Bräutigam auf dem weißen Pferd, zu erkennen.
Amen.

Tag 30

Horeb – Wiederhergestellt in Gottes Gegenwart

Als ich über dieses Kapitel nachdachte, hatte ich Ohrenschmerzen und konnte nicht deutlich hören. Ich habe viel um Heilung gebetet, bis mir klar wurde, dass es nicht so sehr um meine physischen Ohren ging und darum, die natürlichen Frequenzen zu hören, sondern vielmehr darum, die Frequenz des Heiligen Geistes mit den geistlichen Ohren hören zu lernen. Im Internet fand ich bei der Suche nach einem Ohrenarzt eine Beschreibung über die Fähigkeit des Hörens und Taubheit. „Bei einer beginnenden Schwerhörigkeit lässt meist zunächst das Vermögen des Ohres nach, auf bestimmte Frequenzen mit einer geringen Lautstärke noch zu reagieren."[1]

Ich bete, dass wir klar und deutlich hören lernen, vor allem die Frequenzen des Heiligen Geistes mit geringer Lautstärke. Möge Jesus uns die Ohren öffnen und (wie in Markus 7,33-34) dieses „Tu dich auf!" zu unseren Ohren sprechen, damit wir seine Stimme so hören können wie ein Jünger (siehe Jesaja 50,4).

Die 30. Begegnung

Noch lange hatten wir an diesem Abend zusammengesessen. Irgendwann war ich in mein Zimmer gegangen. Es gab keinen besseren Ort, dachte ich, als ich mich in das weiche Federbett fallen ließ. Als ich am nächsten Tag erwachte, freute ich mich darauf, Zeit hier im Vaterhaus zu verbringen. Beim Frühstück erklärte mir der Vater, dass Elijahu am vorigen Abend ebenfalls am Fuße des Berges angekommen war. Vierzig Tage und Nächte sei er durch die Kraft der Speise, die der Engel ihm gebracht hatte, durch die Wüste gewandert. „Wie kann das sein?", fragte ich mich. War ich schon so lange hier und hatte jedes Zeitgefühl verloren? Dann erinnerte ich mich daran, dass an diesem Ort andere Gesetze galten. Raum und Zeit spielten hier keine Rolle mehr.

---

[1] https://www.hno-aerzte-im-netz.de/krankheiten/schwerhoerigkeit/definition-und-haeufigkeit.html

Wie aufregend, Elijahu war hier. „Unten am Berg in einer Höhle hat Elijahu geschlafen", erzählte der Vater. Ich wollte wissen, ob Elijahu das gleiche Tal durchwandert hatte, bevor er den Fuß des Berges erreicht hatte. Aber der Vater schwieg dazu. Elijahu hatte eine Menge erlebt. Das wusste ich und auch der Vater. Und dennoch hatte der Vater ihm in der Höhle eine Frage gestellt: „Elijahu, was willst du hier?" Ich schaute den Vater mit großen Augen an. „Aber du weißt doch, warum er hier ist, Abba", sprach ich meine Verwunderung aus. Der Vater nickte mir zu. „Ja, aber so wie du gestern Raum hattest, alles zu erzählen, war es auch für Elijahu wichtig, aussprechen zu dürfen, was ihn bewegt und warum er hierhergekommen ist."

Der Vater erzählte weiter, wie Elijahu unten in der Höhle am Fuß des Berges Horeb alles herausgelassen hatte. Elijahu hatte dem Vater erzählt, wie sehr er für ihn gekämpft hatte, um den Bund mit den Kindern Israels wieder aufzurichten. Er hatte geklagt, wie weit sich das Volk vom Vater entfernt hatte, wie Ahab und Isebel den Altar Gottes niedergerissen und alle Propheten außer ihm selbst getötet hatten. Dann sprach Elijahu von seiner Todesangst, der Verfolgung und Bedrohung, der er ausgesetzt war. Der Vater hatte ihm zugehört, so wie er mir zugehört hatte. Doch dann hatte er ihn aufgefordert, seine Höhle zu verlassen.

Während der Vater sein Herz teilte, erklärte mir Jeschua: „Es ist so wichtig, die Höhle zu verlassen. Es ist nicht gut, im Dunkeln in einer Höhle sitzenzubleiben. Über Nacht bietet sie Schutz, aber am Tag ist es wichtig, ins Licht zu treten." Mit einer Stimme erzählten mir der Vater und Jeschua von der Einladung an Elijahu, Gott auf dem Berggipfel zu begegnen, so wie einst Mose. Dann machte der Vater sich auf den Weg. Jeschua schlug vor, dass ich – wie damals – dort in der Höhle sein könne, während Abba Elijahu treffen würde. Ich war ganz aufgeregt. Eilends folgte ich ihm bergauf.

Es hatte sich nichts verändert. Der hintere Teil der Höhle war mir immer noch vertraut. Gespannt setzte ich mich hin und lauschte, ob ich hören würde, wann Elijahu den Berggipfel erreicht hatte. Schon hörte ich wie sein Wanderstab auf dem Felsboden widerhallte. Hoffentlich kam er nicht tiefer in die Höhle hinein. Er war mein Freund, aber diese Begegnung sollte nur ihm gehören. Ich wollte ihn nicht im Gespräch mit dem Vater stören.

Auf einmal hörte ich draußen einen starken Wind heulen. Ich spürte die Kraft des Windes sogar noch im hinteren Teil der Höhle, wo mich der ein oder andere Ausläufer der heftigen Böen erreichte. Der Berg bebte und ich hörte Felsgestein zerbrechen. Einen Augenblick schreckte ich zusammen. Es fühlte sich fast so an wie damals, als ich hier oben eingeschlossen gewesen war. Doch im selben Moment legte sich der Wind.

Dann bebte die Erde unter mir und ich suchte Schutz an der Felswand. All das hatte ich doch schon einmal erlebt, wie auch Mose. Da wusste ich, dass ich keine Angst zu haben brauchte, denn das war die Art und Weise, wie der Vater sich Elijahu zeigen würde.

Plötzlich wurde es heiß, so als ob der Berg Feuer gefangen hätte. Die Felswand fühlte sich warm an und ein Geruch von Rauch stieg mir in die Nase. Aber halt! Irgendetwas war anders. Wo war der Vater? Nach all dem, was geschehen war, hatte sich der Vater Elijahu noch nicht gezeigt. Denn weder nach dem Wind noch nach dem Erdbeben oder dem Feuer hatte ich die beiden reden hören.

Ich wusste, dass Elijahu genau wie Mose vor dem Höhleneingang in der Felskluft stand. Plötzlich hörte ich Ruachs sanftes Flüstern. Ich schlich weiter nach vorne und sah meinen Freund. Elijahu bedeckte sein Gesicht mit seinem Mantel und trat aus der Felskluft. Er hatte in Ruachs Stimme die Gegenwart Gottes erkannt. „Interessant!", dachte ich. Ich hatte Ruachs Verbindung mit dem Vater und die Ähnlichkeit mit Jeschua schon die ganze Zeit gespürt, als ich mit ihr zusammen war. Aber dass sie tatsächlich zusammengehörten wie eine Person, war mir erst gestern im Vaterhaus und jetzt auf diesem Berg richtig bewusst geworden, als auch ich dieses sanfte Säuseln gehört hatte.

Wieder hörte ich die Stimme des Vaters, oder war es Ruach, die Elijahu die gleiche Frage wie zuvor stellte: „Was willst du hier?" Eine einfache Frage, eigentlich. *Aber wenn Gott sie stellt, sollte ich mir meine Antwort zweimal überlegen,* ging es mir durch den Kopf. Oder aber das ganzes Herz ausschütten, wie Elijahu es nun tat. Ein zweites Mal sagte er genau dasselbe wie am Abend zuvor. Wie sehr er sich für Gottes Sache eingesetzt und wie viel Elend er erlebt hatte. Er war ganz allein, und nun wollten sie ihn umbringen. Der Vater hörte ihm zu und ließ ihn ausreden. Ich wusste, wie wohl das tat und wie wichtig es war, sich alles von der Seele zu reden und sein Herz auszuschütten.

Nicht alles, was Elijahu sagte, entsprach der Wahrheit. Er wusste doch, dass er nicht allein übriggeblieben war. Was war mit den 100 Propheten, die Obadja gerettet hat, oder all den anderen aus Gottes Volk? Ich hatte einige von ihnen kennengelernt und Elijahu auch. Aber er schien davon überzeugt zu sein, dass er ganz allein war. Auch meine Freundschaft hatte er vergessen. Wahrscheinlich war das ein Ausdruck dafür, wie viel er durchgemacht hatte und wie schlecht es ihm ging. Ich kannte dieses Gefühl, allein zu sein, zurückgelassen zu werden. Auch das konnte Elijahu vor Gott dem Vater aussprechen. Nach einer kurzen Stille hörte ich die Stimme Gottes: „Geh wieder zurück auf deinen Weg durch die Wüste." Krass, dachte ich. Er war gerade erst angekommen, hatte den langen, beschwerlichen Weg durch die Wüste hinter sich gebracht, und nun schickte ihn der Vater auf demselben Weg zurück.

Zurück, aber mit einem neuen Auftrag. Die weiteren Worte Gottes überraschten mich und sicherlich auch Elijahu selbst. Gott sagte, dass er nun bis nach Damaskus wandern solle. Das war noch weiter weg als Zarpat, weit oben im Norden. Wenn er die Route durch die Jordanebene wählte, wären das mehr als 700 km. Aber er hatte bereits 40 Tage gebraucht, um die 400 km von Be'er-Sheva bis hierher zurückzulegen. Wer weiß, wie lange er dorthin unterwegs sein würde?

Irgendwie tat er mir leid. Aber jetzt hatte er eine neue Aufgabe. In Damaskus sollte er Hasael zum König über Aram und Jehu zum König über Israel salben und schließlich Elischa zum Propheten, als seinen Nachfolger. Mir wurde ganz anders, als ich das hörte. Wie gerne wäre ich herausgetreten und hätte mich an Elijahus Seite gestellt, um zu sehen, wie er auf Gottes Botschaft reagierte. Aber ich änderte meine Meinung und blieb schweigend in meinem Versteck.

So gefährlich dieser neue Auftrag auch klingen mochte, endlich war das Ende von Ahabs Herrschaft in Sicht. Die Namen klangen zumindest vielversprechend, sogar tröstlich: Hasael (Gott sieht) und Jehu (Jahwe ist und bleibt Gott). Es war ein gefährlicher, aber auch ein aufregender Auftrag für Elijahu – und auch sein letzter. Vielleicht war das auch ein kleiner Trost für den Weg, der vor ihm lag. Wenn er diesen Auftrag erfüllt hatte, würde Gott ihn in den wohlverdienten Ruhestand schicken. Elischa würde sein Amt übernehmen.

Auch in Elischas Namen war ein Versprechen verborgen: „Gott ist Hilfe." Der Vater würde Elijahu helfen, diesen letzten Abschnitt seines

Lebens zu durchwandern und seinen Auftrag zu erfüllen. Vielleicht würde er danach mit uns am Tisch im Vaterhaus zusammensitzen. Irgendwie fand ich das alles ziemlich spannend. Wie gerne würde ich Elijahu begleiten und seinen Nachfolger kennenlernen. Aber das wollte ich lieber vorher mit den Dreien beim Abendessen besprechen. Noch einmal lauschte ich dem Gespräch vor der Höhle auf dem Berg der Begegnung. Der Auftrag war klar. Dann fügte der Vater hinzu, dass Elijahu nicht so allein war, wie er sich gefühlt hatte. Abba hatte 7.000 Männer in Israel übriggelassen. Keiner von ihnen hatte vor Baal niedergekniet.

Draußen war es still. Ich hatte eine Weile in meiner Höhle geschlafen, bis Ruach mich sanft aufweckte. An ihrer Seite trat ich vor den Eingang. Die Sonne stand bereits am Himmel und Ruach hatte Feuer gemacht. Wie so oft kochte darüber ein Kessel mit dem mir so lieb gewordenen Kräutertee. Der Duft war beruhigend. So setzte ich mich hin und ließ mir eine Tasse einschenken.

Mein Blick wanderte über den Horizont. Ich glaubte, unten im Tal eine Gestalt zu sehen. Ich weiß nicht, ob ich ihn tatsächlich aus dieser Entfernung sehen konnte. Aber ich wusste, dass er sich auf den Weg gemacht hatte: Elijahu, mein Freund. Wie Mose damals, war er nach einer Begegnung mit dem lebendigen Gott von diesem Berg aufgebrochen.

Ich nahm einen Schluck und spürte, wie sich mit der Wärme ein tiefer Frieden in mir ausbreiteten. Die beiden hatten viel gemeinsam, Mose und Elijahu. Beide hatten sich gegen den Götzendienst des Volkes gewandt. Beide hatten eine 40-tägige Vorbereitung auf ihre Begegnung mit dem lebendigen Gott hinter sich. Gott war ihnen beiden hier oben begegnet, hatte gesprochen und sich offenbart. Beide hatten von Gott empfangen. Mose erhielt die Gesetzestafeln und Elijahu eine Flasche mit Salböl. Beide hatten einen neuen Auftrag. Elijahu sollte die Könige und seinen eigenen Nachfolger ins Amt einsetzen. Mose führte das Volk in das verheißene Land. Beide sollten nicht allein gelassen werden. Mose hatte bereits Josua, der sein Nachfolger werden sollte, mit auf diesen Berg genommen. Der Vater ernannte Elischa zum Nachfolger Elijahus. Mit beiden hat eine neue Zeit begonnen.

Mein Blick wanderte weiter zum Horizont. Ich lehnte mich mit dem Rücken an die äußere Felswand der Höhle. Ruach sah ich nicht mehr.

Auch ich würde mich auf den Weg machen, zurück ins Vaterhaus – der beste Ort, um herauszufinden, ob es auch für mich einen neuen Auftrag gab. Oder ob ich einfach dortbleiben sollte, ganz nah bei der Dreieinigkeit von Abba, Jeschua und Ruach.

~~~~~~~

Gott aber, die Quelle der Hoffnung, erfülle dich mit unermesslicher Freude und vollkommenem Frieden, wenn du auf ihn vertraust. Und möge die Kraft des Heiligen Geistes dein Leben ständig mit seiner Überfülle umgeben, bis du vor Hoffnung strahlst (Römer 15,13 TPT).

Auf unserer Reise haben wir den Heiligen Geist vielleicht in unterschiedlichen Frequenzen erlebt. Manchmal brauchte es dazu die Wüste, einen stillen Ort, an dem wir klarer hören können. Möglicherweise brauchen wir noch etwas Übung im Hören. Vielleicht brauchen wir Heilung, weil der Lärm um uns her unsere Ohren geschädigt hat. Heute möchte ich dich ermutigen, über die sanfte Stimme Gottes nachzudenken und dir ein paar Notizen zu machen. Wo hast du schon die Stimme des Heiligen Geistes gehört? Was sagt er dir?

Federleicht:
Momente zum Innehalten

Elia zog 40 Nächte und Tage durch die Wüste zum Berg Horeb, dem Berg Gottes. Als er dort ankam, übernachtete er in einer Höhle. Hier hörte Elia die Stimme Gottes, die ihm diese eine Frage stellte: „Was machst du hier?“ Heute möchte ich dich ermutigen, über diese Frage nachzudenken und dein Herz vor Gott auszuschütten. Der Vater hört zu.

Dann bat der Vater Elia, seine Höhle zu verlassen. Manchmal müssen wir einen Schritt aus unserer Komfortzone herauswagen. Wie könnte dein Schritt aus deiner Höhle aussehen?
~~~~~~~

Elia und Mose haben auf dem Berggipfel einen neuen Auftrag von Gott erhalten. Ich stelle mir vor, dass Elia eine Flasche mit Salböl bekam, um die Könige und Elisa als Prophet zu salben. Als Elia Elisa salbte, war es, als ob er die Salbung an die nächste Generation weitergeben würde. All das, was wir erlebt haben, war nicht umsonst. Bevor wir den Berg verlassen, möchte ich dich ermutigen, dir vorzustellen, wie der Heilige Geist dir eine Flasche mit Salböl gibt. Wozu hat Gott dich auf den Berg der Begegnung gerufen? Was kannst du an die nächste Generation weitergeben? Wozu hat er dich berufen?

....

....

....

....

Der Heilige Geist ist unser Beistand, unser Tröster, unser Lehrer. Ohne ihn wären wir nicht in der Lage zu glauben, zu sehen und zu hören. Unser Glaube wäre tot. Er hat uns zum Leben erweckt, uns neu geboren. Durch ihn werden wir mehr und mehr wiederhergestellt und verwandelt. Er ruft uns, zur Quelle des Lebens zu kommen und zu trinken. Er schenkt Leben im Überfluss.

Der Heilige Geist ist eine sanfte Person, eine Liebe, die sich nicht aufdrängt. Schon bei der Erschaffung der Welt sehen wir Kreativität als Teil seines Wesen. Die Frucht des Heiligen Geistes zeigt uns seinen Charakter, der sich in uns entfalten möchte. Er ist die Freude in meinem Leben und der Friede in meinem Herzen. Er ist Geduld, Freundlichkeit, Güte, Treue, Sanftmut und Selbstbeherrschung. Wie hast du den Heiligen Geist auf unserer Reise kennengelernt? Was war für dich eine Herausforderung? Wofür bist du dankbar?

....

....

....

....

Gebet:

Heiliger Geist, wir danken dir für dein Salböl.
Danke, dass du dich in unsere Herzen ausgegossen hast.
Danke, dass du uns berufen hast,
als Könige und Priester in deinem Reich zu leben und zu regieren.
Ich bitte dich um deinen klaren Fokus und Weisheit.
Leite uns,
eine neue Generation von Königen und Propheten zu salben.
Heiliger Geist, lehre uns und die nächste Generation,
den Vater, den Sohn und dich anzubeten und zu ehren.
Lehre uns,
wie wir unseren Willen deinem Wehen unterordnen können.
Bitte gieß deine Salbung neu auf uns aus.
Mach uns frei, damit wir nichts zurückhalten,
sondern ausgießen, was du uns gegeben hast.
Ich bitte dich um geistliches Wachstum
für uns und die nächste Generation.
Segne sie weit über unser Bitten und Verstehen.
Lass uns einander ein Segen sein.
Ich bitte dich um deine Kraft und Stärke.
Mache du uns alle zu Anbetern,
dass unsere Hingabe, unser Vertrauen
und unsere Liebe zu dir diese Welt verändert.
Amen.

Nachwort

Liebe Leserin, lieber Leser,

ich danke dir, dass du mit Elia und mir auf diese Reise gegangen bist. Möge der Heilige Geist dir auf deiner Lebensreise immer wieder neu begegnen. Es gibt noch so viel mehr über die sanfte Person des Heiligen Geistes zu entdecken. Ich habe auf unserer Reise erfahren, dass der Heilige Geist wie ein Rahmen ist. Er war am Anfang der Welt da, wie wir in 1. Mose 1 lesen, und er ist am Ende der Zeiten da, wie wir im Buch der Offenbarung sehen. Er war da, als du erschaffen wurdest, und er wird auch bei deinem letzten Atemzug auf der Erde da sein. Aber er ist nicht nur der Rahmen, sondern auch dazwischen, mitten im Alltag. Er ist das erfrischende Wasser, das von der ersten bis zur letzten Seite unseres Lebens und darüber hinaus fließt.

Wie Pastor Bill Johnson in seinem Buch „Träger seiner Gegenwart" schreibt, sollen wir uns der Gegenwart des Heiligen Geistes bewusster werden, wie eine Taube, die auf unserer Schulter ruht. Wie würden wir unser Leben in diesem Bewusstsein leben? Und wie könnte es die Atmosphäre um uns herum verändern, wenn wir uns seiner Gegenwart bewusster wären? Vor einiger Zeit habe ich eine kleine Taube als Anhänger für meine Halskette gekauft, um mich daran zu erinnern, dass der Heilige Geist in mir lebt und bei mir ist, wo immer ich auch hingehe.

Die Gegenwart des Heiligen Geistes zu entdecken, kann wie eine schrittweise Reise sein. Zuerst machen wir vielleicht einen kleinen Schritt in den Wasserstrom hinein und unser kleiner Zeh wird nass; beim nächsten Schritt werden unsere Füße, dann unsere Knie nass und irgendwann müssen wir schwimmen (siehe Hesekiel 47,1-12). Heute möchte ich dich ermutigen, einen Schritt vorwärts in den Strom des Lebens zu machen, der aus dem Vaterherzen Gottes fließt. Tauche ein in den Strom des Heiligen Geistes! Er fließt weit über unsere Vorstellungskraft hinaus – aus der Ewigkeit durch unser Leben – und führt uns nach Hause.

Anhang

Meine Lieblingsbibelstellen über den Heiligen Geist

Wer der Heilige Geist ist:

Jes 11,1-2	Der Heilige Geist ist der Geist der Weisheit und des Verstandes, der Geist des Rates und der Stärke, der Geist der Erkenntnis und der Furcht des HERRN.
Sach 12,10	Gott wird den Geist der Gnade und des Gebets (Flehens) ausgießen.
Lk 4,18	Der Geist des Herrn ruht auf dem Messias (Erfüllung von Jesaja 61).
1 Kor 3,16	Der Geist Gottes wohnt in uns.
2 Kor 5,5.17	Der Heilige Geist als Pfand; in Christus sind wir eine neue Kreatur, Altes ist vergangen, Neues ist da.
2 Kor 1,21-22	Gott hat uns mit dem Heiligen Geist versiegelt (s. Epheser 1,13) und hat ihn uns als Pfand in unsere Herzen gegeben.
Eph 1,17	Paulus' Gebet um den Geist der Weisheit und Offenbarung.
1 Joh 5,6-7	Der Geist, das Wasser und das Blut sind drei Zeugen, die übereinstimmen.

Offb 19,10	Das Zeugnis Jesu ist der Geist der Weissagung.
Offb 4,5; 5,6	Die sieben Feuerfackeln vor dem Thron sind die sieben Geister Gottes.

Wo der Heilige Geist besonders gewirkt hat:

1 Mose 1,2	Der Geist Gottes bewegte sich (schwebte, brütete) über dem Wasser.
2 Mose 31,2-5	Gottes Geist schenkt kunsthandwerkliches Geschick bzw. Kreativität.
1 Sam 10,5-13	Gottes Geist kommt auf Saul und eine Gruppe von Propheten.
Mt 1,18.20	Maria wird durch die Kraft des Heiligen Geistes schwanger. Das Kind ist vom Heiligen Geist.
Lk 1,35	Die Kraft des Höchsten wird Maria (wie eine Wolke) überschatten.
Mt 3,11	Jesus wird mit dem Heiligen Geist und mit Feuer taufen.
Mt 3,16	Geist Gottes kam wie eine Taube auf Jesus herab.
Mt 4,1	Jesus wurde vom Heiligen Geist in die Wüste geführt.
Lk 1,41	Elisabeth wurde mit dem Heiligen Geist erfüllt.
Lk 1,67	Zacharias wurde mit dem Heiligen Geist erfüllt *und* er prophezeite.
Lk 2,25-27	Der Heilige Geist war auf Simeon und hatte ihm geoffenbart, er würde den Messias sehen; er kam vom Geist getrieben in den Tempel.
Apg 7,55	Stephanus, voll des Heiligen Geistes, blickte in den Himmel und sah die Herrlichkeit Gottes und Jesus zur Rechten Gottes stehen.

Apg 10	Die Gabe des Heiligen Geistes wird auch auf die Heiden ausgegossen.
2. Petr 1,21	Menschen, die vom Heiligen Geist bewegt wurden, haben von Gott geredet.

Was der Heilige Geist bewirkt:

Hes 37,14	Gottes Geist macht lebendig.
Ps 51,12	Gebet um ein reines Herz und den Heiligen Geist.
Jes 61,1-6	Gesalbt von Gottes Geist, werden Gefangene und Gebundene frei, bekommen Verzweifelte neuen Mut.
Apg 1,8	Wir werden Kraft *und* Macht empfangen, wenn der Heilige Geist kommt und Zeugen sein.
Apg 13,52	Die Jünger wurden ständig mit Freude und dem Heiligen Geist erfüllt.
Apg 20,28	Der Heilige Geist setzt Menschen als Aufseher über die Herde ein, um sie zu hüten und zu leiten.
Röm 2,29	Ein Jude ist, wer innerlich einer ist; die *Beschneidung* des Herzens findet durch den Geist statt.
Röm 5,5	Gottes Liebe ist durch den Heiligen Geist in unsere Herzen ausgegossen worden.
Röm 7,6	Wir dienen Gott in der Neuheit des Geistes und nicht im Buchstaben [des Gesetzes].
Röm 8,4 ff.	Wir leben nicht nach dem Fleisch, sondern nach dem Geist; das ist Leben und Friede.
Röm 8,14	Alle, die sich vom Geist Gottes leiten lassen, sind Söhne Gottes.
Röm 8,15	Der Geist der Sohnschaft ruft: „Abba! Vater!"

Röm 8,16	Der Geist selbst bezeugt *und* bestätigt, dass wir Kinder Gottes sind.
Röm 8,26	Der Geist hilft uns in unserer Schwachheit.
Röm 8,26-27	Er hält Fürsprache für uns mit Seufzen; der Geist tritt für Gottes Volk ein.
Röm 14,17	Das Reich Gottes besteht nicht in Essen und Trinken, sondern in Gerechtigkeit und Frieden und Freude im Heiligen Geist.
2 Kor 3,3.6-8	Wir sind ein Brief von Christus, geschrieben mit dem Geist des lebendigen Gottes auf den Tafeln der Herzen. Wir sind Diener eines neuen Bundes des Geistes; der Geist macht lebendig. Der Dienst des Geistes ist noch herrlicher als die Herrlichkeit des Gesetzes Moses.
2 Kor 3,17-18	Der Herr ist Geist; wo der Geist des Herrn ist, *da* ist Freiheit.
Gal 4,6	Wir sind Söhne und Töchter Gottes; der Geist des Sohnes ruft in unseren Herzen: „Abba! Vater!"
Eph 3,16	Wir werden durch seinen Geist im Inneren gestärkt *und* geistig mit Kraft versorgt.

Wie der Heilige Geist wirkt:

Sach 4,6	Gott wirkt nicht durch Macht oder Kraft, sondern durch seinen Geist. Öl gilt als Symbol dafür.
Joel 3,1-2	Gott wird seinen Geist über die ganze Menschheit ausgießen (Prophetie, Träume, Visionen werden freigesetzt).
Apg 2,16 ff	Beginn der Erfüllung von Joels Prophetie (siehe Joel 3).
Apg 2,3-4	Der Heilige Geist kam in Feuerzungen und alle wurden mit ihm erfüllt

Apg 2,33.38-40	Nach Buße (Umkehr) und Vergebung, geht es darum, die Gabe des Heiligen Geistes zu empfangen.
Apg 4,31	Nach einer neuen Erfüllung mit Heiligem Geist verkündeten die Jünger das Wort Gottes mit Freimut.
Apg 8,15-17	Petrus und Johannes legten den Leuten in Samaria die Hände auf, und sie empfingen den Heiligen Geist.
Apg 9,17	Hananias legte Saulus die Hände auf, sodass er mit Heiligem Geist erfüllt wurde.
Apg 19,6	Als Paulus den Ephesern die Hände auflegte, kam der Heilige Geist auf sie; sie beteten in Sprachen und redeten prophetisch.
Apg 8,29.39	Der Heilige Geist sprach zu Philippus; später versetzte er Philippus an einen anderen Ort.
Apg 9,31	Die Gemeinde in Judäa, Galiläa und Samaria wandelte in der Furcht des Herrn und im Trost und der Ermutigung des Heiligen Geistes; es folgte zahlenmäßiges Wachstum.
Apg 13,2	Während eines Fastens spricht der Heilige Geist über die Aussonderung von Barnabas und Paulus zum Dienst als Apostel.
1 Kor 2,4.9-16	Der Geist erforscht alle Dinge; niemand kennt die Gedanken Gottes außer dem Geist Gottes. Wir haben nicht den Geist der Welt, sondern den Heiligen Geist.

Was für uns wichtig ist:

Mt 12,31	Eine Lästerung gegen den Heiligen Geist wird nicht vergeben werden.
Mt 28,19	Wir taufen auf den Namen des Vaters und des Sohnes und des Heiligen Geistes.

Mk 13,11	Wir brauchen uns nicht sorgen, was wir reden sollen, nicht *wir* reden, sondern der Heilige Geist.
Lk 11,13	Der himmlische Vater gibt den Heiligen Geist denen, die ihn bitten.
Lk 24,49	Jesus verheißt den Heiligen Geist.
Joh 1,33	Jesus tauft mit Heiligem Geist.
Joh 3,5.6.8	Wir müssen aus Wasser und Geist geboren sein, um ins Reich Gottes zu kommen.
Joh 3,34	Gott gibt den Geist ohne Maß [großzügig und grenzenlos]!
Joh 4,23-24	Wir dürfen den Vater im Geist und in der Wahrheit anbeten; Gott ist Geist.
Joh 6,63	Der Geist ist es, der Leben gibt; Worte Jesu sind Geist und Leben.
Apg 15,28-29	Der Heilige Geist legt den nichtjüdischen Christen keine größere Last auf (bezüglich der Einhaltung des Gesetzes) als die Enthaltung von Götzenopferfleisch, von Blut und Erwürgtem und von sexueller Unreinheit.
1 Kor 12,3	Niemand kann sagen: „Jesus ist der Herr", außer durch Heiligen Geist.
Eph 4,30	Betrübt nicht den Heiligen Geist Gottes, durch den ihr versiegelt seid.
Eph 5,18-19	Seid erfüllt mit dem Heiligen Geist, redet zueinander mit Psalmen, Lobgesängen, geistlichen Liedern.
Phil 3,3	Die *wahre* Beschneidung ist: im Geist Gottes anbeten und sich in Christus Jesus rühmen.
1 Thess 1,5.6	Die gute Nachricht kommt nicht nur im Wort, sondern in Kraft und im Heiligen Geist.

Tit 3,5	Wir sind errettet aufgrund von Barmherzigkeit durch das Bad der Wiedergeburt und die Erneuerung durch den Heiligen Geist.
Hebr 10,29	Eine schlimmere Strafe als den Tod verdient, wer den Sohn Gottes verwirft *und* den Geist der Gnade schmäht.
1 Joh 2,20.27	Ihr aber habt die Salbung des Heiligen Geistes.
1 Joh 4,2-3	Wir sollen nicht jedem Geist glauben, sondern die Geister prüfen, ob sie von Gott sind; jeder Geist, der Jesus nicht als im Fleisch gekommen bekennt, der ist nicht von Gott, sondern aus dem Geist des Antichristus.
Jud 1,20	Betet im Heiligen Geist.
Offb 2–3	Wir sollen hören, was der Geist den Gemeinden sagt.

Was der Heilige Geist schenkt:

1 Kor 12	Es gibt verschiedene Gaben, aber es ist ein Geist: Wort der Weisheit; Wort der Erkenntnis; Glaube; die Gabe gesund zu machen; die Kraft, Wunder zu tun; prophetische Rede; die Gabe, die Geister zu unterscheiden; mancherlei Zungenrede; die Gabe, die Zungenrede auszulegen.
1 Kor 14	Hier geht es um prophetische Rede und Sprachenrede; um das Beten mit dem Geist und mit dem Verstand; um das Singen mit dem Geist und mit dem Verstand.
1 Thess 5,19 ff.	Wir sollen das Wirken und die Führung des Heiligen Geistes nicht unterdrücken; die Gaben der Prophetie bzw. der Weissagung nicht verachten oder ablehnen.
Gal 5,22-23	Die Frucht des Geistes ist: Liebe, Freude, Friede, Geduld, Freundlichkeit, Güte, Treue, Sanftmut, Selbstbeherrschung.
Gal 6,8	Wir dürfen auf den Geist säen und vom Geist ewiges Leben ernten.

Eph 6,17-18	Das Schwert des Geistes ist das Wort Gottes.
2 Tim 1,7	Gott hat uns nicht den Geist der Furcht, sondern der Kraft, der Liebe und der Besonnenheit gegeben

Segen:

Röm 15,13	Der Segen, dass wir reicher werden an Hoffnung durch die Kraft des Heiligen Geistes.
2 Kor 13,13	Der Segen, dass die Gnade des Herrn Jesus Christus und die Liebe Gottes und die Gemeinschaft des Heiligen Geistes mit uns allen sei.
1 Petr 4,14	„Wenn ihr beschimpft und geschmäht werdet, weil ihr den Namen Christi tragt, seid ihr gesegnet, denn der Geist der Herrlichkeit und Gottes ruht auf euch."
Offb 22,17	„Und der Geist und die Braut sprechen: Komm! Und wer es hört, der spreche: Komm! Und wen dürstet, der komme; wer da will, der nehme das Wasser des Lebens umsonst."

Danksagungen

Herzlichen Dank an GloryWorld-Medien für die Umsetzung dieser zweiten Wüstenreise in Buchform.

Mein besonderer Dank gilt der Wüstenreisegruppe, die sich gemeinsam mit mir auf den Weg gemacht hat, um diese Geschichte als Erste zu hören und zu erleben. Ihr habt dieses Buch durch eurer Feedback bereichert.

Ein großes Dankeschön an meine Freundinnen und meinen Mädelshauskreis für jedes Gebet und jede Ermutigung. Ich bin dankbar für meine „Writer's Tea"-Freunde; zusammen unterwegs zu sein ist ein Geschenk, besonders wenn der Heilige Geist uns besuchen kommt. Auch im PTT (prophetischen Training) weht Gottes Geist, ein Ort, der Familie heißt. Danke an die fleißigen Leser und Ermutiger dort.

Ein spezieller Dank geht nach Canada an Karen Evans und Chara Presley für das Korrekturlesen der englischen Version.

Liebe Ruach,

Ich verehre dich,
du bist das schönste Geschenk für mich.
Fühle ich mich schwach, bist du meine Kraft.
Danke für deine Freundschaft
und dass du mich immer wieder überraschst.
Du machst das Schwere federleicht.
Ich liebe Dich, Heiliger Geist.
Danke für dein wunderbares, sanftes Wesen.
Bitte segne du jeden beim Lesen.

Über die Autorin

Ella Legan ist Poetin und Schriftstellerin. Sie lebt mit ihrer Katze im Schwarzwald. Tag für Tag geht sie mit Jesus durch die Höhen und Tiefen des Lebens und des Waldes. Sie wünscht sich, andere Menschen in die heilende Gegenwart des liebenden Gottes zu bringen. Mit ihrer eigenen Wüstenreise möchte Ella andere müde Wanderer ermutigen, mit Gottes Gnade Schritt für Schritt weiterzugehen, bis sie Gottes Angesicht sehen. Es gibt Hilfe, Hoffnung und immer mehr von Gott zu entdecken. Er nimmt unser Wandern durch die Wüste auf sein Herz.

Ich weiß, dass meine Kraft nicht reicht,
deshalb vertraue ich auf Gott;
mit seinem Geist wird das Schwere leicht –
federleicht.

Website der Autorin: www.ellalegan.com

Das erste Buch der Autorin

Ella Legan

Mache dich auf!

... und begegne dem Vaterherzen Gottes

320 Seiten | Paperback | Best.-Nr.: 356612 | ISBN: 978-3-95578-612-0

„Mache dich auf!" ist deine Einladung zu einer Reise ins Vaterherz Gottes. Gott sieht dich und deine Situation und will dir genau dort begegnen. Lass dich von Ella Legan auf diese 40-tägige Reise mitnehmen, die dem Weg der Israeliten aus der Knechtschaft in Ägypten zum Berg Gottes nachempfunden ist. 40 Begegnungen mit Jesus und dem Gott der Herrlichkeit warten auf dich.

Weitere Produkte von GloryWorld-Medien

„Himmlische Bücher für die Erde"

Dr. Henry Wright
Die geistlichen Ursachen von Krankheiten

Klare Antworten auf Ihre Fragen zu Krankheitsprävention und Heilung, 208 Seiten, Pb.

Gemäß den langjährigen Erfahrungen des Autors haben etwa 80 Prozent aller Krankheiten eine geistliche Ursache und sind die direkte Folge einer gestörten Beziehung zu Gott, zu uns selbst oder zu anderen. Gott offenbarte ihm aus seinem Wort, was die geistlichen Ursachen von Krankheiten und den Blockaden zur Heilung sind.

Er geht insbesondere auf folgende Krankheitsarten ein: Allergien, Autoimmunerkrankungen, psychische Störungen, Herz-Kreislauf-Erkrankungen und Belastungsstörungen (z. B. Stresskrankheiten).

Erica Willis, Kühn glauben

Wie einfaches, zuversichtliches Gebet das Übernatürliche freisetzt; 216 S.; Paperback

Lange Zeit dachte Erica Willis, die ganzen übernatürlichen Erfahrungen, wie Prophetie, Heilung, Wunder usw., seien nur etwas für „Superchristen".

Bis Gott ihr einen Weg zeigte, wie sie trotz ihres Eingespanntseins in Familie, Beruf und Gemeinde ihre Beziehung zu ihm so vertiefen konnte, dass diese Erfahrungen ganz natürlich zu einem Teil ihres Lebens wurden.

In diesem Buch erzählt sie auf kurzweilige Art ihre Geschichte und Erlebnisse. Entstanden ist eine praktische Anleitung für alle, die sich nach einer tieferen Beziehung zum Heiligen Geist sehnen.

Blake K. Healy, Vollkommen gut

Gott mit den Augen seiner Liebe sehen lernen; 184 S., Pb.

In diesem Buch lässt uns Blake Healy daran teilhaben, was er in alltäglichen und speziellen Situationen im Geist sieht, sei es bei einer Gerichtsverhandlung, zu Hause, im Freibad, oder bei einem evangelistischen Einsatz. Doch schmerzhafter, als im Geist die klaffenden Wunden eines emotionalen Traumas oder dämonische Gebundenheit zu sehen, ist für ihn, *wenn die Güte Gottes von seinem Volk nicht in Anspruch genommen wird.*

Mit diesem Buch verfolgt er deshalb zwei Ziele: Er möchte anhand von drei Schlüsseln die *Gabe des Sehens im Geist in uns aktivieren,* und er möchte, dass wir dadurch *die Güte Gottes wiederentdecken.*

Phil Mason, Quanten-Herrlichkeit

Die Wissenschaft von der Inbesitznahme der Erde durch den Himmel; 520 Seiten, Paperback

Quanten-Herrlichkeit erläutert auf eine äußerst spannende Weise die Zusammenhänge zwischen den faszinierenden Erkenntnissen der Quantenmechanik und der Herrlichkeit Gottes, die sich u. a. in Heilungswundern äußert.

Der erste Teil untersucht die subatomare Welt und enthüllt ihren außergewöhnlich komplexen göttlichen Plan, der die Genialität unseres Schöpfers offenbart.

Im zweiten Teil erklärt der Autor ausführlich, wie die Herrlichkeit Gottes in unser physisches Universum eindringt, um Wunder göttlicher Heilung zu bewirken.

Das Buch ist vollgepackt mit verblüffenden Erkenntnissen, aber mehr als das, ist es dazu bestimmt, uns für den übernatürlichen Dienst auszurüsten, damit wir die Herrlichkeit Gottes auf der Erde freisetzen, wie sie im Himmel ist!

Phil Mason, Die Ergründung des Herzens

Eine Einführung in die Herzensrevolution; 240 S., Pb.

Band 1 der Reihe „Übernatürliche Transformation"

Willkommen zur Herzensrevolution! Phil Mason bringt uns mit diesem Buch wieder mit dem Herzen Gottes – und somit auch unserem eigenen Herzen – in Verbindung. Begegnen wir der verschwenderischen Liebe des Vaters, erweckt sie in unserem Herzen eine neue Begeisterung und Leidenschaft.

Jesu Modell der Herzensverwandlung stützt sich nicht auf irdische Weisheit und Methoden. Er möchte, dass wir durch eine Begegnung mit der Herrlichkeit und Macht Gottes verwandelt werden.

Phil Mason, Das Wunder der Neuen Schöpfung

Die Grundlage der Herzensrevolution; 264 S., Pb.

Band 2 der Reihe „Übernatürliche Transformation"

Was genau passiert bei der Wiedergeburt eines Christen? Welche Segnungen gehen damit einher? Wie kommen wir dahin, vom Geist bestimmt zu werden? Und wie geschieht es, dass wir ganz heil werden und immer mehr Christus widerspiegeln?

Phil Mason legt die umfassende Grundlage dafür, dass jeder Christ die Tatsachen und Prozesse versteht, die uns zu siegreichen Christus-Nachfolgern machen. Das ist Voraussetzung für die Revolution, die Gott in seiner Gemeinde gerade in Gang bringt.

Henk Bruggeman

Das Herz des Vaters entdecken

Unsere Identität als Söhne und Töchter Gottes empfangen

200 S.; Paperback

Gott sehnt sich mehr denn je danach, seinen Kindern sein Vaterherz zu offenbaren. Er möchte, dass wir ihn nicht nur mit dem Kopf, sondern vor allem mit dem Herzen kennenlernen. Statt einer Distanziertheit soll eine innige Vertrautheit unsere Beziehung zu ihm prägen. Darüber hinaus möchte er uns aber eine neue Identität schenken: die Identität der Sohnschaft. Wir entdecken mehr und mehr, wie wir als echte Söhne und Töchter Gottes leben können.

Cinzia Ceddia

Die Macht der Liebe

Wie Gottes Liebe uns heilt und freisetzt, um uns selbst und andere zu lieben; 220 S., Pb.

Liebe ist das Schönste und Wichtigste, was es überhaupt gibt. In diesem Buch erfährst du, wie die Macht von Gottes Liebe dich freisetzen kann. Seine Liebe überwindet alles!

Vielleicht war der Start in dein Leben nicht so gut. Vielleicht quälen dich Enttäuschungen, Verletzungen oder Traumen. Du darfst sie von Gott heilen lassen, damit deine Vergangenheit nicht mehr deine Gegenwart bestimmt. Dann kannst du dein Leben genießen und andere dabei unterstützen, sich selbst und andere zu lieben!

Cornelia Weinmann, Jesus ruft seine Braut

Gottes Herzschlag für Deutschland entdecken

344 S., Paperback.

Wofür schlägt Gottes Herz, was ist die Berufung der Braut Christi in Deutschland und was könnte uns hindern, diese Berufung anzunehmen?

Dieses Buch entfaltet die atemberaubende Liebesgeschichte zwischen Gott und uns Menschen, wie sie im Hohelied angedeutet wird. Wir sind eingeladen, Jesu Braut zu sein! Insbesondere werden wir dabei auch den Herzschlag Gottes für Deutschland entdecken.

Sind wir von den Traumata der Vergangenheit befreit, können wir im Takt seiner Liebe in neugewonnener Leichtigkeit in eine neue Zukunft gehen. Der Ruf geht nämlich schon durch die Welt: „Seht, der Bräutigam kommt! Geht hinaus, ihm entgegen!" (Mt. 25,6).

Jennifer Eivaz

Handbuch für innere Heilung und Befreiung

Wie dein Herz wieder lebendig wird; 200 S., Paperback

Lass den Heiligen Geist dein Herz wieder zum Leben erwecken!

Dieses Buch zeigt auf, wie du von inneren Verletzungen, Traumen und dämonischen Belastungen frei werden kannst. Und es rüstet dich zu, anderen in diesen Bereichen zu dienen.

Jennifer Eivaz erzählt von ihrem eigenen herausfordernden Weg aus extremem Missbrauch zu Heilung und Befreiung. Die von ihr erkannten und erprobten Wahrheiten haben weltweit schon vielen anderen Menschen geholfen haben, heil und frei zu werden.

Dr. Charity Virkler-Kayembe / Dr. Mark Virkler

Höre Gott durch deine Träume

Gottes Reden in der Nacht verstehen; 288 S., Pb.

In der Bibel finden wir sehr viele Beispiele für Gottes Reden durch Träume. Auch heute möchte er uns durch Träume wichtige Botschaften zukommen lassen. Doch beachten wir sie oft wenig oder wissen nicht, wie sie zu deuten sind.

Diesem Missstand möchte dieses Buches abhelfen. Die Autoren haben sehr viele Erfahrungen im Umgang mit Gottes Reden gesammelt. Das Buch ist ein praktischer, leicht verständlicher und biblischer Leitfaden, um die Sprache zu verstehen, die Gott in unseren Träumen benutzt.

James Goll, Die Gaben des Heiligen Geistes freisetzen; 216 S., Paperback

Der Heilige Geist demonstriert Gottes übernatürliche Kraft durch seine Gemeinde heute, indem seine Herrlichkeit auf globaler Ebene freigesetzt wird. Alle Gaben Gottes sind immer noch voll funktionsfähig, und jeder einzelne Gläubige ist dazu bestimmt, im Fluss Gottes zu leben und seine Bestimmung zu erfüllen.

James Goll zeigt auf, wie der Heilige Geist durch die neun bekanntesten Geistesgaben wirkt und wie wir sie unter Gottes Leitung für die Erfüllung des Missionsbefehls einsetzen können.

Anhand vieler anschaulicher Beispiele aus der Bibel und aus der Gegenwart lernen wir, wie geistliche Gaben in der Praxis funktionieren. Aber es geht in diesem Buch nicht nur darum, wie man seine geistlichen Gaben entdeckt oder empfängt, sondern wie man sie freisetzt und weitergibt!

Für das vertiefte Studium ist ein Arbeitsbuch erhältlich.

Barry & Lori Byrne, Liebe in der Ehe

Eine tiefere geistliche, emotionale und körperliche Einheit erleben; Vorwort von Bill Johnson; 334 S., Klappenbroschur

Gott möchte, dass die Ehe ein Ort echter Liebe und Vertrautheit ist. Dafür brauchen wir die Hilfe des Heiligen Geistes. Mit ihm können wir die Ursachen unserer Konflikte erkennen und überwinden. Unsere Ehe kann Heilung und Wiederherstellung erfahren, egal, wie der momentane Zustand ist.

Mit klarer biblischer Lehre und vielen praktischen Hilfen packen die Autoren die wichtigsten heißen Eisen an. Viele ermutigende Erfahrungsberichte verdeutlichen die dramatische Heilung und Intimität, die mit Gottes Hilfe möglich ist.

Dr. Larry Richards

Die volle Waffenrüstung Gottes

Gut geschützt gegen die Angriffe des Bösen; 208 Seiten, Pb.

Die Bibel macht deutlich, dass ein Großteil unserer Unsicherheiten, Ängste und Zweifel auf den Machenschaften böser Mächte beruhen. Deshalb ist es so entscheidend, dass wir sowohl die Strategien kennen, die Satan benutzt, um uns anzugreifen, als auch die Rüstung, die Gott uns zur Verfügung stellt, um uns dagegen zu schützen.

Eine biblische Dämonologie, Hilfen zum Umgang mit dem Bösen in der Seelsorge sowie Lektionen für „Lebe-frei-Selbsthilfegruppen" runden das Buch ab.

Chris und Liz Gore, Überfließen

Jeden Tag die Fülle des Himmels erleben; 176 S., Pb.

Chris uns Liz Gore möchten allen Gläubigen ganz praktisch dazu verhelfen, das überfließende Leben zu erfahren, von dem Jesus gesprochen hat. Unser Leben soll nicht auf Lügen aufgebaut sein und unsere Vorstellung vom Herzen des Vaters soll auf der Wahrheit beruhen.

Als Bonusmaterial sind einige Lektionen von Insassen eines Hochsicherheitsgefängnisses in den USA enthalten. Als Chris dort diente, begegnete er der Liebe und dem erlösenden Herzen des Vaters auf eine ganz neue Art und Weise.

Bestellen Sie im Buchhandel oder (versandkostenfrei in D) direkt beim Verlag:

GloryWorld-Medien | Beit-Sahour-Str. 4 | D-46509 Xanten
Fon: 02801-9854003 | Fax: 02801-9854004 | info@gloryworld.de

Aktuelles, Leseproben, Downloads & Shop: **www.gloryworld.de**